선택의 영성

당신이 하나님을 더 깊이 알아 가고 더 널리 알리는 사람이 되는 것, 이 책에 담긴 예수전도단의 마음입니다. 말씀을 통해 저자가 깨닫고, 원고를 통해 저희가 누릴 수 있었던 그 감동이 책을 통해 당신에게도 전해지기 원합니다. 그리고 당신을 통해 그 기쁨과 은혜가 더 많은 이들에게 계속해서 흘러가기를 기도하겠습니다. 이 책을 통해 당신이 받은 은혜를 다른 분들에게도 나눠 주십시오. 사랑하고 축복합니다.

ⓒ 김학중, 2017

본 저작물의 저작권은 도서출판 예수전도단에 있습니다.
저작권법에 의해 보호받는 저작물이므로 무단 전재와 복제를 금합니다.

하나님의 길 세상의 길
선택의 영성

김학중 지음

예수전도단

프/롤/로/그

역사서를 본문으로 설교한 어느 주일, 예배 후에 한 교인이 내게 이렇게 물었다.
"목사님, 궁금한 게 하나 있어요. 우리나라의 역사도 잘 모르는데, 어디에 있는지도 모르는 먼 나라의 옛날 왕들의 이야기를 알아야 할 필요가 있나요?"
갑작스러운 질문에 당황했지만 곰곰이 생각해보니 그 말이 전혀 엉뚱한 질문은 아니었다. 우리나라의 왕들이라 해봤자 '태정태세문단세' 밖에 기억하지 못하는 내가 이스라엘이라는 작은 나라에서 수천 년 전에 일어난 옛날이야기를 꼼꼼히 보고 있다고 생각하니 참 우스웠다. 때론 설교자도 이런 의문이 드는 게 당연하기에 설교를 듣는 교인들이 그런 질문을 하는 것은 어쩌면 당연할지도 모른다.
그렇다면 우리로부터 수천 킬로미터나 떨어진 곳, 우리와는 문화적 배경도 다른 이스라엘의 역사를 안다는 것, 그들의 역사가 담겨 있는 역사서를 깊이 살펴보는 것은 우리에게 어떤 의미가 있는가? 나는 우리가 하나님을 믿는 사람이라면 당연히 그런 열심히 필요하다고 생각한다. 왜 그런가?

우리가 우리 조상들의 역사를 알아야 하는 이유는 그들이 혈통적으로, 또는 문화적으로 우리의 선배가 되기 때문이다. 우리의 조상들이 겪었던 역사는 언젠가 이 시대를 살아가는 우리가 경험하는 현실이 될 수도 있다. 더 나아가 결정적인 위기나 좋은 순간에 그들이 대처했던 방법과 그 선택은 현실의 우리에게 어떤 선택을 해야 할지 알려 주는 좋은 길잡이가 된다.

이와 같은 이유로 이스라엘 민족은 하나님을 믿는 그리스도인과 이 시대 교회들에게 신앙의 선배와 같다. 이스라엘 민족의 역사가 오늘날의 교회와 그리스도인들이 경험하는 현실이 될 수 있다는 의미다. 더 나아가 결정적인 위기나 좋은 순간에 이스라엘 민족이 대처했던 방법과 그 결과를 아는 것은 훗날 하나님을 믿는 모든 사람들에게도 좋은 본보기가 되기 때문이다. 그래서 하나님을 믿는 모든 성도들은 성경에 나온 이스라엘의 역사를 잘 알아야 할 필요가 있는 것이다.

그런 이유로 필자는 지난 2012년부터 이스라엘의 역사를 면밀히 살펴보기 시작했다. 창세기에 나오는 천지창조와 족장들의 역사, 출애굽기부터 여호수아까지 이어지는 가나안 정복의 역사, 사사기와 사무엘상, 하로 이어지는 사사들과 사울, 다윗의 역사, 그리고 열왕기상, 하로 이어지는 솔로몬과 분열왕국의 역사까지, 천년이 넘는 이스라엘의 역사는 볼 때마다 설교하는 필자나 함께 듣는 모든 성도들에게 큰 교훈과 깨달음을 주었다. 실제로 필자가 중요한 선택의 기로에 있을 때, 이 역사가 주는 교훈이 중요한 기준이 되어 바른 선택을 할 수 있었던 놀라운 경험도 있었다.

그래서 언젠가부터 필자가 느낀 이 놀라운 교훈과 깨달음을 더 많은 사람들과 나누어야겠다는 생각을 했었다.

물론 그것도 결코 쉬운 과정은 아니었다. 창세기부터 순서대로 가는 것이 좋을지, 아니면 오늘날 우리들의 현실과 가장 맞는 것을 고르는 것이 좋을지부터 고민이 되었기 때문이다. 결국 필자의 선택은 오늘날 우리들의 현실을 가장 잘 보여주는 것을 고르는 것이었고, 이 책이 바로 그 결과물이다.

〈열왕기상, 하〉는 원래 열왕기라는 한 권의 책을 둘로 나눈 것으로, 다윗의 말년에서부터 예루살렘이 멸망하는 약 400년의 역사가 담겨 있다. 이 400년의 역사에는 먼저 주변에 있는 이웃나라들과의 관계와 이에 대응하는 이스라엘 민족의 이야기가 들어있다. 또한 이 역사 속에는 그 이전에는 크게 부각되지 않았던 여러 강대국과의 관계 속에서 겪게 되는 이스라엘 민족의 정치적인 설움과 배교(背敎)도 나온다. 그리고 그 가운데서도 끝까지 하나님 신앙을 지키려는 사람들과 그들을 도우시는 하나님을 만날 수 있다.

그런 점에서 열왕기는 먼저 이웃과의 관계를 고민하는 성도들에게 신앙적으로 승리하는 하나님의 지혜를 보여줄 것이다. 또한 열왕기는 강대국처럼 어찌할 수 없는 시대적 흐름 앞에서, 성도가 어떤 마음과 자세로 살아야 할지와 아무리 세상이 흔들려도, 성도는 믿음을 붙들 때 승리할 수 있음을 배울 것이다.

그리고 우리는 결국 열왕기를 통해 길게는 3천 년, 짧게는 2,600년 전의 이야기이지만, 이 책을 통해서 우리의 삶 속에 현재로 다가오는 것을 경험하게 될 것이다.

이 책을 읽는 모든 분들이 세상이 작아 보이고 오직 하나님이 커 보이는, 믿음의 성장과 성숙이 있게 되기를 기대한다.

2017년 1월
세상이 흔들려도 오직 믿음의 길을 걷는
김학중 목사

차/례

프롤로그 · 4

1부 하나님의 길, 세상의 길

1 음모인가, 정도인가? · 14
2 하나님의 길인가, 세상의 길인가? · 22
3 축복의 문을 여는 시험 · 32
4 영원을 좇으라 · 40
5 너의 전을 세우라 · 49
6 진짜 복을 찾아서 · 58
7 삶의 연쇄도산 · 68
8 세겜, 영광이 수치가 되다 · 77
9 대안이 대안되지 못하면 · 87

10 기근의 시대를 넘어서다 · 97
11 모두가 No라고 할 때, Yes를 외쳐라 · 107
12 지치고 피곤할 때 · 120
13 예외의 함정에서 나오라 · 130
14 다수가 진리라고 말할 때 · 139

2부 위기, 하나님을 만나는 순간

1 위기가 찾아왔을 때 · 152
2 갑절의 은혜를 주소서 · 162
3 한 사람 때문에 · 172

4 인생의 전환점을 만나다 · 185

5 조금만 더 마지막까지 · 196

6 때를 따라 넘치는 감사 · 207

7 구경하는 사람, 실천하는 사람 · 216

8 희망은 멀리 내다본다 · 224

9 파괴하는 사람, 세우는 사람 · 234

10 종두득두(種豆得豆) 인생 · 246

11 나의 기준, 하나님의 기준 · 258

3부 갈림길에 선 인생들에게

1 어디로 갈까? 어디서 구할까? · 270
2 과거는 버리고 희망의 사람으로 · 279
3 건널 수 없는 골짜기가 가로막을 때 · 289
4 들으소서, 보소서 · 301
5 전과 후가 같은 삶 · 312
6 어느 길을 가려는가? · 320
7 진정한 개혁 · 330
8 하나님 보시기에 · 339

에필로그 · 348

1부
하나님의 길,
세상의 길

우리 인생도 건물을 짓는 것과 같다. 어떤 사람은 성공이라는 건물을 웅장하고 화려하게 지어서 사람들의 부러움을 산다. 또 어떤 사람은 실패라는 초라하고 작은 건물을 짓는다. 어떤 사람은 작지만 아름다운 인생을 짓는다. 어떤 사람은 크지만 더럽고 추한 건물을 짓기도 한다.
우리가 지금까지 쌓아올린 건물은 어떤 모습일까?
우리 시대에도 화려한 건물과 성공의 밑바닥에는 억울한 눈물이 흐르고 있는 경우가 많다. 우리는 인생에서 기쁨과 성공을 누릴 때 냉철하게 살펴보아야 한다. 그 성공의 바닥에 얼마나 많은 슬픔과 피눈물이 있는지 직시해야 한다.

1
음모인가, 정도인가?

"아도니야와 함께한 손님들이 다 놀라 일어나 각기 갈 길로 간지라"(왕상 1:49).

요즘 그 어떤 때보다도 역사를 소재로 한 영화와 책, 드라마, 뮤지컬 등의 작품을 쉽게 찾을 수 있다. 그 이유는 아마도 소위 막장 드라마라 일컫는 악한 인간성의 지난한 이야기와 사랑 이야기에 지친 사람들이 현실의 다양한 이야기와 교훈이 들어 있는 역사에 관심을 보이는 까닭일 것이다. 역사란 드라마나 소설 같은 허구가 아니라 실제 있었던 일로, 지금도 생생하게 다양한 이야기를 들려준다.

역사서나 사극처럼 생생하고 우리에게 생명을 주는 이야기가 있다. 바로 하나님의 말씀이다. 사무엘상·하와 열왕기상·하는 바로 이렇게 생동하는 역사인 동시에 하나님의 이야기다. 그 속에 우리를 향한 하나님의 메시지가 담겨 있다.

사람의 계략과 술수

다윗이 나이가 많아 이제는 거동도 제대로 못하고 잠도 제대로 자지 못하게 되자 셋째 아들이 왕위를 탐냈다. 첫째 아들과 둘째 아들 압살롬까지 죽으면서 자연스레 셋째인 아도니야가 왕위 계승 일 순위가 되었다.

성경은 아도니야에 대해서 몇 가지 흥미로운 사실을 지적한다. 열왕기상 1장 6절을 보면 "그는 압살롬 다음에 태어난 자요 용모가 심히 준수한 자라"고 했다. 잘생겼다는 것은 큰 장점이다. 하지만 사무엘서를 읽은 사람이라면 잘생긴 것이 큰 문제가 될 수도 있음을 알 수 있다.

성경에서 사울을 표현할 때 가장 먼저 나온 이야기가 그의 준수함이다. 그러나 그는 하나님에 대한 믿음을 저버렸다. 아버지 다윗을 배신했던 압살롬 역시 긴 머리카락과 수려한 외모를 지녔다. 그래서 많은 인기를 누렸지만 바로 그 사실 때문에 그는 진정으로 하나님의 계획을 따르는 사람이 되지 못했다.

성경이 아도니야를 설명하면서 용모의 준수함부터 언급하는 것은 그 역시 신실하지 못했던 사울과 압살롬의 뒤를 잇는 사람이라는 인상을 준다. 아도니야가 내면보다는 외면에 치중하고 믿음보다는 스펙과 조건에 치우쳤음을 지적하는 것이다.

아도니야는 기다리면 왕이 될 수도 있었다. 이 문제를 아버지와 상의할 수도 있었다. 부자지간에 무슨 이야기를 못하겠는가. 하지만 그는 그렇게 하지 않았다. 오히려 꾀를 내어 왕이 되려고 음모를 꾸몄다.

7절의 "아도니야가 스루야의 아들 요압과 제사장 아비아달과 모의하니…"라는 말씀에서 그가 정도가 아닌 길을 가고 있음을 알 수 있다. 아도니야는 당시 실세였던 요압 장군과 제사장 아비아달을 포섭한다. 이것은 그가 사람을 의지했다는 것을 뜻한다. 아도니야는 하나님의 뜻이나 계획, 섭리 등에 전혀 관심이 없었다. 그는 자신의 소망을 이루기 위해서 하나님보다 권력자를 의지했고 하나님의 계획이 아닌 인간의 계략을 필요로 했다.

그는 사람을 모으고 군대를 동원해서 스스로 왕이 되었다고 선언했다. 자신의 왕권을 거부하는 사람이 없으니 이제 대세는 자신에게 넘어온 것처럼 보였다.

그때나 지금이나 세상은 이렇게 말한다. '줄을 잘 서야 한다', '인맥관리를 잘해야 한다'. 하지만 인간을 의지하고 음모를 꾸민 사람 아도니야에 반해 하나님의 계획을 의지하고 정도를 걷는 사람들이 있었다. 대표적인 인물이 솔로몬이며 그 외에도 많다.

생명의 코칭

춘추시대 월나라에 사는 한 부자가 큰 잔치를 열었다. 그런데 시간이 지나서도 손님이 가득 차지 않는 모습을 보고 실망한 그는 혼잣말로 이렇게 중얼거렸다.

"와야 할 손님들이 왜 이렇게 안 오는 거지?"

옆에서 이 말을 들은 손님들은 '아, 나는 와야 할 중요한 손님이 아니었구나.'는 생각에 기분 나빠하며 자리에서 일어났다. 자신의 실수를 깨달은 주인이 얼른 말했다.

"아니, 가지 말아야 할 분들이 왜 가려고 하십니까?"

이 말을 듣자 아직 자리에 앉아 있던 손님들이 '남아야 할 사람들이 가려고 하고 가야 할 사람이 앉아 있다는 뜻이구나.'라고 생각하고 자리에서 일어났다는 것이다.

이제 잔칫집에는 오랜 친구였던 한 사람만이 남았다. 그 친구가 이렇게 말했다.

"여보게, 그러니 말을 잘 가려서 했어야지. 이게 뭔가?"

그러자 주인이 변명하며 말했다.

"내가 말한 건 그 사람들이 아니라고."

그러자 친구가 "뭐? 그럼 가야 할 사람이 나란 말인가?" 하고 화를 내며 자리를 떠났다. 결국 잔칫집은 텅 비게 되었다. 그 부자는 말 한마디 잘못 꺼냈다가 손님도 잃고 친구도 잃었다.

우리의 말은 행동 못지않게 중요하다. 말 한마디가 생명을 살리기도 하고 죽이기도 한다. 사람을 얻기도 하고 잃기도 한다. 사랑을 만들기도 하고 분쟁을 일으키기도 한다.

솔로몬 옆에는 지혜로운 말을 하는 사람들이 있었다. 요즘 말로 그런 사람들의 역할을 코칭이라고 한다. 아도니야가 왕이 되었다고 선언하고 유력자 요압 장군 등이 그와 함께한다는 이야기를 듣자 솔로몬과 그의 어머니 밧세바는 걱정이 되었다.

분명 다윗은 밧세바에게 다음 왕은 솔로몬이라고 약속했다.

하지만 되어 가는 상황을 보고는 두려움이 가득했다.

"선지자 나단을 보내 그의 이름을 여디디야라 하시니 이는 여호와께서 사랑하셨기 때문이더라"(삼하 12:25).

하나님은 비록 다윗의 불륜과 죄 때문에 그의 아들 하나를 데려가셨지만, 다시 낳은 아들 솔로몬에게 그 슬픔을 위로하기 위해서인지 여디디야라는 이름을 주셨다. 이 이름은 여호와께서 사랑하셨다는 뜻이다. 하나님은 솔로몬을 통해서 다윗을 위로하셨고 미래를 약속하셨다.

하나님의 약속이 있었지만 밧세바는 불안하고 걱정이 되었다. 선지자 나단이 밧세바를 찾아왔다. 나단은 목숨을 걸고 다윗의 불륜이라는 죄를 지적했고 하나님의 명을 받고 솔로몬에게 여디디야라는 이름을 전해 준 선지자다. 나단은 밧세바에게 중요한 역할을 한다. 바로 코칭이다. 옆에서 앞으로 무엇을 해야 하고 위기를 어떻게 대처해야 하는지 알려 준다.

나단은 "이제 내게 당신의 생명과 당신의 아들 솔로몬의 생명을 구할 계책을 말하도록 허락하소서"(왕상 1:12) 하고 밧세바를 코칭한다. 자신이 직접 나서서 일을 해결하지 않고 밧세바가 직접 나서서 일을 할 수 있도록 격려했다. 이것이 지혜로운 코칭이다. 스스로 할 수 있도록 길을 알려 주고 인도해 주는 것이 바로 살리는 코칭, 즉 생명의 코칭이다.

남을 해하고 파괴하는 악한 말이 가득한 이 세상에서 우리의 말과 행동은 나단처럼 사람을 살리는 코칭이 되어야 할 것이다.

위기를 기회로 만드신 하나님

솔로몬은 다윗의 왕위를 계승할 예정이었지만 순조롭지 못했다. 왕이 되는 데 꼭 필요한 국방장관과 종교 지도자는 아도니야의 편이었다. 당황스럽고 위태한 상황이다. 정말 하나님은 솔로몬의 길을 인도하시는 것인가? 하나님이 약속을 잊으신 것은 아닐까? 이럴 때는 사람의 수단과 방법을 사용하는 게 더 옳은 것은 아닐까? 그런데 하나님은 위기 속에서 놀라운 일들을 보여 주신다. 상황을 더 좋게 하신다.

하나님은 먼저 솔로몬의 정통성을 인정받게 하셨다. 솔로몬이 정식 절차를 밟아 왕이 되게 하신 것이다. 다윗이 직접 "제사장 사독과 선지자 나단과 여호야다의 아들 브나야를 내 앞으로 부르라"(왕상 1:32)고 명한 뒤 종교, 정치 지도자들에게 선포하여 솔로몬이 자신의 후계자임을 인정하고 정통성을 부여했다.

"…내가 그를 세워 이스라엘과 유다의 통치자로 지명하였느니라"
(왕상 1:35).

아도니야가 스스로 왕이 되었음을 선포한 장소와 다윗이 솔로몬의 왕위 계승을 선포한 장소를 살펴보자. 아도니야가 자신이 왕임을 선언한 곳은 양을 잡는 곳이었다. 사람을 의지하고 포섭하는 데 관심이 많았던 그는 사람이 많은 곳이 필요했다. 그래서 선택한 곳이 양과 염소를 잡는 시장터 같은 곳이었다.

하지만 솔로몬의 왕권을 선언한 곳은 하나님의 교회이다. 열왕기상 1장 39절을 보면 "제사장 사독이 성막 가운데에서 기름 담은 뿔을 가져다가 솔로몬에게 기름을 부으니 이에 뿔나팔을 불고…"라고 했다. 솔로몬은 성막에서 가져온 기름으로 기름 부음을 받았고 자신의 시대가 시작되었음을 알렸다.

인간의 생각으로는 먼저 사람을 포섭한 아도니야가 성공할 것 같았다. 하지만 하나님은 이 모든 것을 엎어 버리셨다. 오히려 그 위기를 통해서 솔로몬이 더 빨리 왕이 되게 하셨다. 솔로몬에게 정통성을 부여하시고 신앙 위에서 왕권을 계승하게 하셨다.

사람을 의지한 아도니야와 하나님의 계획을 따른 솔로몬은 놀랍고 상이한 결과를 얻었다. 솔로몬이 임금이 되었다는 소식을 듣자 "모든 백성이 그를 따라 올라와서 피리를 불며 크게 즐거워하므로 땅이 그들의 소리로 말미암아 갈라질 듯하니"(왕상 1:40)라고 성경은 기록하고 있다. 하지만 "아도니야와 함께한 손님들이 다 놀라 일어나 각기 갈 길로 간지라"(왕상 1:49)라는 말씀처럼 아도니야의 사람들은 솔로몬의 즉위 소식을 듣고 제각기 떠난다. 사람을 의지하여 음모를 꾸미고 정도를 걷지 않는 사람들의 마지막은 각기 흩어지는 것이다. 대의가 없고 계획도 없기 때문이다.

지금 이 세상이 돌아가는 모습을 보면 악을 따르는 자들은 흥하고 하나님의 길을 따르는 자들은 망하는 것처럼 보인다. 그러나 조급해하거나 두려워할 필요가 없다. 하나님은 약속을 지키신다. 그분이 더 좋은 길을 여신다. 악의 길은 결국 무너져서 각기 흩어져 버리지만 하나님은 믿음의 길을 걷는 자들을 형통하게 하신다.

2
하나님의 길인가, 세상의 길인가?

"내가 네 말대로 하여 네게 지혜롭고 총명한 마음을 주노니 네 앞에도 너와 같은 자가 없었거니와 네 뒤에도 너와 같은 자가 일어남이 없으리라"(왕상 3:12).

미국의 사우스웨스턴항공사는 '고객은 왕'이라고 외치는 대신 '직원이 왕'이라고 외치는 기업문화를 만들었다고 한다. 그 이유는 직원을 왕처럼 모셔서 행복하게 해야 그들이 고객을 왕처럼 모실 수 있다는 것이다. 이 항공사는 진상 고객이 나타나면 그 이름을 블랙리스트에 올리고 아예 탑승을 거부할 정도로 직원 중심으로 운영된다. 그래서 사업이 어려울 때도 전 직원이 고통을 분담하며 힘을 모은다.

이 회사가 이런 원칙을 세운 데에는 여러 이유가 있을 것이다. 단 세 대의 비행기로 사업을 시작했기 때문에 가족적인 분위기가 자연스럽게 형성되었을 것이고, 비행사업의 후발주자였기 때문에 다른 회사와 차별점이 있어야 했을 것이다. 그리고 이런 전략은 성공적으로 적용되어 지금까지 살아남은 회사가 되었다.

이 회사는 전통적인 생각과 혁신이라는 생각 사이에서 과감하게 새로운 도전을 했고 그 사이에서 균형을 잡았고 성공했다.

인생에서 한 가지만 옳은 경우는 드물다. 양자 사이에서 균형을 잡거나 중용을 지켜야 하는 경우가 많다. 하지만 중용이나 균형이라는 좋은 말만 하다가 결국 이도 저도 아니게 되는 일도 많다. 솔로몬 왕은 믿음과 타락이라는 양자 사이를 오가다가 결국 많은 부분에서 실망스런 결과를 만든 사람이다. 솔로몬의 모습을 보면 우리 신앙과 삶이 어떻게 균형 잡고 살아야 하는지를 알 수 있다.

예배하는 사람, 솔로몬

솔로몬은 하나님의 복을 받은 사람이다. 아버지 다윗은 자식을 위해서 엄청난 재산을 마련해 놓았다. 성전 건축에 부족함이 없도록 모든 것을 준비해 두었다. 솔로몬은 경제적 문제로 고민할 필요가 없었다.

권력도 안정적이었다. 솔로몬은 왕이 되자마자 과거의 권력들을 정리했다. 자신에게 위협이 되었던 형제 아도니야를 제거하고 군사력을 쥐고 있던 요압도 정리했다. 온갖 고생을 하며 왕좌에 오른 다윗에 비하면 솔로몬의 길은 너무나 순탄하고 풍족했다.

다윗은 아들 솔로몬이 이런 좋은 조건 때문에 하나님을 잊을까봐 걱정했다. 그래서 이렇게 유언한다.

"네 하나님 여호와의 명령을 지켜 그 길로 행하여 그 법률과 계명과 율례와 증거를 모세의 율법에 기록된 대로 지키라 그리하면 네가 무엇을 하든지 어디로 가든지 형통할지라"(왕상 2:3).

이 유언대로 솔로몬은 모든 것을 지키려 애쓰고 일천번제를 드렸다. 솔로몬이 일천번제를 어떻게 드렸는지에 대해서는 세 가지 해석이 있다. 첫째는 오랜 기간 동안 예배를 드렸다는 해석이다. 하루 한 번씩 매일 제사를 드린다 해도 천 번의 제사를 지내려면 3년 이상이 걸린다. 하루에 세 번 제사를 드린다 해도 일 년이 걸린다. 즉 솔로몬은 왕이 된 후 오랜 시간 제사를 드리면서 예배했다. 두 번째는 단번에 일천번제를 드렸다는 해석이다. 즉 한 번에 천 마리의 소나 양을 제물로 바쳤다는 것이다. 세 번째는 '천'이라는 숫자는 제사를 지낸 양이나 소의 수를 뜻하는 게 아니라 그만큼 많은 제사를 드렸다는 해석이다.

이 세 해석이 모두 공통적으로 말하는 것은 솔로몬의 정성이 대단했다는 것이다. 한 번에 1,000마리의 재물을 바쳤든 1,000번의 제사를 지냈든 솔로몬은 하나님께 제사하고 예배하는 사람이었다.

솔로몬의 권력은 안정적이었다. 아버지의 든든한 그림자가 있었고, 자기에게 도전하던 사람들은 모두 처형되었다. 하지만 솔로몬은 근본적으로 자기 힘으로는 왕이 될 수 없었음을 알고 있었다. 그래서 권력이 아니라 하나님을 의지하고 하나님을 예배했다.

은행의 두터운 금고를 여는 것은 자그마한 열쇠이다. 수억이 들어 있는 통장을 마음대로 하는 것은 단 몇 글자의 암호이다. 하나님과 우리 관계에도 열쇠와 암호 같은 것이 있다. 그것이 하나님을 움직이고 하나님과 우리 사이를 열어 준다. 바로 믿음이다. 우리에게도 하늘을 여는 믿음의 열쇠가 있어야 한다. 인생의 문제를 열어 버리는 믿음의 열쇠가 있어야 한다. 그런데 이 열쇠는 예배를 통해서 얻을 수 있다. 예배하는 사람만이 하나님과 통한다. 솔로몬이 그러했던 것처럼 우리도 예배를 통해서 하나님을 만날 수 있다.

가까운 곳에 있는 죄

외국 학자 중에 한국의 회사 문화를 분석하고 비판한 사람이 있다. 『아웃라이어』(서울: 김영사, 2009)를 쓴 말콤 글래드웰이다. 그는 1997년 대한항공 여객기의 괌 추락사고 원인을 인재라고 분석했다. 그는 이 사고 원인은 한국인이 내재적으로 갖고 있는 상명하복의 권위주의적 문화에 있다고 주장했다. 상명하복의 문화에서 위기 순간에도 예의를 갖추느라 제대로 경고하지 못하고 말을 돌려서 하느라 정확한 의견이 전달되지 않았다는 것이다. 이처럼 종종 문제는 멀리 있는 게 아니라 가까이 내재하고 있다.

솔로몬은 일천번제를 드리며 왕위를 멋지게 시작했지만 그의 내면에는 심각한 문제와 적이 있었다. 성경은 솔로몬의 시작이 위태위태하다고 말한다. "솔로몬이 여호와를 사랑하고 그의 아버지 다윗의 법도를 행하였으나 산당에서 제사하며 분향하더라"(왕상 3:3)의 말씀처럼 솔로몬은 분명 하나님을 사랑했다. 아버지의 유언과 법대로 행하려고 했다. 하지만 그럼에도 솔로몬에게는 위험한 부분이 존재했다.

> "솔로몬이 애굽의 왕 바로와 더불어 혼인 관계를 맺어 그의 딸을 맞이하고 다윗 성에 데려다가 두고 자기의 왕궁과 여호와의 성전과 예루살렘 주위의 성의 공사가 끝나기를 기다리니라"(왕상 3:1).

솔로몬의 첫 번째 위태로운 점은 결혼을 통해서 불의한 가치관과 세상이 가정에 들어오게 했다는 것이다. 누구나 기왕이면 좋은 집안과 결혼하길 원할 것이다. 당대 선진국이었던 애굽의 왕이 혼인으로 연을 맺자고 제안하는데 누가 거절하겠는가. 애굽과 혼약을 맺으면 경제나 군사력이 안정될 것이다. 솔로몬이 보기에 이 결혼은 분명 잃는 것보다 얻는 것이 많았다.

하지만 하나님은 이스라엘 외의 민족과 결혼하는 것을 성경 곳곳에서 금지하셨다. 단지 종교가 달라서가 아니라 세상의 가치관과 주장이 하나님이 맺어 주시는 가정에 들어와서는 안 되기 때문이다. 그런데 솔로몬은 애굽 왕의 딸을 자신의 부인 중 으뜸으로 맞아들였다. 더군다나 애굽은 이스라엘을 노예 삼았던 나라다.

이스라엘은 바로 애굽에서 탈출하며 만들어진 나라인데 어느새 그 과거를 잊은 것일까? 정치적 이유가 있었겠지만 솔로몬이 민족적 감정과 상처를 내버려둔 채 애굽과 정치적 관계를 맺은 것은 사실이다. 결혼을 통해서든 사귐을 통해서든 가정 안에 어떤 생각이 들어오고 어떤 가치관이 자리 잡는지는 매우 중요하다. 우리 안에 악한 것들이 들어올 여지가 있다면 마땅히 다스려야 한다.

두 번째 그의 잘못은 외형에 치중했다는 것이다. 열왕기상 3장 1절을 보면 "…자기의 왕궁과 여호와의 성전과 예루살렘 주위의 성의 공사가 끝나기를 기다리니라"고 했다. 솔로몬은 왕위에 올라 일천번제를 드리기 전에 건축부터 한다. 자신이 머물 화려한 궁전과 하나님의 성전, 그 외 많은 건물을 세운다.

건설에는 많은 재정이 들어간다. 그런데 솔로몬은 아직 아무것도 이룬 게 없는데도 보기에 좋은 것들을 세우느라 소비부터 한다. 또한 그 중에서도 자기의 것을 먼저 세운다. 솔로몬은 하나님의 성전을 세웠지만 성경은 이 부분을 기술하면서 솔로몬의 궁전을 먼저 이야기한다. 이것은 의도적으로 솔로몬이 자신의 궁전을 더 중요시했다는 것을 의미한다.

솔로몬의 멋진 건축물은 그의 업적을 보여 주는 동시에 타락을 보여 주기도 한다. 솔로몬은 즉위 초기부터 많은 건물을 짓는데 세금을 쓰는 통에 다른 부분에서 문제가 생겼고 그래서 더 많은 세금을 거두어야 했다. 그의 사후 많은 사람이 새로운 왕에게 요구한 것은 세금 인하였다. 그리고 그 문제 때문에 이스라엘은 두 개의 나라로 분열된다.

솔로몬은 분명 아버지의 큰 믿음과 복을 받았다. 하지만 부모의 믿음이 자녀의 믿음과 미래를 보장하지는 않는다. 솔로몬의 내면에 타락할 가능성과 믿음이 동시에 깊이 자리하고 있었다.

우리 그리스도인들은 좋은 믿음과 위험이 동거함을 잊어서는 안 된다. 우리는 하나님을 사랑하면서 돈을 사랑할 수 있다. 우리는 하나님 말씀듣기를 좋아하지만 TV 드라마를 더 좋아할 수 있다. 우리는 경건을 외치지만 그만큼이나 죄의 유혹에 쉽게 빠져든다. 이런 위험성을 알고 사는 사람과 그렇지 않은 사람이 가는 길은 확실히 다르다.

처음처럼 한결같았다면

찰스 두히그의 『습관의 힘』(서울: 갤리온, 2012)에 나오는 일화이다.

리자라는 여인은 열여섯 살에 술과 담배를 시작했고 스무 살에는 천만 원이 넘는 빚이 있었으며 이후 직장을 다녔지만 1년 이상 다니지 못했다. 더군다나 남편은 다른 여자를 만난다고 선언하고 집을 나갔다. 그녀의 인생은 실패한 것처럼 보였다.

하지만 몇 년 후에 이 여인은 완전히 달라졌다. 뚱뚱했던 몸이 날씬해지고 직장에 다니면서 그만두었던 공부를 다시 시작했다. 이렇게 달라진 것은 새로운 습관을 배우게 되면서부터였다. 어느 날 갑자기 리자에게 한 가지 욕심이 생겼다. 사하라 사막을 횡단하고 싶다는 목표가 생긴 것이다. 리자는 이 목표를 이루기 위해서 마라톤을 배웠다. 술과 담배를 끊고 식이요법도 했다. 이렇게 하자 일상이 달라지고 살도 빠졌다.

리자의 경우를 연구한 학자들은 리자의 두뇌활동 등을 연구한 결과 이런 결론을 내린다. "이미 자리 잡은 두뇌활동을 없앨 수는 없다. 하지만 그 위에 새로운 습관을 덧씌울 수는 있다." 평생을 한결같이 살기는 어렵다. 나쁜 습관이나 행동은 반드시 다시 나타난다. 그런 나쁜 습관이나 행동을 없애는 것도 중요하지만 그 위에 더 좋은 습관을 덮어씌우는 것이 더 중요하다.

신앙생활도 마찬가지이다. 믿음에 의심이 생길 수도 있다. 연약해지는 것은 당연하다. 하지만 의심이 꼭 나쁜 것은 아니다. 중요한 것은 의심과 불신에 지지 말고 그 위에 더 좋은 말씀과 믿음을 덧씌워서 이기는 것이다.

이런 점은 솔로몬의 일생에서도 나타난다. 솔로몬이 계속해서 좋은 신앙을 유지했다면 이스라엘 역사는 달라졌을 것이다. 솔로몬이 일천번제를 드린 후에 하나님이 솔로몬을 찾아오셔서 원하는 것이 무엇이든 들어주겠다고 말씀하셨다.

"…종의 아버지 다윗을 대신하여 왕이 되게 하셨사오나 종은 작은 아이라 출입할 줄을 알지 못하고 주께서 택하신 백성 가운데 있나이다 그들은 큰 백성이라 수효가 많아서 셀 수도 없고 기록할 수도 없사오니…듣는 마음을 종에게 주사 주의 백성을 재판하여 선악을 분별하게 하옵소서"(왕상 3:7-9).

솔로몬은 지혜를 구했다. 정확히 말하면 듣는 마음을 구했다. 이는 듣고 판단할 마음을 달라는 뜻이다. 이때 솔로몬의 마음은 이루 말할 수 없이 겸손했다. 자신을 작은 아이라 부르고 백성을 높였다. 그는 왕이 되었지만 왕으로서 자격이 부족하다고 느꼈고 자신의 사명을 다하기 위해서는 하나님이 필요하다는 것을 알았다.

솔로몬이 하나님께 훌륭한 외모나 권력, 부귀를 구했다면 그는 절대로 역사에 남는 왕이 되지는 못했을 것이다. 하지만 그는 백성을 위한 듣는 마음을 구하고서 나머지 부귀와 권력까지 허락받았다.

가장 중요한 것을 선택하면 나머지는 저절로 따라오게 되어 있다. 하나님의 진리와 말씀을 따르면 다른 것들은 그 뒤에 따라오게 된다.

하지만 솔로몬은 초심을 간직하지 못하고 서서히 변질하고 타락한다. 그의 변질보다 더 좋은 믿음과 결단들이 계속해서 그를 덮었더라면 역사가 달라졌을 것이다. 하지만 솔로몬은 이방 여자들을 계속해서 아내로 맞아들였고 세상의 유혹들을 이겨내지 못했다.

처음 믿음과 마지막 믿음이 한결같기를, 처음 믿음보다 마지막 믿음이 더 좋기를 간절히 바란다. 그러기 위해서는 더 좋은 믿음과 더 좋은 행동으로 낡은 믿음을 덮어야 한다. 매주일 하나님 앞에 나와서 죄로 둘러싸인 곳을 믿음으로 덮어서 새롭게 해야 한다. 달라지게 해야 한다.

우리의 처음이 마지막과 같기를, 하나님이 처음 우리에게 보여주신 믿음과 승리의 길을 내내 벗어나지 않기를 간절히 바란다.

3
축복의 문을 여는 시험

"왕이 대답하여 이르되 산 아이를 저 여자에게 주고 결코 죽이지 말라 저가 그의 어머니이니라 하매 온 이스라엘이 왕이 심리하여 판결함을 듣고 왕을 두려워하였으니 이는 하나님의 지혜가 그의 속에 있어 판결함을 봄이더라"(왕상 3:27-28).

포기하면 오히려 성공하는 일들이 있다.

캐나다에 골드코프(Goldcorp)라는 금광 회사가 있었다. 한때 급성장하고 많은 금을 캤지만 몇 년째 금맥을 찾지 못해 문을 닫기 일보 직전이었다. 수십 차례 새로운 금맥 찾기에 나섰지만 번번이 실패했다. 몹시 실망해 있던 롭 맥어윈(McEwen) 사장은 다음해에 놀라운 일을 벌였다. 그는 인터넷에 "골드코프에 도전하세요"라는 제목의 광고를 냈다. 새로운 금맥을 찾게 해주는 사람에게 57만 달러를 상금으로 주겠다는 내용이었다. 동시에 그는 자사 금광의 지질도와 갱도에 대한 정보를 모두 공개했다. 이 정보는 회사의 핵심 기밀에 속하는 것이었다. 주변에선 바보 같은 짓이라고 놀렸다. 이제 망하는 건 시간문제라고도 했다.

하지만 결과는 대성공이었다. 몇 주 만에 수백 명의 전문가가 금광 지도를 다운로드 받아 연구에 몰입했다. 재미있는 사실은 이 일에 뛰어든 참가자 대부분이 경쟁사 직원들이었다는 것이다. 그들은 금맥 찾기의 최고 전문가들이었다. 그들은 공개된 자료로 수학적, 지질학적으로 연구하고 계산해서 금이 나올 가능성이 가장 높은 곳 100여 군데를 점찍었다. 그리고 이 중 80퍼센트에서 220톤의 금이 나왔다.

그 덕분에 회사는 부도 위기를 딛고 최고 금광회사로 떠올랐다. 이 회사가 살아난 것은 회사로서 가치를 상실할 위기에 처해 있을 때 과감한 시도를 했기 때문에 가능했다. 누구나 만나는 어려움과 위기 속에서 어떤 이는 오히려 발전하고 어떤 이는 포기하고 사라진다. 중요한 것은 어떻게 지혜롭게 이 문제들을 해결하는가 하는 것이다.

솔로몬은 재판을 통해서 어려움을 이기고 오히려 성공의 기회로 만들었다. 하나님이 주시는 지혜와 은혜 때문에 가능한 일이었다.

솔로몬에게 닥친 도전들

"그때에…"(왕상 3:16).

이 말은 재판 이야기가 바로 앞 장에서 벌어진, 솔로몬이 하나님을 만난 일과 연관되어 벌어진 일임을 뜻한다. 따라서 이 재판

이야기는 솔로몬이 일천번제를 드리고, 하나님이 그에게 지혜를 주신 일과 연관해서 생각해야 한다. 제사를 드리고 지혜를 받은 '때에' 재판이 일어난다. 이 재판은 솔로몬에게는 무척 당혹스러운 일이었을 것이다.

창기 두 명이 왕에게 왔다. 둘 다 출산을 했는데 어느 날 일어나 보니 한 사람의 아기는 죽어 있고 다른 사람의 아기는 살아 있다. 두 여인은 서로 살아 있는 아기가 자신의 아기라고 주장했다. 우리는 이 이야기를 지혜에 대한 예화로 많이 사용하지만 솔로몬에게는 두 가지를 시험하는 중요한 일이었다. 하나는 왕으로서의 자격을 증명하는 것이다. '아버지 다윗은 뛰어난 왕이었는데 솔로몬은 어떻게 하는지 보자. 형들을 제치고 피까지 보면서 왕이 되었으니 이제 그의 왕의로서의 자격과 능력을 보자.' 이런 따가운 시선을 가진 숱한 사람들이 솔로몬의 주변에 가득했다.

또 다른 시험은 종교적 차원의 것이었다. "네가 일천번제를 드린다고 하면서 소란을 피웠는데 정말로 하나님이 너와 함께하는가?" 이 재판은 정말 하나님이 솔로몬과 함께하셔서 그의 능력과 힘이 되시는지에 대한 테스트였다.

지금처럼 DNA검사라도 할 수 있다면 대번에 누가 거짓말을 하고 있는지 알았겠지만 그 시대에는 물증을 찾을 방법도, 증인도 없었다. 각자의 주장만 있을 뿐이었다. 판결을 내리기 힘든 재판이요 시험이었다. 그런데 하나님은 이 상황을 통해서 두 가지를 발견하게 하신다.

하나님이 정의를 세우신다

솔로몬의 지혜는 악독한 범죄인에게서 연약한 엄마를 지키는 정의를 세웠다. 우리는 이 재판이 얼마나 열려 있는지를 볼 수 있다. "그때에 창기 두 여자가 왕에게 와서"(왕상 3:16)라는 말씀에서 알 수 있듯이 솔로몬 왕에게 재판받는 사람은 고관대작이 아니라 창녀이다. 지금도 창녀를 바라보는 시각은 불편하다. 하물며 수천 년 전에야 오죽했겠는가.

그런데 그런 사람들이 왕에게 재판을 받으러 왔다. 이런 점은 현대보다 더 낫다고 할 수 있다. 현대 민주주의 사회에서조차도 유전무죄 무전유죄의 이야기들이 끊이지 않는데 수천 년 전 사회에서 신분고하를 막론하고 왕에게 공정한 재판을 받을 수 있다는 것은 이스라엘이 얼마나 공정하고 공평한 사회가 되려고 애썼는지를 보여 준다.

솔로몬이 두 창녀의 문제를 해결하러 직접 나섰다. 그런데 판결을 내리기가 너무 어렵다. 두 창녀가 거의 동시에 임신과 출산을 했는데 한 아기는 살았고 다른 아기는 죽었다. 이들의 증언에서 이 다툼이 상당히 날이 서 있음을 알 수 있다. 특히 살아 있는 아기를 빼앗은 여자는 악에 받친 듯이 "밤에 저 여자가 그의 아들 위에 누우므로 그의 아들이 죽으니"(왕상 3:19)라고 말한다. 이 여자는 자식이 죽었으니 슬퍼해야 마땅하지만 그 전에 먼저 아기를 바꿔치기 한다. 자식은 그 무엇과도 바꿀 수 없는 생명인데 물건 바꾸듯이 말이다. 그리고 재판에서도 솔로몬이 자녀를 칼로 잘라서 반씩 주라고 판결하자 악독하게 말한다.

"…내 것도 되게 말고 네 것도 되게 말고 나누게 하라 하는지라"
(왕상 3:26).

아기를 죽인 여인은 아기를 생명으로 보지 않고 소유물로 보고 있다. 자기 자식을 죽인 것을 슬퍼하고 반성하기보다 남에게 동일한 아픔을 주려고 한다. 아기를 빼앗긴 어미의 마음이 얼마나 아프겠는가. 이렇게 한 사람은 악독하게 행동하고 다른 한 여자는 피해자로서 자기 아기를 되찾으려 애원하고 있다.

솔로몬이 아기를 반으로 잘라 두 여인에게 나눠 주라고 하자 아기의 어미는 이렇게 말한다.

"…내 주여 산 아이를 그에게 주시고 아무쪼록 죽이지 마옵소서…"
(왕상 3:26).

이것이 어미의 마음이다. 이와 반대로 가해자는 소리 높여 아기를 죽이라고 한다. 얼마나 악독한 일인가.

이 재판은 마치 이 사회의 한 단면을 보는 것 같다. 힘 있는 사람은 힘없는 사람을 괴롭히고 그들이 가진 것도 빼앗아 버렸다. 이를 두고 "갑질한다."고 말한다. 가진 사람은 점점 더 많이 소유하지만 가진 것이 없는 사람은 생존의 문제에 빠진다. 빈부의 격

차는 점점 커지고 사회갈등은 심각한 문제가 되고 있다.

사람들은 사회정의에 크게 실망하고 있다. 사법부의 재판을 신뢰하지 않는다. 정의를 세운다는 것은 참 어려운 일이다. 과학이 발달한 지금도 사법부의 실수로 억울한 사람이 사형을 당하는 참극이 일어나기도 한다. 이 얼마나 억울한 일인가. 더 억울한 것은 부패한 사람들 때문에 감옥생활을 하는 것이다. 한국사에서는 이런 일들이 수없이 많이 벌어져 왔다. 정의를 세운다는 것은 참 어려운 일이다.

> "왕이 대답하여 이르되 산 아이를 저 여자에게 주고 결코 죽이지 말라 저가 그의 어머니이니라 하매"(왕상 3:27).

솔로몬은 누가 아기의 어미인지 알아냈다. 증인도 없고 의학적 검사도 없는 상황에서 진실을 알아냈다. 그리고 눈물 흘리는 어미의 마음을 회복시켜 주었다.

이게 정의이다. 솔로몬은 자신을 지켜보는 사람들에게 그가 왕으로 있는 동안 사람들이 지켜야 할 가치가 무엇인지를 보여주었다. 또한 억울한 엄마의 눈물을 기쁨의 눈물로 바꾸어 주었고 악한 가해자에게서 피해자를 지켜 주었다.

지금 우리에게도 이런 정의가 절실하다. 우리를 악에서 보호하고 억울함에서 지켜 줄 하나님의 정의가 필요하다.

하나님이 사람을 통해서 일하신다

프로야구 김성근 감독은 뛰어난 감독이다. '야신'이라는 별명답게 프로야구단 6개 팀의 감독을 역임했고 한국시리즈에서 세 번이나 우승했다. 하지만 그에게는 열세 번이나 감독직에서 쫓겨났다는 불명예스러운 기록도 있다.

그가 얼마 전 영화 〈파울볼〉을 통해서 사람들에게 감동을 주었다. 2011년에 SK구단에서 경질된 그는 고양시의 원더스라는 신생팀의 감독으로 부임했다. 고양 원더스는 정식 프로야구 구단도 아니었으며 선수들은 프로 구단에 입단하지 못한 삼류들이었다. 그곳은 영화 제목처럼 '파울'이 된 선수들이 모인 좌절이 존재하는 곳이었다.

그런데 김성근 감독은 선수들에게 이렇게 말한다.

"너희들은 벼랑 끝에 서 있다. 뒤가 없다. 떨어지면 죽는다."

김성근 감독은 야구인생의 벼랑 끝에 선 사람들과 다시 야구를 하면서 그 중 30명이 넘는 선수들을 프로야구단에 입단시켰다. 안타깝게도 이후 여러 이유로 고양 원더스는 3년 만에 해체되었다. 하지만 이 영화를 보면서 사람들은 그들의 좌절과 실패, 성공에 공감하고 감동받는다. 프로 구단에 입단하지 못한 미생 같은 선수들, 재능이 없어서 안 될 것 같았던 사람들이 김성근 감독을 통해서 혹독한 훈련을 받고 다시 꿈을 발견하는 것을 보았기 때문이다. 사람들은 성공이 아닌 한 사람의 땀과 노력에 감동했다.

이처럼 한 사람이 이룰 수 있는 것은 참으로 크다. 한 사람 때문에 많은 사람이 망할 수도 있고 성공할 수도 있다. 하나님은 한 사람의 가치를 귀하게 여기신다. 한 사람 한 사람의 영혼을 통해서 하나님 나라가 나타나고 성장하고 발전한다.

솔로몬을 통해서 일하신 하나님이 지금도 우리를 위해서 일하신다. 하나님은 기적만으로 일하시지 않는다. 오병이어의 기적과 죽은 자를 살리시는 기적만으로 일하시지 않는다. 하나님은 사람을 통해서 일하신다. 특별히 그리스도인을 통해서 역사하신다.

하나님은 솔로몬을 통해서 정의를 세우고 보여 주셨다. 솔로몬은 어려운 재판에 공의로운 판결을 내렸고 이 일로 인해서 왕권은 더욱 강화되었다. "온 이스라엘이 왕이 심리하여 판결함을 듣고 왕을 두려워하였으니…"(28절)라는 말씀에서 보듯이 왕의 지혜와 정의를 세우는 모습을 목격한 사람들이 그를 두려워했다. 사람들이 솔로몬을 두려워한 것은 무엇보다 그 안에 계신 하나님을 보았기 때문이다(28절).

그 하나님이 우리 안에도 계시다. 사람들이 당신 안에 하나님이 계심을 알고 있는가? 사람들이 당신 안에 있는 하나님의 지혜와 능력을 보았는가? 우리는 누구나 어려움과 고난을 만나고 시험을 당한다. 하지만 낙담하기에는 이르다. 우리도 솔로몬처럼 이 시험을 통과해서 세상이 두려워하고 성령이 함께하는 사람이 될 수 있다.

4
영원을 좇으라

"하나님이 솔로몬에게 지혜와 총명을 심히 많이 주시고 또 넓은 마음을 주시되 바닷가의 모래같이 하시니 솔로몬의 지혜가 동쪽 모든 사람의 지혜와 애굽의 모든 지혜보다 뛰어난지라"(왕상 4:29-30).

몇 년 전, 신창원이라는 도둑이 대한민국을 떠들썩하게 만들었다. 그가 그토록 유명한 이유는 2년 동안 10억 원의 돈을 훔쳤기 때문이 아니다. 탈주한 그를 잡기 위해서 엄청나게 많은 경찰이 동원되었지만 그때마다 경찰을 비웃기라도 하듯이 절묘하게 도망쳤기 때문이다. 경찰은 그를 열세 번이나 놓쳤고 이 때문에 많은 경찰들이 옷을 벗어야 했다. 또 많은 여자가 탈주범인 그를 헌신적으로 숨겨 주어서 논란이 되었다. 그의 옷차림과 용모가 연일 화제에 오르기도 했다. 신창원이 했던 말 중에 인상적인 것이 있다.

"내가 초등학교 때 선생님이 '너, 착한 아이구나' 하고 머리 한 번만 쓸어 주었으면 이렇게까지 되지 않았을 것이다. 5학년 때 선생님이 '이 쌍놈의 새끼야, 돈도 안 가져 왔으면서 뭐 하러 학교에 왔어? 빨리 꺼져!' 하고 소리쳤는데 그때부터 마음속에 악마가 생겼다." 참 무서운 말이다. 신창원이 부모와 주변의 사랑을 받았다면 아주 멋진 사람으로 성장했을지도 모른다. 하지만 주변의 험한 말들과 미움은 결국 그를 도둑으로 만들었다.

신창원 사건은 부모의 사랑과 말이 얼마나 중요한지를 보여 주는 사례이기도 하다. 신창원을 보면서 이런 생각이 들었다. '하나님이 복 주시고 함께하는 사람의 삶은 어떤 모습일까?' '부모가 자녀를 위해 기도하고 미래를 준비한다면 그 자녀의 삶은 어떻게 될까?' '자녀가 모든 일에 앞서서 하나님을 예배하고 자신의 일을 그 다음에 했다면 그 자녀의 삶은 어떤 모습일까?' '그 자녀가 자신의 유익이나 명예를 구하지 않고 하나님의 뜻을 먼저 구했다면 그는 어떤 삶을 살게 될까?' 그 해답은 열왕기상 4장에 있다.

솔로몬이 받은 축복

솔로몬이 누린 삶은 부모의 신앙과 자녀의 믿음이 합쳐져서 얼마나 크고 놀라운 축복의 삶을 만드는지 보여 준다. 솔로몬은 아버지가 얼마나 큰 고생을 하고 그와 동시에 얼마나 큰 믿음을 지키고 살았는지 직접 보고 들었다. 그리고 솔로몬 본인 스스로도 믿음의 사람이 되고자 부단히 노력했다. 그래서 일천번제도 드렸다. 그가 누린 복은 몹시 크고 놀랍다.

"유다와 이스라엘의 인구가 바닷가의 모래 같이 많게 되매 먹고 마시며 즐거워하였으며"(왕상 4:20).

솔로몬 시절, 이스라엘이 번성하여 인구가 모래알 같이 많아졌다. 인구는 국력의 척도이다. 그런데 인구수를 모래알에 비유한 표현이 낯익다. 이 표현은 창세기에서 하나님이 아브라함에게 하신 약속에서도 등장한다. 하나님은 아브라함에게 "내가 네게 큰 복을 주고 네 씨가 크게 번성하여 하늘의 별과 같고 바닷가의 모래와 같게 하리니"(창 22:17)라고 약속하셨다. 그런데 이 표현을 솔로몬에게도 사용하신다. "인구가 바닷가의 모래 같이 많게 되매…"(왕상 4:20), "…심히 많이 주시고…주시되 바닷가의 모래같이 하시니"(왕상 4:29).

성경은 일부러 아브라함에게 썼던 표현들을 사용하고 있다. 왜냐하면 지금 솔로몬이 누리는 복이 솔로몬만의 복이 아니라 아브라함이 받았고 이스라엘이 바라마지 않던 가장 큰 복이기 때문이다. 솔로몬은 하나님이 아브라함과 맺으셨던 약속대로 유프라테스 강에서 애굽까지 방대하고 광활한 땅을 다스리게 되었다.

> "솔로몬이 그 강에서부터 블레셋 사람의 땅에 이르기까지와 애굽 지경에 미치기까지의 모든 나라를 다스리므로 솔로몬이 사는 동안에 그 나라들이 조공을 바쳐 섬겼더라"(왕상 4:21).

솔로몬이 받은 복은 하나님이 아브라함에게 주셨던 약속의 성취이다. 솔로몬이 받은 복은 조상들이 꿈꾸고 기도하던 하나님의 약속이 이뤄진 것이다. 솔로몬의 나라는 강성하여 주변 나라들이 조공을 바칠 정도였다. 이는 물론 아버지 다윗 때부터 이뤄진 일이지만 전성기를 이룬 것은 솔로몬 때이다.

복은 여기서 멈추지 않는다. 이스라엘은 먹는 데 부족함이 없었고 큰 즐거움이 있었다. "유다와 이스라엘의 인구가 바닷가의 모래 같이 많게 되매 먹고 마시며 즐거워하였으며"(20절)라는 말씀은 그들이 허랑방탕했다는 뜻이 아니다. 온 식구가 둘러앉아 기뻐 식사하듯이 온 이스라엘이 기뻐하고 즐거워했다는 뜻이다. 이스라엘의 인구는 많았지만 다투거나 갈등을 일으키지 않았고 부족함이 없었다. 이 얼마나 큰 복인가.

"솔로몬의 하루의 음식물은 가는 밀가루가 삼십 고르요 굵은 밀가루가 육십 고르요 살진 소가 열 마리요 초장의 소가 스무 마리요 양이 백 마리이며 그 외에 수사슴과 노루와 암사슴과 살진 새들이었더라"(22-23절)라는 말씀은 솔로몬 행정부의 규모가 얼마나 컸는지를 보여주는 기록이다. 학자들에 따르면 하루에 대략 최소 1만 4천 명에서 6만 명까지 식사를 했다고 한다. 솔로몬을 지근거리에서 섬기는 관료들과 손님들이 이렇게 많았다.

군대도 강성했다. "솔로몬의 병거의 말 외양간이 사만이요 마병이 만 이천 명이며"(왕상 4:26)라는 말씀에서 알 수 있듯이 대표적 무기였던 병거와 병사가 많이 준비되어 있었다.

솔로몬은 경제적으로 풍족했고 영토는 최대한 확장되었으며 주변국들의 조공을 받았고 군대는 가장 강력했다. 그러나 더 중요한 것은 이 모든 것이 하나님이 아브라함에게 약속하신 언약의 성취라는 것이다. 솔로몬의 번성에는 특별한 의미가 있다. 그가 누린 복은 하나님이 주신 것이다. 그 어떤 것보다 귀하고 큰 복이다. 우리도 이런 복을 누릴 수 있다. 솔로몬처럼 우리 일과 가정이 번성하고 풍성해지는 복을 누릴 수 있다.

복은 어디에서 오는가

솔로몬이 이런 복을 누리게 된 데에는 두 가지 이유가 있다. 첫째, 솔로몬은 삶에서 가장 중요한 것을 중심에 놓고 살았다.

길버트 투하본예라는 사람이 있다. 이 사람의 삶을 한마디로 표현한다면 '달리기'라고 할 수 있다. 그는 원래 아프리카 부룬디에 살았다. 고등학교 때는 달리기 선수였다. 1993년 어느 날, 부룬디의 후투족과 투치족 간의 집단학살 사건이 발생했다. 학교에 있던 많은 학생이 학살당했고 생존해 있던 학생들도 끌려가 폭행당하고 산 채로 불에 태워졌다. 이때 시체 사이에 숨어 있던 투하본예는 아홉 시간을 숨어 있다가 달려서 도망쳤다. 투하본예는 그 사건에서 살아남은 유일한 생존자였다. 그는 이후에 미국으로 이주해서 애빌린 크리스천대학의 육상선수로 활동하면서 전미 육상대회에서 통산 여섯 번의 메달을 땄다. 졸업 후에는 육상코치가 되었고 자기 고향 부룬디에 우물을 파기 위한 재단을 설립했다. 지금도 오스틴에서는 "Run for the Water"(물을 찾아 달려라)라는 육상대회가 열린다.

투하본예는 달리기를 잘했다. 달리기로 생존자가 되었고 달리기로 인생을 성공했고 달리기로 재단을 만들었다. 투하본예는 제일 중요한 것 하나에 집중했고 그것을 통해서 성공했다.

솔로몬이 처음부터 잘한 것은 중요한 일 한 가지에 집중했다는 것이다. 그것은 바로 지혜이다. 그는 오직 지혜를 구했다. 그래서 하나님이 그에게 지혜를 주셨다. 그리고 그 위에 더 많은 것을 주셨다.

> "하나님이 솔로몬에게 지혜와 총명을 심히 많이 주시고 또 넓은 마음을 주시되 바닷가의 모래같이 하시니 솔로몬의 지혜가 동쪽 모든 사람의 지혜와 애굽의 모든 지혜보다 뛰어난지라"(왕상 4:29-30).

솔로몬이 누린 수많은 복의 바탕에는 가장 중요한 한 가지를 구한 신앙이 자리하고 있었다.

둘째로 솔로몬은 하나님 중심으로 살았다. 미국 〈워싱턴 포스트〉 1면에 대서특필된 기사가 있다. '지미의 세계'(Jimmy's World)라는 글이다. 이 기사를 쓴 재닛 쿠크(Janet Cooke)라는 26세의 젊은 여기자는 이 기사로 퓰리처상을 받았다. 기사 내용은 충격적이다. 지미라는 8세 소년이 마약에 중독되어 매일 주사를 맞으면서 서서히 죽어 가는 모습을 생생하게 묘사한 것이다. 이 때문에 경찰은 여론의 뭇매를 맞았고 이런 소년을 내버려 둔 사회는 충격에 빠졌다. 하지만 문제는 이때부터이다. 사람들은 이 소년을 돕기 위해서 백방으로 찾았지만 찾을 수가 없었다. 기사를 쓴 재닛 쿠크도 모른다고 했다.

결국 많은 사람이 조사한 끝에 이 기사는 허위로 판명되었다. 지미라는 소년은 현존하지 않는 가상의 인물이었고 모두 유명세를 원한 기자가 꾸며 낸 이야기였다. 결국 그 기자는 공식으로 사과했고 언론계에서 완전히 추방당했다.

재닛 쿠크는 명예와 성공을 중심에 두고 살았다. 마치 지구가 태양 주위를 돌듯이 명예와 성공 주위를 맴돌면서 사람들을 속였다. 그래서 그것 때문에 흥하고 그것 때문에 망했다. 많은 사람이 루크처럼 인생에서 무엇을 중심에 두고 살아야 하는지 모른다. 그래서 돈과 성공, 명예 중심으로 살면서 자기 인생을 좀먹는다.

솔로몬은 무엇을 중심으로 살았는가? 바로 하나님이다. "하나님이 솔로몬에게 지혜와 총명을 심히 많이 주시고"라는 말씀을 보라. 여기서 주어는 하나님이시다. 솔로몬이 지혜로워서 잘 된 것이 아니다. 하나님이 그에게 지혜를 주신 것이다.

솔로몬은 무엇이든 자기 뜻대로 할 수 있는 왕이었지만 진짜 왕은 하나님이셨다. 많은 사람은 자기가 왕이 된다. 자신이 태양처럼 중심에 있고 하나님은 오히려 자기를 중심으로 돌면서 자신의 욕심과 욕망을 채워 주는 도구만 되기를 바란다. 이것은 참

신앙이 아니다.

화려함 뒤의 어두움

이렇게 솔로몬은 가장 중요한 지혜를 구하고 하나님 중심으로 살았기 때문에 아무도 누리지 못한 어마어마한 복을 누릴 수 있었다. 하지만 잊지 말아야 할 것이 있다. 하루에 1만 4천 명에서 6만 명 정도의 사람들이 항상 솔로몬 주변에 있었고 경제적으로 윤택했지만 바로 그 이유 때문에 문제가 자라고 있었다. 햇빛이 밝을수록 그림자가 짙듯이, 솔로몬의 성공과 화려함 뒤에는 어두움이 짙게 자리하고 있었다.

화려한 솔로몬 왕국을 먹이는 것은 백성이었다. 솔로몬의 열두 장관은 세금을 거두어서 솔로몬 정부를 먹이는 일을 했다. 막강한 군사력 역시 한 부담이 되었다.

종교적으로 과연 옳은 것인지에 대한 의문이 제기되었다. 신명기에서 "그는 병마를 많이 두지 말 것이요 병마를 많이 얻으려고 그 백성을 애굽으로 돌아가게 하지 말 것이니"(신 17:16)라고 했다. 성경은 아무리 적들에게서 빼앗은 것이라도 그들을 이용한 병마를 두지 말라고 했다. 이것은 큰 전쟁을 하지 않기 위해서이다. 하나님은 방어하기 위한 전쟁은 용인하셨지만 침략하는 전쟁을 명하신 적이 없다.

솔로몬이 4만 개의 외양간과 1만 2천 명이나 되는 마병을 둔 것은 신명기의 명령을 어기는 것이었다. 솔로몬의 나라는 강대해졌지만 그만큼 원한을 쌓았고 신앙에 있어서도 어긋나는 부분이 많았다. 그렇다면 그가 쌓은 수많은 부와 강력한 군사력은 정말 축복이었을까? 하나님이 함께하신다는 상징이었을까? 이 때문에 얼마나 많은 백성이 무거운 세금으로 고통당하고 전쟁으로 인해서 죽어야 했을까?

하나님은 우리에게 풍요함을 주시지만 그것이 반드시 복의 결과는 아니다. 광야에서 고생한 아브라함은, 도망자의 신분으로 광야를 누빈 다윗은 축복받지 못한 사람이었을까? 아니다. 그들은 누구보다 축복받았고 하나님과 동행한 사람들이다. 하지만 이들은 인생의 대부분을 광야에서 뜨거운 햇빛아래 이동하며 살아야 했다.

우리도 우리 삶에서 하나님의 복을 받을 수 있다. 하지만 우리가 받기를 소망하는 그 복은 잠시 반짝하는 물질 이상의 영원한 것이어야 한다. 우리가 구해야 할 것은 하나님의 은혜와 지혜와 믿음이다.

5
너의 전을 세우라

"당신도 알거니와 내 아버지 다윗이 사방의 전쟁으로 말미암아 그의 하나님 여호와의 이름을 위하여 성전을 건축하지 못하고 여호와께서 그의 원수들을 그의 발바닥 밑에 두시기를 기다렸나이다"(왕상 5:3).

역사상 가장 위대한 건축물을 꼽는다면 애굽의 피라미드를 들 수 있을 것이다. 피라미드는 세계 7대 불가사의에 들 만큼 놀라운 역사를 지니고 있다. 애굽의 피라미드 중에는 4천 5백 년의 역사를 자랑하는 것도 있다.

우리나라 역사가 반만 년, 즉 5천 년이라고 하니, 우리가 막 단군의 곰과 호랑이 이야기를 하고 있을 때 애굽에서는 역사에 남는 대 건축이 진행 중이었다. 더 놀라운 것은 수천 년의 역사를 가진 피라미드는 거센 비바람의 풍화작용과 전쟁 등에도 무너지지 않고 지금껏 건재하다는 것이다.

문명이 발달한 현대에는 하이테크놀로지를 이용해서 건물을 짓는다. 바닥이 튼튼한 반석이 아닌 진흙이어도 빌딩을 지을 수 있게 되었고 심지어 바다 한가운데에도 건물을 지을 수 있는 공법이 있다. 하지만 많은 건물들이 무너져 내렸다. 우리나라의 경우에도 와우아파트 붕괴 사건과 삼풍백화점 붕괴, 성수대교 붕괴 등의 참사가 있다. 철골과 시멘트로 단단히 지어도 그 연한은 수십 년에 불과다. 지속적으로 보수하지 않으면 수백 년은커녕 수십 년의 시간도 견뎌 내지 못한다.

그런데 돌로 만든 피라미드는 4천 5백 년을 견뎌 왔다. 고대문명이지만 참 대단하고 신비하다. 이렇게 옛 건물이 오래가는 가장 큰 이유는 비바람과 시간을 견딜 수 있는 튼튼한 돌로 지었기 때문일 것이다. 비록 만들 때는 힘들지만 일단 지은 후에는 부수고 싶어도 부술 수 없는 견고함이 생긴다.

우리 인생도 건물을 짓는 것과 같다. 어떤 사람은 성공이라는 건물을 웅장하고 화려하게 지어서 사람들의 부러움을 산다. 또 어떤 사람은 실패라는 초라하고 작은 건물을 짓는다. 어떤 사람은 작지만 아름다운 인생을 짓는다. 어떤 사람은 크지만 더럽고 추한 건물을 짓는다.

우리가 지금까지 쌓아올린 건물은 어떤 모습일까? 앞으로 우리는 어떤 건물을 짓게 될까? 솔로몬이 성전을 짓는 과정을 보면 우리 인생의 성전은 어떻게 지어야 하는지, 어디에 기초해야 하는지 알 수 있다.

성전은 하나님과의 만남 위에 세워졌다

역사에는 이해할 수 없는 잔인하고 슬픈 일들이 많다.

2000년 9월에 예루살렘에서 이스라엘과 팔레스타인 사이에 큰 소요가 발생했다. 이 일을 '인티파다'(팔레스타인 사람들의 반이스라엘 저항운동으로 봉기, 반란, 각성 등을 뜻하는 아랍어이다)라고 부른다. 이 일로 3천 4백여 명이 사망했고 5만 3천 명이 부상당했다.

이 비극은 예루살렘 중심에 있는 알 악사 이슬람 사원에서 시작되었다. 당시 이스라엘의 국방장관 아리엘 샤론이 평화를 위해서 왔다면서 군인들과 함께 무슬림이 성스럽게 여기는 사원에 발을 들였다. 하지만 비 무슬림이자 적인 샤론 장관이 총을 든 이들과 함께 사원 안으로 들어온 것은 무슬림에게 방문이 아니라 침탈로 여겨졌다. 이 사건으로 인해서 억눌렸던 팔레스타인 사람들이 반발했고 오랜 기간 동안 피할 수 없는 비극적인 싸움이 시작되었다.

이런 비극이 일어난 장소는 놀랍게도 이슬람 사람들에게는 모스크가 있는 곳이고 유대인들에게는 솔로몬의 성전이 있던 자리로 이슬람교와 기독교 모두에게 성스러운 곳이다. 무슬림에게 그 자리는 후대에 무슬림의 예언자인 무함마드가 하늘로 올라간 자리이다. 무함마드가 서 있던 돌도 같이 하늘로 올라갔는데 그 돌은 무함마드가 돌려보내서 알 악사 모스크에 있게 되었고 무슬림들은 그 모스크와 돌을 성스럽게 여긴다.

그 자리가 성스러운 것은 유대인도 마찬가지다. 그 자리가 아브라함이 이삭을 하나님께 제사로 바치려고 했던 곳이었기 때문이다. 그곳은 아브라함이 하나님께 자신의 믿음을 증명한 역사적 자리다. 솔로몬의 성전이 아브라함이 이삭을 바치려고 했던 곳에 세워진 이유는 무엇일까? 그곳이 믿음의 자리이기 때문이다. 아브라함은 그곳에서 두 가지를 체험했다. 첫째는 모든 것을 예비하시는 하나님이다.

"아브라함이 그 땅 이름을 여호와 이레라 하였으므로 오늘날까지 사람들이 이르기를 여호와의 산에서 준비되리라 하더라"(창 22:14).

아브라함은 이삭을 하나님께 바치려는 순간에 이삭 대신 죽을 양을 발견한다. 여호와 이레, 즉 하나님이 미리 준비해 두신 것이다. 둘째는 약속하시는 하나님이다.

"내가 네게 큰 복을 주고 네 씨가 크게 번성하여 하늘의 별과 같고 바닷가의 모래와 같게 하리니 네 씨가 그 대적의 성문을 차지하리라"(창 22:17).

아브라함은 그곳에서 그의 미래에 놀라운 일을 이루겠다는 하나님의 약속을 받았다. 솔로몬이 세운 성전이 자리한 곳은 바로 이러한 하나님과의 만남이 있었던 자리다.

우리는 우리 자신의 성전을 세우는 사람들이다. 하지만 그 성전은 시멘트와 철골로 지어지는 것이 아니다. 하나님과의 만남과 체험 위에 세워지는 것이다. 솔로몬의 성전처럼 우리 심령의 성전도 부서지지 않는 단단한 체험과 믿음 위에 세워야 한다.

성전은 죄와 회개의 자리에 세워졌다

솔로몬 성전의 자리는 한 가지 더 역사적 연원이 있다.

> "…그곳은 전에 여호와께서 그의 아버지 다윗에게 나타나신 곳이요 여부스 사람 오르난의 타작 마당에 다윗이 정한 곳이라"(대하 3:1).

성전 자리는 솔로몬이 정한 게 아니다. 이미 다윗 때 정해졌다. 그런데 왜 하필 타작마당으로 정했을까?

다윗은 두 번의 큰 실수를 저질렀다. 하나는 밧세바 사건이다. 유부녀였던 밧세바와 정을 통한 다윗은 이 때문에 자신의 충실한 수하 우리야를 죽였다. 이는 명백한 살인이다. 다른 하나는 말년에 이스라엘 전역의 인구를 조사한 것이다. 이것은 자신이 부릴 수 있는 군인들을 파악하기 위한 교만한 선택이었다. 이로 인해서 자그마치 7만 명이 죽게 된다. 이 재난을 보고 자신의 죄를 자각한 다윗은 하나님께 간절히 회개했고 그 회개 기도로 인해 재난이 멈추었다. 그 장소가 바로 오르난의 타작마당이었다.

다윗은 재앙이 멈춘 곳의 땅을 사고 그 자리에서 예배를 드렸다. 그리고 후에 자기 자식이 자신의 범죄가 드러났던 자리에 성전을 세우도록 했다. 바로 자신의 부족함과 죄를 용서하고 은혜를 베풀고 미래를 약속하시는 하나님의 놀라운 역사를 체험하는 자리였기 때문이다.

남아메리카 에콰도르에서 한 세례식이 열렸다. 어디서나 열리는 세례식이었으나 이 날의 세례식은 몹시도 감동적이었다. 1956년 1월, 다섯 명의 선교사가 밀림지역의 와다니족에 들어갔다가 무참히 살해되었다. 이들은 모두 같은 대학 출신으로 선교의 열정으로 밀림에 들어갔지만 그곳에 발을 디디자마자 순교했다. 놀라운 것은 그 다음이다. 이 끔찍한 이야기를 들은 순교자 짐 엘리엇의 아내, 엘리자베스 엘리엇이 와다니족은 여성에게는 적대적이지 않다는 것을 알고 간호사로서 그곳에 들어간 것이다. 남편을 죽인 원수들에게 복음을 전하기 위해서 말이다.

결국 그녀의 선교와 기도로 자신의 남편을 죽인 남자 키모는 와다니족 최초의 목사가 되었고, 순교자의 자녀 두 명은 바로 자신들의 아버지가 순교한 강가에서 세례를 받았다. 이 놀라운 스토리는 이후 《창끝》(End Of The Spear)이라는 영화로도 제작되고 책으로도 출간되었다.

하나님은 고난의 자리를 은혜의 자리로 바꾸신다. 원망과 복수의 자리를 희망과 사랑으로 변화시키신다. 우리 심령의 성전은 어떤 은혜를 체험하는가? 우리 심령의 성전은 어디에 세워져 있는가?

순전 무결한 사람은 이 땅에 없다. 우리는 모두 죄인이다. 하지만 그럼에도 하나님은 우리를 용서하고 세워 주신다. 과거를 기억하지 않으시고 다시 시작할 수 있는 은혜를 주신다. 간음하고 살인한 다윗이 회개하자 하나님은 그를 용서하셨다. 더 나아가 그의 나라를 영원하게 하겠다고 약속하시고 큰 나라를 허락해 주셨다. 우리 역시 과거가 어떤 모습이든 하나님은 기억하지 않고 용서해 주신다. 그리고 죄악이 있던 자리를 은혜의 자리로 바꾸어 주신다. 우리의 고난을 은혜로 바꾸어 주신다.

성전은 하나님의 인도하심에 기초한다

성전시대와 성막시대를 통틀어서 가장 중요한 물건을 든다면 언약궤일 것이다. 광야에서 만든 언약궤는 하나님이 이스라엘과 함께하신다는 표시요 확신이었다.

그런데 흥미로운 것은 이 언약궤를 만든 나무가 조각목이라고 불리는 아카시아나무라는 것이다. 이 나무는 결코 좋은 나무가 아니다. 단단하지만 마디마다 옹이가 있고 구부러져서 고급스런 재료로 사용될 수 없는 땔감밖에 되지 않는 나무다. 그런데 상처도 많고 옹이진 나무를 하나님이 십계명 돌판을 담은 나무상자로 사용하시자 성전에서 가장 귀하고 이스라엘의 모든 행사에서 빼놓을 수 없는 가장 소중한 나무가 되었다. 이 언약궤를 보면서 우리 인생도 비록 곳곳에 상처가 나고 고결하지는 않지만 하나님이 사용하시면 귀하게 쓰일 수 있다는 생각을 하게 된다.

언약궤는 장막시대 때부터 사용되었다. 항상 있었고 항상 있을 물건이다. 하지만 이제까지 없었던 전혀 새로운 물건도 있다. 이 물건은 솔로몬 때 처음 만들어진 것으로 용도는 별거 없다. 그냥 서 있는 것이다. 그런데 아주 소중한 역할을 감당했다. 바로 두 개의 기둥이다.

솔로몬은 당대 가장 뛰어난 예술가를 불러서 두 개의 기둥을 조각하게 했다. 이 기둥은 둘레가 5.4미터, 높이가 9.9미터에 달하는 아주 크고 무거운 놋기둥이었다. 이 기둥의 이름은 각각 야긴과 보아스이다. 이 두 기둥은 다른 기둥과 달리 지붕을 지탱하기 위해서 만들어진 것이 아니라 성전 문 앞에 세워졌다.

왜 아무 용도가 없는 기둥 두 개를 만들었을까? 이스라엘 백성은 이 웅장한 기둥들을 보면 떠오르는 것이 있다. 바로 광야를 헤맬 때 이들을 인도했던 구름기둥과 불기둥이다. 어디서나 보였던 이 두 기둥은 이스라엘이 어디에 있어야 하며 언제 움직이고 언제 멈춰야 하는지를 알려 주는 신호였다.

그래서 '하나님이 세우리라'와 '하나님에게 능력이 있다'는 뜻의 야긴과 보아스라는 이름을 지었다. 이 기둥들은 이스라엘을 인도하신 하나님의 능력이 이스라엘을 세우실 것이라는 신앙고백이다.

모든 인생은 머물 때가 있고 갈 때가 있다. 조급한 마음에 더 가고 싶지만 하나님이 멈추게 하실 때가 있다. 우리는 낙담하여 주저앉고 가기 싫다고 하는데 하나님이 가라고 하실 때가 있다. 우리 인생의 주관자요 신호등이 되시는 분이 바로 하나님이시다. 우리 인생의 구름기둥과 불기둥이 바로 하나님이시다. 성도들은 성전에 들어올 때마다 이 두 기둥을 보면서 지금까지 이스라엘을 인도하셨던 하나님을 생각하고 기억할 수밖에 없다.

교회에도 하나님의 인도하심의 기둥이 있어야 한다. 디모데전서에서 성전은 "살아계신 하나님의 교회요 진리의 기둥과 터니라"(3:15)라고 말씀한다. 하나님의 집, 즉 성전은 하나님의 교회요 진리가 머물고 지탱되는 기둥과 터이다. 교회를 만드는 것은 콘크리트가 아니다. 바로 진리와 믿음의 기둥이다. 이 두 기둥이 존재할 때 우리는 길을 잃지 않고 갈 수 있다.

지금 우리 심령의 성전에는 어떤 기둥이 서 있는가? 우리 가정에는 어떤 기둥이 서 있는가? 세상은 우리에게 돈의 기둥, 인맥의 기둥, 학벌의 기둥, 좋은 직업의 기둥이 있어야 한다고 말한다. 하지만 이런 것들은 세상의 기둥들이다.

우리 심령의 성전에는 야긴과 보아스 같은 기둥이 있어야 한다. 그것은 믿음의 기둥이고 인도하심의 기둥이다. 하나님이 우리를 인도하시며 보호하심을 믿는 기둥이다.

6
진짜 복을 찾아서

"히람이 두로에서 와서 솔로몬이 자기에게 준 성읍들을 보고 눈에 들지 아니하여 이르기를 내 형제여 내게 준 이 성읍들이 이러한가 하고 이름하여 가불 땅이라 하였더니 그 이름이 오늘까지 있느니라 히람이 금 일백이십 달란트를 왕에게 보내었더라"(왕상 9:12-14).

인생의 중간점검

밥 버포드는 미국 텍사스에서 케이블 통신회사를 운영하는 사람이었다. 그는 방송국을 운영했고 나날이 사업이 확장되면서 대표적 성공 기업가로 유명세를 날렸다. 그러나 어느 날 그에게 인생의 큰 전환점이 다가왔다. 차기 최고경영자로 점찍어 두고 교육했던 아들이 실종된 것이다. 친구들과 캠핑을 간 아들은 거센 강물에 휩쓸려 버렸다. 버포드는 헬기와 가능한 모든 인력을 동원해서 아들을 찾았지만 실패하다가 4개월 후에 익사한 아들을 찾았다. 아들의 죽음은 그에게 너무나 큰 충격이었다.

그는 이 일을 계기로 이익 중심의 삶에서 의미 중심의 삶으로 전환해 하나님께 헌신하기로 결심했다. 이런 자신의 생각과 신앙을 정리한 책이 『하프타임』(서울: 국제제자훈련원, 2009)이다. 버포드는 이 책에서 인생의 하프타임을 어떻게 보내며 준비할 것인지에 대해서 이야기한다.

솔로몬도 지금 인생의 중간기를 맞이하고 있다.

"솔로몬이 여호와의 성전과 왕궁 건축하기를 마치며 자기가 이루기를 원하던 모든 것을 마친 때에"(왕상 9:1).

솔로몬은 자신이 계획하고 원하던 모든 것을 이루었다. 이때는 성전을 짓고 얼마 안 된 것 같지만 사실은 오랜 시간이 지난 후이다. 열왕기상 6장 38절과 7장 1절을 보면 "…칠 년 동안 성전을 건축하였더라 솔로몬이 자기의 왕궁을 십삼 년 동안 건축하여 그 전부를 준공하니라"고 했다. 즉 성전을 짓는 데 7년, 왕궁을 짓는 데 13년이 흘러 총 20년이 소모되었다. 그리고 그 외에도 그가 계획한 일들이 20년 동안 이루어졌다. 솔로몬은 꽤 기뻤을 것이다. 자신이 원하는 것을 다 이루었다고 말할 수 있는 사람이 어디 있겠는가.

인생을 전·후반으로 나눈다면 그는 인생 전반에 모든 것을 이룬 성공적인 삶을 영위했다. 하지만 그의 인생 후반은 그리 평탄하지 않았다. 우선 하나님은 솔로몬의 기도에 20년이나 지나서 응답하셨다. 8장에 보면 20년 전 솔로몬은 성전을 헌당하며 감사와 기도를 올렸다. 그런데 이에 대한 응답은 20년이나 지난 뒤에 9장에서 등장한다. 그리고 그 응답에는 경고가 주를 이룬다.

"만일 너희나 너희의 자손이 아주 돌아서서 나를 따르지 아니하며 내가 너희 앞에 둔 나의 계명과 법도를 지키지 아니하고 가서 다른 신을 섬겨 그것을 경배하면 내가 이스라엘을 내가 그들에게 준 땅에서 끊어 버릴 것이요 내 이름을 위하여 내가 거룩하게 구별한 이 성전이라도 내 앞에서 던져버리리니 이스라엘은 모든 민족 가운데에서 속담거리와 이야기거리가 될 것이며"(왕상 9:6-7).

솔로몬은 성전을 봉헌하며 아름다운 기도와 각오를 드렸다. 하지만 하나님은 솔로몬이 지은 아름다운 건물에 연연하지 않으신다. 하나님은 본질을 보신다. 하나님은 20년간 이룬 솔로몬의 업적과 삶을 보시면서 인생 중반에 들어선 그에게 강하게 경고하신다. 하나님은 솔로몬이 그분의 말씀대로 살지 않고 악을 따를 때에는 성전도 버린다고 말씀하신다.

하지만 솔로몬은 인생 후반전을 앞두고 하나님의 선명한 경고의 말씀을 들었음에도 각성하지 못했다.

우리의 하프타임은 어떨까? 우리 인생의 하프타임에 하나님은 우리에게 경고의 말씀을 주실까, 복의 말씀을 주실까?

금은보화를 뛰어넘는 복

솔로몬은 어마어마한 부귀영화를 누렸다. 그 부귀영화가 얼마나 컸는지 보라.

"히람이 금 일백이십 달란트를 왕에게 보내었더라"(왕상 9:14).

히람은 두로의 왕이지만 솔로몬을 섬겼다. 솔로몬이 성전을 지을 때는 최고급 목재인 백향목과 잣나무, 120달란트의 금을 보냈다. 구약시대에서는 35킬로그램 정도였다. 이것을 종합하면 120달란트는 4천 2백킬로그램이다. 요즘 금 1킬로그램 값이 4천 6백만 원정도 하니 히람이 보낸 금을 돈으로 환산하면 1,932억 원이 된다. 하지만 히람만 솔로몬에게 금을 보낸 것이 아니다.

열왕기상 9장 28절을 보면 히람이 해외무역을 한 번 할 때 솔로몬에게 벌어 준 돈은 420달란트, 우리 돈으로는 약 6천 3백억 원이다. 거기다 시바 여왕이 120달란트, 우리 돈으로 약 2천억 원을 선물로 보냈다(왕상 10:10).

열왕기상 10장 14절을 보면 솔로몬이 거둔 세금은 금 666달란트이다. 다른 세금은 빼고 금만 666달란트라는 것이다. 이를 우리 돈으로 계산하면 9,990억 원, 즉 1조 원이다. 열왕기상 9장과 10장에서만 총 1,206달란트가 솔로몬의 수중에 들어왔다. 이는 우리 돈으로 1조 8천억 원이다. 금이 너무 흔해서 성전을 만들 때 금으로 안팎을 칠했다. 부하들의 방패도 금으로 만들었다.

솔로몬은 요즘 말로 하면 성공한 사람이다. 그런데 그가 누린 부귀영화만으로 그가 정말 성공했다고 말할 수 있을까? 솔로몬은 엄청난 분량의 금을 얻었지만 실상 그의 인생 하프타임은 망치고 있었다.

열왕기상 9장 11-12절을 보면 성전과 왕궁을 짓는 데 수많은 재료와 인력을 동원해 주던 히람 왕에게 대금을 지불하는 장면이 나온다. 건축하청업자 역할을 한 히람에게 솔로몬이 지불한 것은 갈릴리의 성읍이었다. 그런데 히람의 반응이 심상치 않다.

> "히람이 두로에서 와서 솔로몬이 자기에게 준 성읍들을 보고 눈에 들지 아니하여 이르기를 내 형제여 내게 준 이 성읍들이 이러한가 하고 이름하여 가불 땅이라 하였더니 그 이름이 오늘까지 있느니라"(왕상 9:12-13).

히람이 공사대금으로 성읍들을 받았다. 그런데 이 성읍들은 '가불 땅', 즉 쓸모없는 곳이었다. 히람으로서는 분통이 터질 일이다. 20년간 열심히 일했는데 공사대금을 떼인 것이다. 솔로몬은 쓸모없는 땅으로 대금을 처리하려고 했다. 큰 부귀영화를 누린 솔로몬이었지만 이런 식으로 쌓아올린 부귀영화라면 아무 의미가 없다. 지혜롭던 솔로몬이 점점 하나님을 떠나고 있다. 다른 사람의 눈물을 이용해서 자기의 부를 쌓고 있다. 다른 사람의 눈물로 만들어진 부요함은 부끄럽고 더러운 것이다. 모세를 보라. 그는 세상의 부귀영화를 떠남으로 하나님의 사람이 되었다.

"믿음으로 모세는 장성하여 바로의 공주의 아들이라 칭함 받기를 거절하고 도리어 하나님의 백성과 함께 고난 받기를 잠시 죄악의 낙을 누리는 것보다 더 좋아하고 그리스도를 위하여 받는 수모를 애굽의 모든 보화보다 더 큰 재물로 여겼으니 이는 상 주심을 바라봄이라"(히 11:24-26).

모세는 부귀영화를 버리고 그리스도를 위해서 고난 받는 길을 택했다. 부요함과 물질 자체가 나쁜 것은 아니다. 부정직하고 불의한 물질이 나쁜 것이다. 타인의 수고를 정당하게 인정하지 않고 빼앗았다면 그 돈은 더러운 돈이다.

이스라엘도 애굽에서 노예로 살면서 제대로 된 임금을 받지 못할 때가 있었다. 그러한 노예제도 위에 애굽의 풍요와 피라미드가 세워졌다. 이 모든 불행한 역사와 탄압을 겪었던 이스라엘이 솔로몬 때에 와서는 애굽처럼 남을 핍박하고 임금을 떼어먹었다. 이 얼마나 부끄러운 일인가. 성공했다고 해서 좋아할 일만은 아니다. 그 중에는 실패보다 못한 성공이 있을 수도 있다.

베드로가 성전 앞에서 앉은뱅이를 만났을 때 무슨 복을 빌어 주었는가? "은과 금은 내게 없거니와 내게 있는 이것을 네게 주노니 나사렛 예수 그리스도의 이름으로 일어나 걸으라"(행 3:6)라는 말씀에서 보듯이 은과 금을 소유하는 복이 아니라, 예수님의 이름으로 일어나는 것이 그가 말하는 복이다. 솔로몬은 은과 금의 부귀영화보다 더 큰 복을 누렸지만, 그가 세상 부귀영화를 사랑하면서 그것들은 부끄러운 것이 되었다.

성공이라는 독

프랑스 파리에 가면 그 도시를 상징하는 건축물이 있다. 에펠탑이다. 에펠탑이 처음 세워질 때만 해도 많은 예술인의 항의가 있었다고 한다. 유명한 문호 모파상은 에펠탑이 안 보이는 쪽으로 창문을 내고 살 정도였다고 한다. 그렇게 에펠탑을 싫어하던 그는 에펠탑에 있는 레스토랑에서 자주 식사를 했는데 그 이유가 파리에서 에펠탑이 안 보이는 유일한 곳이 그 식당이이기 때문이라는 일화가 있다. 그래서인지 몽소 공원에 세워진 그의 동상은 에펠탑을 등지고 있다.

에펠탑이 세워진 데에는 정치적인 이유가 있다. 독일과의 전쟁에서 치욕적으로 패한 프랑스가 자존심을 회복하고 국력을 과시하기 위해 1889년 만국박람회에서 전시하려고 세운 것이다. 하지만 정작 프랑스 당국은 건축비를 지불하지 못해서 설계사 및 건축업자였던 에펠이 20년간 에펠탑의 소유권을 인정받아서 큰돈을 벌었다고 한다.

에펠탑의 가장 큰 유명세는 바로 거대한 크기다. 에펠은 다른 곳에도 거대한 건축물을 세웠다. 바로 뉴욕에 있는 자유의 여신상이다. 자유의 여신상은 따로 쓰임새가 있는 것은 아니지만 그 거대함이 오히려 도시의 상징이 되었고 그것을 보러 오는 방문객이 생기면서 자치단체는 많은 돈을 벌었다.

사람들의 이목을 집중시키는 거대한 건축물은 국력을 자랑하고 업적이 되기 때문에 많은 정치가나 기업가들은 높고 큰 건축물을 짓는 데 온 힘을 기울였다. 우리나라의 63빌딩도 아시아 최고라는 이름을 위해서 지어졌고 말레이시아 쿠알라룸푸르에 있는 쌍둥이 빌딩도 세계 최고 높이를 기록하려고 만들어졌다. 북한의 유경호텔은 105층으로 지어 평양의 가치를 올리려는 정치적 목적이 있었지만 자금이 부족해서 중단되었다.

많은 정치가가 건축물로 자기의 이름을 높이려고 했다. 솔로몬도 예외는 아니었다. 성경을 보면 그가 대단위 건축 프로젝트를 추진한 것을 알 수 있다.

"솔로몬이 게셀과 아래 벧호론을 건축하고 또 바알랏과 그 땅의 들에 있는 다드몰과 자기에게 있는 모든 국고성과 병거성들과 마병의 성들을 건축하고 솔로몬이 또 예루살렘과 레바논과 그가 다스리는 온 땅에 건축하고자 하던 것을 다 건축하였는데"(왕상 9:17-19).

온 나라에 건축 붐이 일어서 곳곳에 건물이 올라섰다. 아름다운 건축물들과 넘치는 부귀의 업적은 모두 솔로몬의 것이었다. 그는 명실공이 최고의 왕이었다. 하지만 이러한 엄청난 건설 프로젝트와 도시건설이라는 업적 속에서 우리는 그가 만든 불행의 이야기들을 발견할 수 있다.

"전에 애굽 왕 바로가 올라와서 게셀을 탈취하여 불사르고 그 성읍에 사는 가나안 사람을 죽이고 그 성읍을 자기 딸 솔로몬의 아내에게 예물로 주었더니"(왕상 9:16).

솔로몬은 자기 부인이 된 애굽 왕 바로의 딸을 통해서 게셀 도시를 선물로 받았다. 하지만 공짜로 받은 이 성은 솔로몬의 소유가 되기 전에 엄청난 비극을 당했다. 애굽 군대가 그 성을 불태우고 거기에 살던 사람들을 죽인 것이다. 이스라엘에는 가나안 사람들이 살고 있었다. 갈등이 있긴 했지만 오랜 시간이 흘렀고 이스라엘도 이 외국인들을 용인했다. 오늘로 치면 그들은 임금이 낮은 외국인 노동자 격이었다. 그래서 그들은 제대로 된 법적 보호나 경제적 지원을 받지 못했다. 그런 상황에서 애굽이 침략해서 무참히 죽이고 삶의 터전을 빼앗은 것이다. 그리고 하나님의 사람이라는 솔로몬은 아무런 반론 없이 냉큼 이 성을 받았다.

또 다른 문제가 있었다. 솔로몬의 건축 프로젝트에는 수많은 노예가 동원되었다.

"그 땅에 남아 있는 그들의 자손들을 솔로몬이 노예로 역군을 삼아 오늘까지 이르렀으되"(왕상 9:21).

솔로몬은 이스라엘에 남아 있는 외국인들을 노예로 삼았다. 노예 문제는 이스라엘 사람들에게는 민감한 문제였다. 이스라엘 백성이 애굽에서 수백 년 동안 노예로 살면서 당한 아픔과 고난은 잊을 수 없는 기억이자 역사였다. 그런데 솔로몬이 그 금기를 깨뜨렸다. 역사를 잊어서는 안 되는 왕이 자신의 부귀영화에 눈이 멀어서 과거의 아팠던 기억을 잊어버렸다.

솔로몬은 이제 애굽 왕처럼 노예를 부리고 애굽과 가까이 지낸다. 부인이 된 애굽 왕의 딸을 위해서 궁전을 짓고 밀로를 건축한다. 솔로몬이 이렇게 한 데에는 정치적인 목적이 있었을 것이다. 앞으로 무슨 일이 생기면 애굽이 도움이 될 것이라는 기대가 있었을 것이다.

솔로몬은 겉으로는 수많은 건설 프로젝트를 일으켜서 도시를 만들고 화려함과 풍요를 가져온 뛰어난 왕으로 보인다. 하지만 자세히 들여다보면 그 업적은 타인의 눈물과 고통 위에 세운 것이다. 과연 이 화려한 건축물들을 아름답다고 할 수 있을까?

우리 시대에도 화려한 건물과 성공의 밑바닥에는 억울한 눈물이 흐르고 있는 경우가 많다. 우리는 인생에서 기쁨과 성공을 누릴 때 냉철하게 살펴보아야 한다. 그 성공의 바닥에 얼마나 많은 슬픔과 피눈물이 있는지 직시해야 한다. 이런 부귀영화는 진정 하나님의 복이 아니다. 하나님의 복은 모두를 이롭게 하며 풍성하게 하는 것이다.

7
삶의 연쇄도산

"여호와께서 솔로몬에게 말씀하시되 네게 이러한 일이 있었고 또 네가 내 언약과 내가 네게 명령한 법도를 지키지 아니하였으니 내가 반드시 이 나라를 네게서 빼앗아 네 신하에게 주리라"(왕상 11:11).

'나비효과'라는 말이 있다. 기상학에서 처음 등장해서 이후에는 카오스 이론이나 양자물리학 등을 설명할 때마다 쓰이는 이론이다. 이 이론에 따르면 모든 현상은 서로 연결되어 있다. 예를 들어 중국에서 나비 한 마리가 날갯짓을 하면 그 결과 미국에서 태풍이 일어난다. 세상에는 아무것도 아닌 일이 없으며 모든 일은 다 의미가 있고 다른 일에 영향을 끼친다는 뜻이다.

비슷한 말로 '도미노 효과'가 있다. 도미노는 조각들을 줄 세워 놓고 맨 앞엣것을 하나 넘어뜨리면 다른 것들이 연쇄적으로 넘어지는 놀이다. 기네스북에 등재된 도미노는 440만 개를 세워서 넘어뜨린 것이다.

도미노는 연쇄현상을 잘 보여준다. 하나가 넘어지면서 다른 것에 영향을 끼치고 결국 저 멀리 있는 것까지 넘어지게 만든다.

모든 일에는 이유가 있다. 솔로몬의 삶이 대표적이다. 그의 삶은 화려했다. 높이 지은 건축물과 수많은 군인, 화려한 명성과 부귀영화가 그의 것이었다. 하지만 이 모든 것이 한 세대를 넘어가지 못하고 붕괴되기 시작했다. 그리고 처참하게 무너졌다.

열두 지파 중에서 솔로몬 편에 선 지파는 단 두 지파였다. 나머지 열 지파는 반란세력이 되었다. 왜 그랬을까? 이 모든 일은 솔로몬의 삶의 기반이었던 믿음이 붕괴되면서 시작되었다.

믿음의 도산

사람의 관심사와 하나님의 관심사는 다르다. 세상의 눈으로 볼 때 솔로몬은 성공한 사람이었다. 이름이 널리 알려진 왕이었으며 지혜가 많아서 못하는 일이 없고 풀지 못하는 문제가 없었다. 넘치는 게 금이었고 은은 너무 흔해서 보석으로 치지도 않을 정도였다. 영토는 역사상 가장 넓었고 국방력은 튼튼했다. 태평성대의 시대였다.

하지만 하나님의 눈에는 이것이 좋아 보이지 않았다. 화려하게 보이는 겉모습과 달리 솔로몬의 인생과 솔로몬의 나라는 점점 부패하고 타락했다. 성경은 이런 모습을 솔로몬의 초기 모습과 비교하여 말한다. 열왕기상 11장은 "솔로몬 왕이 바로의 딸 외에 이방의 많은 여인을 사랑하였으니"(1절)라고 시작한다. 솔로몬 왕은 여인들을 사랑했다. 부인을 사랑하는 것은 당연한 일이지만 이 본문에는 다른 의미가 있다. 솔로몬이 하나님을 사랑하지 않고 세상을 사랑했다는 뜻이다. 이 본문은 사실 열왕기상 3장 3절 말씀과 비교한 것이다. 3장에서 솔로몬이 하나님을 처음 보았을 때 그가 얼마나 신실했는지 알 수 있다.

"솔로몬이 여호와를 사랑하고…"(왕상 3:3).

솔로몬은 왕이 되어 처음 제사를 지낼 때 하나님을 사랑했다. 그러나 11장에서 보듯이 말년이 되었을 때 그는 하나님 사랑 대신 여인 사랑으로 자신을 채우고 있었다. 이런 비교는 더 등장한다. 열왕기상 11장 3절의 "왕의 여인들이 왕의 마음을 돌아서게 하였더라"는 말씀은 여자들이 솔로몬의 마음을 움직여서 하나님에게서 돌아서게 했다고 말한다. 이 말씀은 열왕기상 8장 58절의 "우리의 마음을 주께로 향하여"라는 말씀과 비교된다.

왕정 초기 솔로몬의 마음은 하나님을 향하고 있었다. 하지만 말년에 그의 마음은 하나님에게서 등을 돌렸다. 천 번의 제사를 드릴 만큼 신실하고 경건했던 솔로몬은 사라지고 그 자리에 천 명의 여자들이 대신하고 있었다. 제일 먼저 무너진 것은 솔로몬의 믿음과 신앙이었다. 신앙은 삶의 주춧돌 같은 것이다. 주춧돌은 탑이 올라갈 때 가장 밑에서 기초가 된다. 주춧돌이 부실하면 아무리 그 위에 높은 탑을 쌓고 화려하게 꾸미고 싶어도 그렇게 할 수가 없다.

가정의 도산

옷을 입을 때 와이셔츠 단추를 처음에 잘못 채우면 맨 나중에 단추나 단추 구멍이 남게 된다. 아무리 좋은 옷을 입어도 처음에 단추 하나를 잘못 채우면 모든 것이 어긋난다. 우리 삶도 마찬가지다. 우리 삶의 기초인 하나님과의 관계를 잘못 세우면 나머지 모든 생활도 무너진다.

솔로몬은 하나님 덕분에 물질과 결혼, 강성한 국가라는 복을 받았다. 하지만 그가 하나님과의 관계를 잘못 세우자 당연하게도 그의 나머지 삶이 모두 잘못된 길로 간다. 신앙이 무너지자 도미노처럼 다른 부분도 모두 무너진 것이다.

"왕은 후궁이 칠백 명이요 첩이 삼백 명이라"(왕상 11:3)는 말씀에서 보듯이 솔로몬은 많은 여인을 부인으로 맞았다. 후궁은 결혼식을 올린 부인이고 첩은 결혼식 없이 부인 삼은 여자들이다. 이렇게 후궁과 첩을 많이 둔 데에는 외교적인 문제도 있었다. 결혼을 통해서 이스라엘을 더 안정적이고 안전하게 만들려고 한 솔로몬은 수많은 나라의 공주들을 부인으로 맞아들였다. 하지만 이러한 결정은 두 가지 잘못을 저지른 것이다. 첫째, 솔로몬은 율법을 어겼다.

"여호와께서 일찍이 이 여러 백성에 대하여 이스라엘 자손에게 말씀하시기를 너희는 그들과 서로 통혼하지 말며 그들도 너희와 서로 통혼하게 하지 말라 그들이 반드시 너희의 마음을 돌려 그들의 신들을 따르게 하리라 하셨으나 솔로몬이 그들을 사랑하였더라"(왕상 11:2).

하나님은 결혼을 통해서 이스라엘이 신앙의 순수함을 상실할 것을 이미 알고 통혼을 금하셨다. 그런데 솔로몬이 제일 먼저 이 명령을 어겼다.

둘째, 솔로몬은 "왕은 또 많은 아내를 둠으로써 그의 마음이 다른 데로 쏠리게 하는 일이 없어야 하며"(신 17:17, 새번역)라는 왕에게만 주어진 명령을 어겼다. 세상이 아무리 일부다처제이고 부요한 만큼 부인을 거느릴 수 있다고 하지만 왕은 그래서는 안 된다. 세상이 혼란하더라도 왕은 정신 똑바로 차리고 정욕에 빠지지 말며 백성에게 바른 길을 제시해야 하기 때문이다.

하지만 실망스럽게도 솔로몬은 이 두 가지 법을 모두 어겼다. 그리고 천 명에 달하는 부인을 두었다. 부인이 천 명이라면 자식은 얼마나 많겠으며 그들을 다 어떻게 사랑하고 키울 수 있겠는가? 솔로몬이 그들 모두에게 제대로 된 남편과 아버지 역할을 해냈을까?

이것은 가정이 아니다. 사랑으로 맺어진 온전한 가정이 아니라 외교적 이익을 목적으로 만들어진 집단에 불과하다. 많은 사람에게 불행한 가정을 안긴 것이다. 더 나아가 솔로몬은 좋은 가정의 가풍마저 무너뜨린다. 솔로몬은 "그의 아버지 다윗의 마음과 같지 아니하여"(왕상 11:4), "아버지 다윗이 여호와를 온전히 따름 같이 따르지 아니하고"(왕상 11:6) 세상을 따랐다.

성경에서 이 점을 두 번이나 언급하는 것은 솔로몬이 아버지 다윗의 길을 떠났다는 것을 명백히 보여 준다. 아버지 다윗이 만든 좋은 가풍과 신앙의 전통을 솔로몬이 버렸다. 하나님만 섬기며 그 뜻을 따르는 가정의 전통을 버렸다. 솔로몬은 이렇게 신앙의 전통을 벗어나 율법마저 버렸다. 결국 그는 가장으로서의 품위와 지도력마저 잃어버렸다.

무분별하게 결혼해서 들어온 여인들이 자기들이 섬기던 신들을 그대로 섬겼고 솔로몬마저 넘어가게 했다(왕상 11:3). 솔로몬은 변했다. "이방 여인들을 위하여 다 그와 같이 한지라"(왕상 11:8). 이 말씀은 솔로몬이 자기 부인들을 위해서 우상을 섬기는 산당을 지어 준 것을 이야기한다. 솔로몬이 하나님을 섬길 때는 성전을 지었다. 하지만 그 마음이 하나님을 떠나자 이제는 우상의 건물을 짓고 있다. 아무리 지혜가 많고 신하가 많아도, 부귀영화에 둘러싸여 있어도, 한번 눈이 멀면 가장 기본적인 것조차 지킬 수 없다.

내 안에서 하나님과의 관계가 끊어지고 부실해지면 제일 먼저 붕괴되는 곳은 가정이다. 그 결과 부부가 싸우고 자녀들이 다투고 사랑이 사라진다.

정치도산

조지 스테파노플로스는 5년 동안 빌 클린턴 대통령의 수석자문이었다. 클린턴 대통령 옆에서 함께 어려움을 겪으면서 절친한 사이가 된 그는 훗날 백악관을 떠나 회고록을 출간했다. 처음 회고록을 기획할 때에는 의욕적이고 이상을 추구하던 대통령과의 이야기를 쓰려고 했다. 하지만 중간에 모니카 르윈스키와의 스캔들이 등장하면서 책의 방향이 달라졌다. 조지 스테파노플로스는 이 사건을 보면서 곤혹스러웠다. 지금까지 알던 클린턴의 모습과 세상에 드러난 클린턴의 모습을 보면서 어느 것이 진짜인지 몰라 당황했다.

그는 회고록에 이렇게 썼다. "클린턴은 모순이다. 매우 지적이고 애국적이며 역사에 남을 사람이 어떻게 저렇게 미련하고 이기적이며 스스로 파멸하는 모습을 보이는가."

가장 큰 문제를 일으키는 것은 남이 아니라 자신이다. 솔로몬을 힘들게 하고 어렵게 한 것 역시 외부의 적이 아니라 자신이었다. 솔로몬은 스스로 하나님에게서 등을 돌렸고 국가부흥과 안전이라는 이름으로 많은 정략결혼으로 분란을 일으켰다.

> "솔로몬이 마음을 돌려 이스라엘의 하나님 여호와를 떠나므로 여호와께서 그에게 진노하시니라 여호와께서 일찍이 두 번이나 그에게 나타나시고"(왕상 11:9).

하나님은 두 번이나 솔로몬에게 직접 나타나서 경고하고 길을 제시하고 축복을 보여 주셨다. 하지만 이런 특별한 경고들을 모두 무시하고 솔로몬은 반대의 길을 선택했다. 그는 사람들에게는 지혜로웠지만 하나님에게는 어리석었다. 돈 버는 데는 지혜로웠지만 믿음에 있어서는 어리석었다. 결국 그의 나라는 붕괴한다.

솔로몬에게 세 명의 대적이 나타난다. 먼저 에돔 사람 하닷과 르손이다. 그들은 그동안 솔로몬이 함부로 노예삼고 차별해서 원한을 품고 있다가 나라가 어지러워지자 들고 일어났다. 이 두 사람은 외부의 적이다.

하지만 정작 문제는 내부의 적에 있었다. 그의 이름은 여로보암이다. 여로보암은 원래 솔로몬을 위해 일하던 유능한 사람이었다. 그의 유능함과 뛰어남이 거슬린 솔로몬이 그를 죽이려 하자 애굽으로 도망갔다가 돌아와 반란을 일으킨다. 솔로몬은 안팎으로 적들을 맞이하게 되었다.

이런 문제들이 생긴 이유는 무엇일까? 이스라엘의 국력이 쇠했기 때문일까? 재정이 부족하기 때문일까? 이유는 다른 곳에서 찾을 수 있다. 국가의 근본정신이 사라진 것이다. 솔로몬이 하나님과의 관계를 허물면서 가정이 무너지고 신앙이 내려앉고 정치까지 연쇄적으로 부서졌다.

처음부터 마지막까지 복만 받을 수는 없을까? 솔로몬은 지혜의 사람이었지만 그의 인생 마지막까지 신실하지는 못했다. 인생의 마지막에 하나님과의 관계를 허물면서 그 위에 쌓았던 복들마저 허무는 우를 범했다.

가장 중요한 것은 하나님과의 관계이다. 어려움이 닥칠 때, 혼란이 있을 때 하나님과의 관계를 돌아보라. 내가 하나님의 반석 위에 있는지, 나의 삶이 하나님과의 친밀한 관계 속에 거하는지 살펴보라.

8
세겜, 영광이 수치가 되다

"어린 사람들의 자문을 따라 그들에게 말하여 이르되 내 아버지는 너희의 멍에를 무겁게 하였으나 나는 너희의 멍에를 더욱 무겁게 할지라 내 아버지는 채찍으로 너희를 징계하였으나 나는 전갈 채찍으로 너희를 징치하리라 하니라"(왕상 12:14).

중국 왕 중에 진시황제만큼이나 널리 알려진 사람도 없을 것이다. 그가 유명한 것은 그가 한 몇 가지의 악행 때문이다. 예를 들어 왕궁에서 일하던 지식인 학자들이 의심스럽다는 이유로 생매장을 하고 쓸데없는 말을 한다며 모든 책을 불살라 버린 사건, 즉 분서갱유가 있다. 그는 또 불로장생을 꿈꾼 것으로도 유명하다. 그는 불로초를 구하기 위해 동남동녀를 먼 타국 땅에 보내기도 했으나 결국 장수는커녕 50세까지밖에 살지 못했다. 하지만 중국 역사 전체적으로 보면 대단한 왕이다.

당시 중국은 춘추전국시대로 200년간 대륙 전체가 혼란스러웠다. 오래된 혼란으로 인해서 사람들은 고난의 시대가 끝나기를 간절히 바랐고, 그때 영정이 등장하여 중국 최초로 통일을 이루었다.

통일 후 그는 새로운 칭호를 찾았다. 최초로 중국을 통일한 왕은 왕보다 위대하고 길이 남을 명칭을 필요로 했다. 그렇게 해서 사용한 것이 황제라는 이름이다. 진시황제는 자신의 나라를 영원하게 하려고 만리장성을 만들어서 외침을 막고 '병마용갱'이라는 자기의 무덤을 미리 준비해서 영원한 시간을 꿈꾸었다.

하지만 이 모든 업적이 바로 몰락의 이유가 되었다. 외적의 침략을 막으려고 쌓은 만리장성은 오히려 너무나 많은 징병과 세금으로 인해서 내란을 일으키는 원인이 되고 말았다. 중국의 첫 통일 왕국이었던 진나라는 단 한 세대 시황제의 사후에 무너진다. 높이 올라갔던 만큼 무너지고 붕괴하는 속도도 빨랐다.

이처럼 세상의 화려함과 부귀영화는 한순간이다. 가장 화려하고 강력했던 나라와 업적을 세웠던 진시황제와 부귀영화를 누린 솔로몬은 동일하게 자기 세대만 누리고 한 세대 만에 몰락했다는 공통점이 있다.

우리 인생은 어떤 모습인가? 반짝하다 무너지는 영광인가, 아니면 영원한 칭찬의 삶인가?

세상에서 최고의 부귀영화를 누리던 솔로몬 가문은 이제 몰락의 길로 들어섰다. 가장 기본적인 것을 무시하면 어떤 일이 일어나는지 솔로몬을 보면 알 수 있다.

부귀에 눈이 먼 르호보암

솔로몬 왕이 죽자 그의 아들 르호보암이 그 자리를 대신했다. 르호보암은 이스라엘의 네 번째 왕으로서 아버지가 물려 준 엄청난 부와 명예를 등에 업고 나라를 다스리기 시작했다.

"르호보암이 세겜으로 갔으니 이는 온 이스라엘이 그를 왕으로 삼고자 하여 세겜에 이르렀음이더라"(왕상 12:1).

그는 왕이 되기 위해서 세겜으로 갔다. 성경은 두 번이나 세겜을 언급한다. 세겜은 그만큼 중요한 곳이다. 르호보암 마음대로 아무데서나 왕이 될 수는 없었다. 그는 예루살렘이 아닌 세겜에 가서 왕이 되어야 했다. 왜냐하면 이스라엘은 열두 지파가 연합한 나라였기 때문이다. 그래서 왕이 되기 전에 지파들의 지지를 얻는 일이 중요했다. 이스라엘 지도를 보면 이스라엘의 열두 지파 대부분은 북쪽에 치우쳐 있었다. 그리고 그 중앙이 바로 세겜이다.

세겜은 지역적인 이유뿐만 아니라 역사적인 이유로도 매우 중요한 곳이다. 과거 여호수아가 하나님을 만나 언약을 세웠던 곳이었고, 후에 그가 묻힌 곳이기도 하다. 나라가 어지럽고 희망이 없을 때마다 이스라엘 백성은 이곳에 모여서 예배하고 새롭게 출발을 약속했다. 세겜은 이스라엘의 정신적, 영적 터전이었다.

이곳에서 르호보암은 모든 이스라엘, 즉 열두 지파의 지지를 받아 왕이 되려고 했다. 그런데 그곳에서 만난 북쪽의 열 지파는 그를 지지하기 전에 중요한 질문을 던진다. 그들은 르호보암이 자신들과 잘 협력할 수 있을지 알고 싶었다. 그들은 새로운 왕 후보인 르호보암에게 솔로몬 때에 매일 많은 식량과 세금을 바치고 노역 때문에 힘들었던 점을 토로했다.

솔로몬이 누린 부귀영화는 백성의 세금에서 충당되었다. 그가 부린 장관들의 주요임무는 솔로몬과 관리들이 먹을 음식과 물자를 공급하는 것이었다. 그만큼 많은 세금을 거둬야 했다. 솔로몬이 세운 국고성과 수많은 성읍들은 백성을 동원해서 만든 것이었다. 백성의 삶이 고단하고 힘들었다.

지금 왕이 될 르호보암의 문제는 자신의 눈앞에 펼쳐진 화려함 때문에 진정한 상태를 보지 못한다는 것이다. 그는 화려함과 부귀영화, 높은 성읍에 가려진 문제를 보지 못했다. 그가 제대로 보고자 했다면 이런 부귀영화와 아름다운 성읍 뒤에는 과도하게 거둔 세금과 부역이 있었음을 보았을 것이다. 백성 사이에 불만이 자라는 것을 보았을 것이다.

우리 역시 현재의 화려함이나 즐거움에 취해서 우리에게 다가온 문제들을 보지 못할 때가 있다.

> "네가 말하기를 나는 부자라 부요하여 부족한 것이 없다 하나 네 곤고한 것과 가련한 것과 가난한 것과 눈 먼 것과 벌거벗은 것을 알지 못하는도다 내가 너를 권하노니 내게서 불로 연단한 금을 사서 부요하게 하고 흰 옷을 사서 입어 벌거벗은 수치를 보이지 않게 하고 안약을 사서 눈에 발라 보게 하라"(계 3:17-18).

우리는 눈이 멀었다. 진리에 대해서 눈이 멀었고, 정의에 대해서도 눈이 멀었다. 그래서 진실을 제대로 보지 못하고 속는다. 문제가 있는데도 괜찮은 줄로 착각한다. 우리가 죄인임을 깨닫지 못한다.

우리는 눈을 떠야 한다. 영혼의 눈을 떠야 한다. 그래서 진리를 보아야 한다. 현실을 직시해야 한다.

고난을 몰라 지혜도 모르는 르호보암

눈이 먼 르호보암은 저지르지 말아야 할 실수와 결과를 불러온다. 열 지파가 세금 감면을 요청했을 때 르호보암은 3일의 말미를 요청한다. 그리고 돌아가서 참모들의 지혜를 구한다. 먼저 솔로몬 왕 때의 장로들에게 묻자 그들은 이렇게 대답한다.

> "대답하여 이르되 왕이 만일 오늘 이 백성을 섬기는 자가 되어 그들을 섬기고 좋은 말로 대답하여 이르시면 그들이 영원히 왕의 종이 되리이다 하나"(왕상 12:7).

장로들의 생각은 단순하다. 그들은 왕이 백성의 고민을 들어주고 섬기는 마음으로 다가간다면 그들이 왕의 편이 되어 줄 것이라고 조언한다. 당연한 말이고 지혜로운 말이다. 하지만 르호보암은 그 말이 싫었다. 자신이 듣고 싶은 말이 아니었기 때문이다. 그는 지배하는 왕이 되고 싶었다. 아버지보다 위대하고 강력한 왕이 되고 싶었다.

그래서 이번에는 친구들에게 물었다. 성경에서는 소년들이라고 표현하는데 이는 아주 어리다는 의미이다. 하지만 실제로 그들은 그렇게 어리지 않았다. 르호보암이 왕이 될 때 나이가 41세였다. 그러니 친구들도 그쯤 되었을 것이다. 성경이 이들을 소년들이라고 말한 것은 이들의 생각이 소년 같이 어리고 어리석었기 때문이다(왕상 12:14).

> "왕은 대답하기를 내 새끼 손가락이 내 아버지의 허리보다 굵으니 내 아버지께서 너희에게 무거운 멍에를 메게 하였으나 이제 나는 너희의 멍에를 더욱 무겁게 할지라 내 아버지는 채찍으로 너희를 징계하였으나 나는 전갈 채찍으로 너희를 징계하리라"(왕상 12:10-11).

르호보암은 백성을 협박하고 겁을 준다. 하지만 이것은 옳은 방법이 아니다. 말은 지혜이다. 능력이 없으면 말로 어느 정도 대신할 수 있다. 하지만 르호보암은 말을 지혜롭게 하는 법도 알지 못했다. 백성의 자존심이나 심정을 전혀 고려하지 않았다. '너희는 내 종이다. 내 마음대로 할 터이니 너희는 이제 두려워해라 나는 아버지 솔로몬보다 더 무섭고 강하다.' 이것이 르호보암의 태도였다.

어리석은 사람은 어리석은 사람끼리 모인다. 르호보암은 정말 어리석었다. 그는 아버지 솔로몬이 지혜로웠던 만큼이나 어리석었다. 아버지 솔로몬은 일천번제를 드리며 하나님께 지혜를 구했지만 르호보암이 가장 먼저 한 것은 사람을 만나는 것이었다. 하나님을 만나지 않고 사람을 만나서 이야기하니 어리석은 말이 나오고 사람의 주장만 나온 것이다.

세상에서 가장 지혜로운 아버지를 둔 르호보암은 왜 이렇게 어리석은 행동을 할까? 가장 큰 이유는 고통으로 연단되지 않았기 때문이다. 르호보암은 나이가 40이 넘도록 온갖 풍요와 즐거움이 도배된 왕궁에서 살았다. 다윗처럼 광야를 다니지도, 전쟁터에서 생사를 오가지도 않았다. 당연히 배고파 본 적도 없다. 고민과 번민으로 밤을 새운 적도 없다. 그의 주변에 있던 소년들 역시 친척 관계 등으로 맺어진 왕족이었다. 그들도 고난이나 연단으로 다듬어질 기회가 없었을 것이다. 르호보암과 그 친구들은 아마 부귀는 저절로 생기고 백성에게 멍에를 지우면 금은이 생겨난다고 생각했을 것이다.

고난이 없다는 것은 복이다. 하지만 연단될 기회가 없다는 것은 불행이다. 고난은 우리를 만드는 연단과 훈련의 기회가 된다. 벼랑 끝에 매달린 소나무는 분재나무 중에서 가장 비싸다. 어렵고 힘들게 성장했기 때문에 가장 아름답다. 또 온갖 비바람과 사철의 열기와 추위를 견디며 고난을 겪은 나무가 아름다운 악기의 재료가 된다. 대장간에서 두들겨지고 뜨거운 불에 제련된 쇠가 단단한 쇠가 된다. 솔로몬이 자식을 사랑했다면 고생의 길을 가게 해야 했다.

영국은 민주주의 국가이지만 아직 왕이 존재한다. 왕실의 활동은 국민의 큰 관심거리인데 요즘 왕실을 빛나게 하는 사람이 있다. 바로 윌리엄 왕자이다. 가진 것이 많은 사람은 공부를 못하기 쉬운데 윌리엄 왕자는 공부를 잘해서 명문대 이튼 칼리지를 다녔다. 군대에 입대해서 헬기조종사로 참전하기도 했다. 국방부에서는 왕자가 최전선에 있으면 오히려 위험하다고 후방으로 가기를 바랐다고 한다. 7년의 군대생활을 마친 왕자는 정식으로 시험을 보고 응시해서 응급구조헬기 조종사가 되었다. 특혜 하나 없이 정식으로 시험을 보고 합격해서 연봉 7,000만 원의 조종사가 된 것이다. 현재 그는 영국 사람들의 자랑이다. 아마도 그는 좋은 왕이 될 것이다. 왜냐하면 낮은 곳에서 어려움과 고난으로 연단되었기 때문이다. 고난을 겪고 그것을 이겨낸 사람들은 다르다. 그들은 강하고 아름답다.

우리도 그럴 수 있다. 고난을 훈련과 연단으로 바꾸어 강해질 수 있다. 르호보암처럼 하나님이 주신 복을 걷어차는 어리석은 사람이 되어서는 안 된다. 르호보암의 소년들처럼 어리석은 조언을 해서도 안 된다.

무너지는 왕국

르호보암이 건넨 이 어리석고 잔인한 말은 엄청난 결과를 불러왔다. 열 지파가 자리를 박차고 일어났다.

"우리가 다윗과 무슨 관계가 있느냐 이새의 아들에게서 받을 유산이 없도다 이스라엘아 너희의 장막으로 돌아가라"(왕상 12:16).

열 지파는 르호보암의 잔인하고 어리석은 말과 결정 때문에 모두 등을 돌리고 자기들의 장막으로 돌아갔다. 결국 나라가 분단되었다. 처음에는 온 이스라엘이 르호보암을 위해 모였다(왕상 12:1). 하지만 이 사건 이후에는 단 두 지파만 남았다. 열두 지파가 다윗왕조를 도왔고 따라서 그들이 르호보암의 사람들이 될 수 있었는데 열 지파는 이제 다른 나라가 되었다.

르호보암은 영광의 자리를 만들려고 세겜에 왔지만 그곳은 오히려 역사에 남을 수치의 자리가 되었다. 그런데 르호보암은 아직도 정신을 차리지 못했다. 열 지파가 등을 돌리자 그는 각 지파에 노동 감독관을 보냈다. 그들을 다독여서 마음을 돌릴 수 있는 사람들 보내도 부족한데 노예를 감시하고 일을 시키던 사람을 보낸 것이다. 열 지파는 마음이 더 상했다.

"온 이스라엘이 그를 돌로 쳐죽인지라 르호보암 왕이 급히 수레에 올라 예루살렘으로 도망하였더라"(왕상 12:18).

왕을 세우기 위해 모였던 온 이스라엘이 이제 왕을 죽이려고 한다. 노예 감독관은 돌에 맞아 죽는다. 백성은 그만큼 쌓인 것이 많았다. "…유다 지파 외에는 다윗의 집을 따르는 자가 없으니라"(왕상 12:20)는 말씀에서 보듯이 왕성했던 이스라엘은 그 화려함을 뒤로 하고 몰락의 길로 접어들었다.

14장에서는 더 비극적인 모습들이 나타난다. 사돈의 나라 애굽이 침략해 온 것이다. 애굽은 솔로몬의 자랑이었던 금 방패와 금은보화를 다 빼앗아 갔다. 모든 것을 잃었으니 이제 초심이라도 가져야 하는데 르호보암은 아직도 옛날을 잊지 못하고 자신이 아직도 아버지 때와 같다고 생각한다. 그래서 "르호보암 왕이 그 대신 놋으로 방패를 만들어 왕궁 문을 지키는 시위대 대장의 손에 맡기매"(왕상 14:27)라는 말씀에서 보듯이 옛날의 영화를 뜻하는 금 방패와 비슷한 색깔과 모양의 놋으로 방패를 만들어 사용한다. 부끄러운 모습이다.

이렇게 어려움들을 연이어 당했을 때 르호보암이 정신을 차렸다면 이스라엘 역사는 다시 달라졌을 것이다. 하지만 그의 어리석음과 믿음 없음은 이스라엘을 부패하고 어렵게 만들었다. 고난의 때에 정신 차리고 하나님께 돌아오는 것도 은혜이다. 고난을 만났다고 하나님께 돌아오는 사람은 많지 않다. 그들은 여전히 과거에 머물며 살아간다.

하나님은 우리에게 복 주기를 원하시고 우리가 서 있는 곳을, 우리가 일하는 곳을 영광의 자리로 만들기 원하신다. 그런데 우리는 르호보암처럼 행동하고 있지는 않은가? 은혜를 모르고 영광을 수치로 만들어 버리는 어리석음을 범해서는 안 된다.

9
대안이 대안되지 못하면

"여로보암이 이 일 후에도 그의 악한 길에서 떠나 돌이키지 아니하고 다시 일반 백성을 산당의 제사장으로 삼되 누구든지 자원하면 그 사람을 산당의 제사장으로 삼았으므로 이 일이 여로보암 집에 죄가 되어 그 집이 땅 위에서 끊어져 멸망하게 되니라"(왕상 13:33-34).

기업의 제일 목표는 이윤을 남기는 것이다. 하지만 이와 다른 길을 가는 이상한 기업이 있다. 이 회사는 물건 파는 일은 뒷전이다. 더군다나 "이 옷을 사지 마세요."라고 광고까지 한다. 광고 내용은 왜 자기네 회사에서 판매하는 옷을 사지 말아야 하는지에 대한 것이다. "우리 회사가 제품을 만드는 데는 많은 비용이 듭니다. 우선 물만 해도 135리터가 필요한데 이는 45명이 하루에 사용하는 양입니다. 원산지에서 물류창고까지 이송하는 데는 20파운드의 이산화탄소가 배출됩니다."

이쯤 되면 광고가 아니라 불매운동이다. 더군다나 이 회사는 값비싼 유기농 친환경 원단만 사용한다. 갑을관계도 무시하고 하청업체의 복지까지 신경 쓴다. 또 흑자를 보든 적자를 보든 매출의 1퍼센트는 무조건 기부한다. 돈이 안 되는 일만 하는 것처럼 보인다.

하지만 덕분에 이 회사는 오히려 친환경 기업으로 유명해져서 불황에도 50퍼센트의 성장을 기록했다. 이 회사는 바로 아웃도어 브랜드 2위의 기업 파타고니아이다. 1위는 노스페이스이다.

이 회사가 이런 이상한 행동을 하는 데는 이유가 있다. 이 회사의 가장 큰 목표는 돈을 많이 버는 게 아니라 자연에 주는 피해를 최소화 하면서 사업을 하는 것이다. 그래서 물건 판매도 가능하면 적게 하려고 한다. 상품이 많이 판매될수록 자연이 파괴된다고 생각하기 때문이다. 이 회사는 이윤을 골고루 돌아가게 하려고 노력한다. 이런 목적 때문에 더 많은 소비자들이 이 회사를 찾는다. 파타고니아의 분명한 존재 이유, 즉 사명을 알기 때문이다.

사명을 잊은 이스라엘 왕들

하나였던 이스라엘이 솔로몬 사후에 두 개의 나라가 되었다. 남쪽 유다는 솔로몬의 아들 르호보암이 왕위를 계승했고 갈라져 나간 북쪽 이스라엘은 여로보암이 왕이 되어 다스렸다. 우리가 주목할 것은 여로보암 왕이다. 그는 반란을 일으켜서 왕이 된 게 아니다. 그가 왕이 된 데에는 역사적, 사회적으로 필연적인 이유가 있었고 무엇보다 하나님이 그렇게 인도하셨다.

"내가 너를 취하리니 너는 네 마음에 원하는 대로 다스려 이스라엘 위에 왕이 되되 네가 만일 내가 명령한 모든 일에 순종하고 내 길로 행하며 내 눈에 합당한 일을 하며 내 종 다윗이 행함 같이 내 율례와 명령을 지키면 내가 너와 함께 있어 내가 다윗을 위하여 세운 것 같이 너를 위하여 견고한 집을 세우고 이스라엘을 네게 주리라"(왕상 11:37-38).

솔로몬이 우상숭배에 빠지면서 백성은 도탄에 빠졌다. 그의 아들 르호보암마저 백성의 탄식에 귀 기울이지 않았다. 나라는 우상과 물질을 숭배하고 부패했다.

이런 어지러운 시국과 사회문제의 대안으로 여로보암이 왕위에 올랐다. 여로보암은 문제만 일으키고 우상을 숭배하는 르호보암의 대안이었다. 그러나 열두 지파 중에서 열 지파나 되는 다수의 지지를 얻은 여로보암 역시 자기 역할을 제대로 하지 못했다. 열왕기상 12장을 보면 여로보암은 르호보암과 똑같이 우상을 숭배한다.

"두 금송아지를 만들고 무리에게 말하기를 너희가 다시는 예루살렘에 올라갈 것이 없도다 이스라엘아 이는 너희를 애굽 땅에서 인도하여 올린 너희의 신들이라 하고"(왕상 12:28).

약속의 땅으로 가던 이스라엘이 광야에서 금송아지를 만들어 숭배했던 것처럼 여로보암도 금송아지를 두 마리나 만들어서 숭배했다. 거기서 멈추지 않고 성전 외의 다른 곳에 예배처소도 만들었다. 북이스라엘 사람들이 예배하기 위해서는 남유다에 있는 예루살렘으로 가야 했는데, 여로보암은 북이스라엘 사람들이 예배를 명목으로 남쪽을 드나들다가 자신을 향한 충성심이 약해져서 옛날처럼 하나의 나라로 통일될까봐 걱정되었다.

그래서 그는 제사 장소 두 군데를 자기 마음대로 정했다. 예배는 어디서 드리든 상관없다. 하지만 여로보암이 예배처소를 따로 정한 것은 신앙적인 이유가 아니라 정치적인 이유에서였다. 여로보암은 종교적 장소와 행사를 만들었지만 이런 모든 행동에 대해 성경은 이렇게 말한다.

"그가 자기 마음대로…절기로 정하고…"(왕상 12:33).

믿음은 하나님의 뜻을 묻고 따르는 것이다. 하지만 여로보암은 모든 것을 자기 뜻대로 했다. 믿음의 행위로 보이는 것들은 사실 자기 욕심과 정권을 위한 것이었다.

여로보암은 하나님에게 사명을 받았다. 이스라엘의 타락과 우상숭배를 막고 새로운 시대를 열도록 축복받고 임명받았다. 하지만 그는 왕이 되자 그 명령을 잊어버리고 세상과 똑같아졌다. 권력을 소중히 여겨서 우상을 만들고 하나님의 뜻이 아닌 자기 마음대로 했다. 하나님이 주신 시대적, 역사적 사명을 잊어버렸다.

하나님은 우리 그리스도인들에게도 사명을 주신다. 우리에게는 시대와 역사를 감당하는 거창한 사명이 아니어도 부모로서, 혹은 자녀로서의 사명이 있다. 교회 안에서 성도로서의 사명이 있다. 지역사회에서, 교회에서의 사명이 있다. 직장에서의 사명이 있다. 하지만 우리는 이런 막중한 사명을 곧잘 잊어버린다.

하나님은 우리를 시대의 대안으로, 불의한 세상 속의 대안으로 세우셨지만 우리가 그 거룩함과 은혜를 잊어버린다면 그것은 우리의 사명을 망각하는 것이다.

하나님은 말씀하신다

독일 쾰른의 지하동굴에는 제2차 세계대전 중에 누군가 써 놓은 시가 있다. 그 시는 지금 널리 알려져 사람들에게 소망을 주고 있다.

> 태양이 구름에 가려 빛나지 않을지라도, 나는 태양이 있음을 믿습니다.
> 사랑이라곤 조금도 느껴지지 않을지라도, 나는 사랑을 믿습니다.
> 하나님이 침묵 속에 계시더라도, 나는 하나님을 믿습니다.

사람들은 묻는다. "하나님은 정말 계시는가?" 우리는 어렵고 힘든 길을 걸을 때 하나님께 이렇게 따진다. "하나님은 살아계십니까? 제가 이렇게 힘든데 왜 침묵하십니까?" 하지만 이 시를 읽으면 깨닫게 될 것이다. 인생에 먹구름이 끼어서 캄캄한 것처럼 보이지만 그 구름 위에서는 여전히 찬란한 태양이 빛나고 있음을, 하나님이 우리를 지켜보고 계심을 말이다. 하나님은 계속 우리를 지켜보셨고, 지금도 계속 우리에게 말씀하고 계신다. 다만 우리가 알지 못할 뿐이다. 귀를 닫은 것은 우리다.

텔레비전에서는 아름다운 음악과 중요한 뉴스, 재미있는 스포츠 중계가 나오지만 이 모든 것은 우리가 텔레비전을 켜고 채널을 맞춘 경우에만 볼 수 있다. 텔레비전을 켜서 채널을 맞추지 않으면 아무것도 볼 수 없다. 마찬가지로 하나님은 계속해서 우리에게 속삭이고 말씀하신다.

하나님은 여로보암이 자신의 사명을 망각하자 계속해서 그에게 말씀하셨다.

말씀을 통해서, 설교를 통해서, 목사와 가정을 통해서, 아내나 남편, 이웃, 사회를 통해서 말씀하신다. 문제는 우리의 귀와 눈이 열려 있는가 하는 것이다.

우리가 기도할 것은 "하나님, 왜 침묵하십니까? 저에게 말씀해 주세요"가 아니라 "하나님, 제가 들을 수 있게 해주세요. 하나님이 이미 인도해 주시는 길을 볼 수 있게 해주세요."이다.

> "그때에 하나님의 사람이 여호와의 말씀으로 말미암아 유다에서부터 벧엘에 이르니…"(왕상 13:1).

하나님은 여로보암에게 경고하고 길을 가르쳐 주시기 위해 하나님의 사람, 즉 선지자를 보내 말씀하셨다. 그가 믿지 않을 것 같아서 두 가지의 징조까지 보여 주셨다. 첫째는 여로보암의 손을 굳어 버리게 한 것이다. 선지자가 와서 여로보암을 꾸짖자 화가 난 그는 손으로 선지자를 가리키며 체포하라고 큰소리를 쳤다. 하지만 그 말과 동시에 그의 손이 굳어서 다시 오므리지 못하게 되었다. 놀란 여로보암은 방금 체포하려고 했던 선지자에게 자신을 위해 기도해 달라고 얼른 말을 바꾸었다.

두 번째는 제단이 갈라진 것이다. 여로보암이 마음대로 우상을 만들고 자기 뜻대로 신앙을 이용한 것은 곧 제단이 무너진 것과 동일한 일이었다. 종교가 타락한 것이다. 그래서 선지자의 말대로 제단이 갈라지면서 재가 쏟아지고 엉망이 되었다.

하나님은 이렇게 징조를 통해서 여로보암에게 말씀하셨다. 몸이 말을 안 듣게 하셨고 눈으로 직접 보게 하셨다. 그러면 그가 달라졌는가? 아니다. 그는 달라지지 않았다. 오히려 재미있는 행동을 한다.

"왕이 하나님의 사람에게 이르되 나와 함께 집에 가서 쉬라 내가 네게 예물을 주리라"(왕상 13:7).

여로보암은 하나님의 사람에게 자신의 편이 되라고 종용한다. 하나님의 명령을 돈으로 매수하려고 한다. 여로보암은 자신과 나라의 운명이 달린 중요한 일 앞에서 정신을 차리지 못한다. 그리고 더 나빠진다.

"여로보암이 이 일 후에도 그의 악한 길에서 떠나 돌이키지 아니하고 다시 일반 백성을 산당의 제사장으로 삼되 누구든지 자원하면 그 사람을 산당의 제사장으로 삼았으므로 이 일이 여로보암 집에 죄가 되어 그 집이 땅 위에서 끊어져 멸망하게 되니라"(왕상 13:33-34).

여로보암은 회개나 사명의 회복은커녕 사태를 더 악화시킨다. 하나님이 선택하고 기름 부으신 레위인이 아닌 사람을 제사장으로 삼았다. 심지어 사명이나 헌신하려는 의지, 믿음이 없어도 아무나 제사장으로 삼았다.

악순환을 끊어라

악순환이 여기서 생겨난다. 죄는 악순환의 모습을 하고 있다. 죄는 우리가 하나님으로부터 멀어지게 하고 죄를 짓게 한다. 그리고 하나님으로부터 멀어진 우리는 삶을 비참하게 만든다.

성경의 여로보암은 죄의 악순환 가운데 있다. 우상숭배를 하고 아무 곳에나 예배 장소를 만들고 제사장마저 아무나 세워서 하나님의 말씀을 들을 기회도, 바른 말을 할 사람도 없어졌다. 죄는 죄를 부르고 불신은 더 큰 불신을 부른다. 하지만 우리는 여기서 하나님의 사랑을 본다.

하나님은 어떻게든 그가 돌아올 기회를 만들고자 하신다. 그래서 계속 말씀하신다. 심판자의 모습으로도 말씀하신다. 그러나 하나님은 심판하시는 것 같지만 그가 깨닫고 돌이키기를 바라신다. 그래서 선지자를 보내고 징조들을 보여 주셨으며 몸으로도 겪게 하셨다.

그런데도 여로보암이 죄의 악순환을 끊지 않자 하나님이 결정적인 경고를 하신다. 바로 자녀를 통해서 말씀하신 것이다. 여로보암의 아들 아비야가 병에 걸렸다. 아비야라는 이름의 뜻은 '여호와는 나의 아버지'이다. 아마도 아비야는 여로보암이 신앙을 잃기 전에 낳은 아이일 것이다. 그 아이가 병이 들자 여로보암은 마음이 급해졌다. 하지만 놀랍게도 여전히 정신을 차리지 못한 그는 직접 하나님 앞에 나아가는 대신 부인을 보낸다. 그것도 변장까지 하게 한다.

"그가 문으로 들어올 때에 아히야가 그 발소리를 듣고 말하되 여로보암의 아내여 들어오라 네가 어찌하여 다른 사람인 체하느냐 내가 명령을 받아 흉한 일을 네게 전하리니"(왕상 14:6).

아히야는 여로보암이 왕이 될 것을 알려 주었던 선지자이다. 자신을 믿어 주었던 선지자인데 지금은 하나님을 멀리하고 있으니 대면하기가 부담스러웠을 것이다. 그래서 자신을 혼내고 자식을 치료해 주지 않을까 봐 아내를 보내서 아이를 치료해 주겠다는 말을 들으려고 한다. 하지만 이미 들켰다. 하나님은 이미 알고 계신다. 여로보암의 아내는 성으로 들어가는 순간 아이가 죽는다는 끔찍한 말을 듣는다. 그리고 실제로 아이가 죽었다. 그리고 더 엄중한 말씀이 돌아온다.

"그러므로 내가 여로보암의 집에 재앙을 내려 여로보암에게 속한 사내는 이스라엘 가운데 매인 자나 놓인 자나 다 끊어 버리되 거름 더미를 쓸어 버림 같이 여로보암의 집을 말갛게 쓸어 버릴지라"(왕상 14:10).

하나님은 여러 가지로 경고하셨다. 사회를 통해서 사람을 통해서 선지자를 통해서 심지어 자녀를 통해서 죄의 악순환을 끊도록 경고하셨다. 돌아올 기회를 주셨다. 하지만 끝내 여로보암은 돌이키지 않았다. 그 때문에 오히려 더 큰 심판의 말씀을 듣게 되었다.

기회가 왔을 때 돌이켜야 한다. 지혜 있는 사람은 하나님이 말씀하실 때 깨달아야 한다. 하나님이 말씀하실 때 죄를 떠나서 죄의 악순환을, 고난의 악순환을 끊어야 한다.

10
기근의 시대를 넘어서다

"이스라엘의 하나님 여호와의 말씀이 나 여호와가 비를 지면에 내리는 날까지 그 통의 가루가 떨어지지 아니하고 그 병의 기름이 없어지지 아니하리라 하셨느니라"(왕상 17:14).

인류 역사상 대기근이 몇 번 있었다. 그 중 하나가 '아일랜드 대기근'이다. 1840년경 영국 옆에 있는 아일랜드에 대기근이 덮쳤다. 이 기근으로 자그마치 100만 명 이상이 아사했고 생존을 위해서 200만 명 이상의 아일랜드 사람이 해외로 탈출했다. 하지만 그들 중 60퍼센트 이상의 사람들도 긴 항해와 영양부족으로 배 안에서 사망했다.

이러한 비극이 생겨난 원인은 감자병이라고 알려졌다. 감자에 병이 돌아 열매를 맺지 못해서 식량 부족으로 굶주린 것이다. 하지만 더 근본적인 원인은 따로 있었다. 당시 아일랜드는 영국의 지배 아래 있었는데 영국 관리들은 아일랜드에서 나오는 곡물을 세금 등의 명목으로 대부분 본국으로 보냈다. 그래서 아일랜드 사람들은 할 수 없이 감자를 주식으로 삼아야 했는데 영국 관리들은 아일랜드 사람들이 기근에 시달릴 때도 착취를 멈추지 않았고, 곡식은 계속 영국으로 보내졌다. 당시 아일랜드를 취재한 한 영국 언론인은 이런 글을 남겼다.

"이 세상에 식민지와 다른 나라의 통치를 받고 있는 나라는 수도 없이 많다. 가난한 나라도 많다. 그 나라에는 거지들이 득실거린다. 그러나 한 명도 빠짐없이 전 국민이 거지인 나라는 아일랜드 밖에 없을 것이다."

이때 아일랜드 사람들은 극심한 고난과 죽음의 기억 때문에 영국에 굉장히 불편한 감정을 품게 되었다. 지금도 영국과 축구 경기를 할 때면 한일전을 방불케 한다고 한다.

현대에는 기근의 문제가 많이 사라졌다. 하지만 불행히도 우리는 또 다른 기근의 시대를 살고 있다. 꼭 먹을 것이 부족해야만 기근의 시대가 아니다. 기근이라는 단어는 여러 분야에서 사용된다. 예를 들어 외환 보유가 부족하면 '달러 기근'이다. 국가대표 축구팀에서 골을 잘 넣는 선수가 없을 땐, '스트라이커 기근'이다. 또한 우리가 살고 있는 시대는 영적 기근의 시대이다. 그리스도인의 숫자도 감소세에 있지만, 그리스도인 그룹의 내면을 들여다보면 신앙생활을 지탱해 주는 영적 부분이 심각한 기근에 시달리고 있음을 볼 수 있다.

교회에 다닌다는 것은 문자 그대로 주일예배에 '다니기만' 하는 경우를 말할 때가 많고, 예배를 '보러' 오는 사람도 점점 많아지고 있다. 차세대 교회를 이끌어 나갈 교회학교와 청소년의 숫자는 기하급수적으로 줄고 있다. 사명감으로 교회학교 교육을 감당하겠다고 나서는 사람들의 수도 줄고 있다. 우리는 영향력 있는 모습으로 세상 사람들을 변화시키려고 하기보다 세상과 타협하는 쪽을 택한다.

하나님은 영적 기근의 시대를 이기기 위해서 사람을 부르고 행동하신다. 하나님이 엘리야를 쓰시는 모습을 보면 영적 기근을 이겨내는 법을 알 수 있다.

이스라엘의 영적 기근

여로보암 왕과 아합 왕 사이에는 다섯 명의 왕이 더 있다. 나답과 바아사, 엘라, 지므리, 오므리다. 이 왕들에 대한 성경의 평가는 모두 동일하다. 여로보암 왕이 범죄하여 하나님의 진노를 산 후 그의 뒤를 이은 왕들이 모두 다 하나님 앞에 범죄했다.

- "그가 여호와 보시기에 악을 행하되"(왕상 15:26).
- "바아사가 여호와 보시기에 악을 행하되"(왕상 15:34).
- "그들이 범죄하고 또 이스라엘에게 범죄하게 하여…이스라엘의 하나님 여호와를 노하시게 하였더라"(왕상 16:13).
- "그가 여호와 보시기에 악을 행하여"(왕상 16:19).
- "오므리가 여호와 보시기에 악을 행하되 그 전의 모든 사람보다 더욱 악하게 행하여"(왕상 16:25).

- "오므리의 아들 아합이 그의 이전의 모든 사람보다 여호와 보시기에 악을 더욱 행하여"(왕상 16:30).

아합 왕의 행실에 대해서 성경은 이전의 어떤 왕보다 악하다고 평가한다. 이는 불명예스러운 평가이다. 그는 바알 신을 섬기는 시돈 땅의 왕인 엣바알의 딸 이세벨과 결혼하고 바알을 위한 산당을 지었다. 아세라 상도 세웠다. 이는 모두 하나님이 분노를 일으키실 만한 일이다.

악한 아합을 그냥 두고 보실 수 없었던 하나님은 그에게 강하게 질책하고 경고하셨다. 그 일을 맡은 선지자가 엘리야다. 그는 악한 왕 아합과 그 정권을 향해서 강력하게 경고했다.

"내 말이 없으면 수년 동안 비도 이슬도 있지 아니하리라 하니라"(왕상 17:1).

하나님이 이스라엘 땅에 큰 가뭄을 내리기로 하셨다. 당시 이 지역의 가뭄은 그렇게 드문 일은 아니었다고 한다. 가뭄은 일반적으로 연강수량을 밑돌거나 겨울철인 11월에서 2월 사이에 규칙적으로 비가 내리지 않은 상태를 말하지만, 지금 성경에서 말하는 가뭄은 일반적인 가뭄이 아니다. 이 가뭄은 3년 동안이나 지속되었다(왕상 18장). 가뭄이 얼마나 지독했던지 세상의 수분이 다 말라 버린 것 같았다.

이 지역에서 강수량의 상당 부분은 하늘에서 내리는 비가 아니라 이슬이었다. 이슬은 1년 내내 내리는 것이었고 특히 해안 평지 지역에서는 풍부하게 내려서 작황에 큰 도움을 주었다. 그런데 이 가뭄 기간 동안에는 비뿐만 아니라 이슬도 내리지 않았다.

영적 기근을 이기는 영적 권위

하나님은 엘리야를 이 기근의 시대를 바로 잡을 사람으로 삼으시고 능력을 주셨다. '호가호위'라는 말이 있다. 중국 전국시대의 강을이라는 사람이 한 이야기이다.
어느 날 호랑이가 여우를 잡아먹으려고 하는데 여우가 말했다.
"너는 나를 잡아먹으면 안 된다. 나를 잡아먹는 것은 하나님의 뜻을 어기는 것이다. 하나님이 나를 짐승들의 우두머리로 삼아 주셨기 때문이다."
호랑이는 그 말이 믿기지 않았다. 그러자 여우가 말했다.
"못 믿겠다면 나랑 같이 숲속의 동물들에게 가 보자. 내가 앞장서서 갈 것이니 너는 내 뒤를 따라오면서 봐라. 동물들이 감히 나를 쳐다보지도 못하고 도망가는 것을 볼 것이다."
그리고 둘이서 숲으로 들어가자 정말 짐승들이 여우를 보자마자 정신없이 도망갔다. 이를 보고 호랑이는 경탄하며 여우에게 고개를 숙였다고 한다.
이 고사성어는 제 분수를 모르는 여우를 향한 말이지만 달리 생각해 볼 수도 있다. 여우는 호랑이가 있어서 자기 능력 이상의 일을 하고 권위를 얻었다. 우리 인생이 약한 여우와 같다면 험한 숲속에서 우리에게 가장 필요한 것은 호랑이의 위세이다. 호랑이가 뒤에 있다는 사실만 명심하고 호랑이만 뒤에 세운다면 누구보다 안전하게 권위와 힘을 사용할 수 있다.

영적 기근의 시대에 우리에게 가장 필요한 것은 바로 하나님의 권세와 힘이다. 우리가 하나님만 따르는 한, 하나님을 내 배경으로 두는 한 우리는 큰 힘을 가질 수 있다. 하나님은 악한 세력과 싸우는 엘리야에게 호가호위의 권위와 권세를 허락하셨다. 큰 기근을 이 땅에 내리겠다는 말을 들었을 때 아합의 기분이 어땠을까? 자신의 나라에 큰 가뭄이 들어서 농작물은 구경도 못할 것이라는 저주를 들은 왕으로서 노하지 않을 수가 없었을 것이다. 그래서 아합 왕은 그 말을 전하고 가버린 엘리야를 찾으라고 명한다.

엘리야는 하나님이 하신 말씀을 전하는 것에 두려움이 전혀 없지는 않았을 것이다. 그 상대가 한 나라의 왕이었기 때문이다. 게다가 이전의 어떤 왕보다도 악한 왕이다.

가장 악한 왕이기에 하나님이 심판의 메시지를 전하라고 하시는 것이지만, 또 같은 이유로 목숨의 위협을 느끼고 크게 두려워했을 것이다. 그러나 엘리야는 하나님을 신뢰하고 하나님이 명하신대로 말씀을 전했다. 하나님은 그분을 신뢰하는 사람을 크게 사용하신다. 엘리야를 통해 하나님이 우리에게 얼마나 큰 힘과 권위를 주시는지 알 수 있다.

"내 말이 없으면 수 년 동안 비도 이슬도 있지 아니하리라 하니라"(왕상 17:1).

이 말씀에서 '내 말'은 엘리야의 말을 가리킨다. 하나님은 엘리야에게 권위를 부여해 주셨다. 가뭄을 내리시되 그 끝도 엘리야의 입술을 통해서 끝내겠다고 약속하셨다. 다시 말하면, 엘리야를 통하지 않고는 가뭄을 끝낼 생각이 없으시다는 뜻이다. 그리고 열왕기상 18장에서 약속대로 엘리야의 입술을 통해 기근을 끝내신다. 하나님이 엘리야에게 부여하신 권위는 그분이 명하시면 지독한 가뭄도 끝낼 수 있게 하는 권위였다.

하나님은 하나님의 사람들에게 능력을 주시면서 그에 어울리는 권위도 허락하신다. 아합의 악한 시대를 끝내기 위해서 엘리야를 세우신 하나님은 우리 시대의 악한 영적 위기를 끝내기 위해서 그리스도인들을 세우신다. 신실한 하나님의 일꾼들을 세우신다. 그리고 그들에게 영적 권위를 주신다. 하나님은 이 시대의 영적 기근을 끝내라고 우리에게도 명을 내리고 그에 합당한 권위를 주셨다.

순종하는 자를 먹이고 보호하시는 하나님

엘리야의 모습을 보면 고난 중에 임하는 하나님의 보호하심과 신실하심을 발견하게 된다. 아합 왕이 엘리야를 찾을 때 하나님은 엘리야를 그릿 시냇가라는 곳으로 인도하셨다.

"너는 여기서 떠나 동쪽으로 가서 요단 앞 그릿 시냇가에 숨고 그 시냇물을 마시라 내가 까마귀들에게 명령하여 거기서 너를 먹이게 하리라" (왕상 17:3-4).

엘리야는 먹을 것을 좀 비축할 시간도 없이 도망쳤는데 이제 곧 가뭄이 들어 그나마 먹을 것도 없어질 상황이었다. 그 암담한 때에 하나님은 시냇가를 준비하셨다. 또 까마귀를 통해 엘리야에게 먹을 것을 가져다주셨다. 당시 까마귀는 불길한 징조의 동물이었는데 그런 새가 사람한테 먹을 것을 가져다준다니 납득하기 어려운 말씀이다. 하지만 엘리야는 그 즉시 순종했고 하나님은 약속대로 까마귀를 통해서 음식을 공급해 주셨다.

"그가 여호와의 말씀과 같이 하여 곧 가서 요단 앞 그릿 시냇가에 머물매 까마귀들이 아침에도 떡과 고기를, 저녁에도 떡과 고기를 가져왔고" (왕상 17:5-6).

당시에는 가뭄이 아니어도 떡과 고기를 먹는다는 것이 쉬운 일은 아니었다. 더구나 이 기근의 때에 까마귀는 어디에서 음식을 구해 오기에 하루에 두 번씩 엘리야에게 귀한 음식을 나를 수 있었을까? 기근과 위기의 때에 우리의 필요를 공급해 주시는 하나님이 우리의 필요를 채워 주신다. 우리가 믿는 하나님은 공급하는 하나님이시다. 세상이 기근으로 말라 버려도 하나님은 우리에게 필요한 것을 공급해 주신다. 풍성하고 넘치도록 채워 주신다.

여기에서 그치지 않는다. 하나님은 다른 방법으로 엘리야를 보호하시고 채워 주셨다. 가뭄이 더욱 심해져서 그릿 시냇가의 물마저 다 마르자 하나님은 엘리야에게 보내신다. 사르밧의 과부를 찾아가면 그를 먹여 줄 것이라고 말씀하신다.

하지만 사르밧은 이방인들의 지역이다. 이스라엘의 선지자인 엘리야가 이방인 지역에 들어간다는 것도 못마땅한 상황인데 당시에는 가장 가난한 사람을 일컫는 대명사인 과부의 집에 하나님이 가라고 하신다.

하지만 순종의 사람 엘리야는 이미 풍족하게 공급하시는 하나님을 경험한 터라 순종하며 사르밧의 과부를 찾아간다. 하지만 그 과부의 상황은 최악이었다. 엘리야에게 줄 것은커녕 자신들도 먹을 게 없었다. 과부는 자신이 처한 상황을 그대로 솔직하게 설명한다.

"당신의 하나님 여호와께서 살아 계심을 두고 맹세하노니 나는 떡이 없고 다만 통에 가루 한 움큼과 병에 기름 조금 뿐이라…나와 내 아들을 위하여 음식을 만들어 먹고 그 후에는 죽으리라"(왕상 17:12).

과부는 경제적으로나 정서적으로 살기가 너무 어려운 상황에서 극심한 가뭄까지 오자 이제 남은 음식을 마지막으로 먹고 죽기로 결심했다. 그런데 이 불쌍한 여인을 찾아온 엘리야는 하나님의 약속을 믿었다. 하나님이 이 과부를 통해 자신에게 공급하리라고 약속하신 그 신실함을 믿었다.

> "엘리야가 그에게 이르되 두려워하지 말고 가서 네 말대로 하려니와 먼저 그것으로 나를 위하여 작은 떡 한 개를 만들어 내게로 가져오고 그 후에 너와 네 아들을 위하여 만들라…여호와가 비를 지면에 내리는 날까지 그 통의 가루가 떨어지지 아니하고 그 병의 기름이 없어지지 아니하리라 하셨느니라"(왕상 17:13-14).

과부는 엘리야의 말에 순종했다. 엘리야의 강력한 순종과 확신을 보고 과부도 확신이 생긴 것이다. 엘리야 같은 한 사람의 영향력이 얼마나 중요한지를 성경이 우리에게 보여 주고 있다. 비가 내리는 날까지 하나님은 이 가난한 과부의 집에 떡과 기름이 끊이지 않도록 복을 주셨다.

하나님은 극심한 기근의 시대를 살아가도록 엘리야를 보호하는데 까마귀와 과부를 사용하셨다. 이런 작은 자들을 통해서 하나님은 엘리야의 필요를 채우고 보호받게 하셨다. 우리에게도 이런 까마귀와 사르밧의 과부가 필요하다. 기근을 만났는가? 까마귀의 공급을 기대하라. 사람을 통한 공급과 만남을 기대하라. 하나님이 우리를 위해 예비해 놓으셨다.

11
모두가 No라고 할 때, Yes를 외쳐라

"그런즉 사람을 보내 온 이스라엘과 이세벨의 상에서 먹는 바알의 선지자 사백 오십 명과 아세라의 선지자 사백 명을 갈멜 산으로 모아 내게로 나아오게 하소서"(왕상 18:19).

〈암살〉이라는 영화가 개봉되어 많은 사람의 사랑을 받았다. 이 영화는 일제강점기이던 1933년, 조선의 독립을 꿈꾸던 세 명의 암살단이 일본의 주요 인사들을 암살하려는 과정에서 일어난 일을 그리고 있다. 누적 관객 수 1천 200만 명을 돌파해 2015년 한국 영화 흥행 기록 2위를 기록했다.

이 영화가 이렇게 주목을 받는 이유에 대해서 사람들은 전지현과 이정재, 하정우 등 화려한 배우의 캐스팅보다 영화 자체의 메시지에 있다고 이야기한다. 그 메시지를 제대로 볼 수 있는 짧은 장면이 있다. 어떤 사람이 독립을 위해서 싸우는 암살단에게 매우 냉소적인 말을 했다.

"암살 작전에 임한다고 해서 조국이 독립하는 것은 아니지 않는가?"

그런데 이때 안옥윤(전지현 분)이라는 암살단원은 이렇게 대답한다.

"그렇지만 알려 줘야지. 우린 계속 이렇게 싸우고 있다고."

이 영화에서처럼 실제로 일제강점기 때 독립운동을 했던 사람들은 일본이라는 적 외에도, 많은 조선인의 비웃음과 싸워야 했다. 하지만 대부분의 사람이 일본이라는 대세를 따라서 'No'를 외치더라도, 독립을 꿈꾸며 'Yes'를 외쳤던 '바보'들이 결국 세상을 바꾸는 주인공이 되었다. 이 영화는 바로 이것을 말하고 싶었던 것이다.

앞서 말했듯이 우리는 지금 영적 기근의 시대를 살고 있다. 진리는 희미해지고, 예배가 사라지며, 불안이 세상을 지배하고 있다. 이 영적 기근의 시대에서 절망과 고통 중에 있는 우리를 하나님이 안타까워하신다. 그리고 이 땅을 변화시킬 주인공을 찾고 계신다.

그렇다면 하나님이 찾으시는 그 변화의 주인공은 어떤 사람일까? 다수의 사람이 진리를 향하여 'No'를 외쳐도 그 대세를 거슬러 하나님을 향해 'Yes'를 외칠 수 있는 사람을 하나님이 변화와 기적의 주인공으로 들어 쓰실 것이다. 엘리야가 바로 그런 사람이었다.

열왕기상 18장에 나오는 소위 '갈멜산의 대결' 사건에서 엘리야는 모두가 'No'라고 할 때, 홀로 'Yes'를 외친다. 그리고 그 'Yes'를 통해 북이스라엘을 변화시키는 주인공이 된다.

보이지 않는 것을 믿으라

당시 북이스라엘의 왕이던 아합은 시돈의 공주인 이세벨과 정략결혼을 했다. 아합은 시돈의 자본을 많이 끌어들여서 북이스라엘을 경제적으로 발전시켰다. 그러나 그 대가로 아합은 이세벨이 믿는 바알 신앙을 북이스라엘 전역에 전파하고, 바알 신앙의 걸림돌이 되는 여호와 신앙을 극심하게 박해했다.

여기에 분노한 선지자 엘리야는 결국 하나님의 이름으로 가뭄을 예언했고, 그 예언은 현실이 되어 북이스라엘을 덮쳤다. 이 가뭄이 3년째 이어지면서 아합이 살던 사마리아의 물도 완전히 말랐다. 그래서 아합은 신하를 이끌고 물이 있을 만한 곳을 찾기 시작했는데, 마치 원수는 외나무다리에서 만나듯이 그때 아합과 엘리야가 맞닥뜨렸다. 팽팽한 긴장감이 흐르는 정적 속에 아합이 먼저 엘리야에게 인사했다.

"이스라엘을 망하게 하는 골칫거리가 여긴 어쩐 일이신가?"

자신을 이스라엘의 골칫거리로 조롱한 아합의 말에 엘리야가 맞받아쳤다.

"하하하! 진짜 이스라엘의 골칫거리는 바로 아합 당신과 당신의 가문이잖소? 당신이 여호와 하나님을 버리고 바알을 따랐기에 이런 일이 생긴 것이오."

이 말을 들은 아합의 속이 부글부글 끓어올랐을 때, 엘리야가 한 술 더 떠서 엄청난 대결을 제안했다.

"그런즉 사람을 보내 온 이스라엘과 이세벨의 상에서 먹는 바알의 선지자 사백오십 명과 아세라의 선지자 사백 명을 갈멜 산으로 모아 내게로 나아오게 하소서"(왕상 18:19).

여호와 하나님의 선지자인 자신과 바알, 아세라의 선지자인 850명이 갈멜산에 모여서, '누구의 신이 참된 신인지' 대결하자고 제안한 것이다. 이 제안은 사실 말도 안 되는 제안이었다. 모든 조건이 이 대결을 제안한 엘리야에게 불리했기 때문이다. 우선 이 대결에 참여하는 사람 수의 차이가 너무 컸다. 싸우는 재주가 없는 엘리야가 자기를 죽이려고 포위하는 850명의 선지자와 아합, 그의 신하들을 상대하는 것은 거의 불가능한 일이었다.

대결의 장소인 갈멜산도 엘리야에게는 불리한 곳이었다. 갈멜산은 좌우에 풍요로운 땅이 있고 멀리 바다가 보여서 예로부터 '신성한 산'으로 불렸다. 이스라엘은 이곳에 제단을 세우고 하나님께 예배했다. 하지만 그 산을 지배하게 된 아합은 제단을 부수고 바알을 섬기는 산당을 화려하고 크게 지었다. 즉 엘리야가 들어가야 했던 갈멜산은 바알 선지자들의 홈그라운드였다.

과연 엘리야는 적진 갈멜산에서 수백 명의 바알 신도들과 대결하는 것이 위험하다는 것을 몰랐을까? 그렇지 않을 것이다. 그런데 엘리야는 어떻게 그런 대결을 담대하게 제안할 수 있었던 것일까? 그것은 바로 엘리야 안에 분명한 확신이 있었기 때문이다. 진정한 힘은 보이는 것보다 보이지 않는 것에 있다.

당시 북이스라엘 사회는 보이는 힘에 지배당하고 있었다. 아합은 돈을 끌어들이기 위해서 여호와 하나님을 버리고 바알에게 갔다. 아합은 왕권을 강화하기 위해서 수많은 바알 선지자들을 양성했다. 아합은 자신의 통치가 얼마나 대단한지를 과시하기 위해서 수많은 도시를 건축하고 곳곳에 화려한 바알 신당을 만들었다. 사람들은 아합의 이런 경제력과 화려한 업적을 보면서 그를 능력자라고 생각했다. 이처럼 보이는 것이 진짜 힘이라는 생각이 북이스라엘 사회의 대세였다.

그러나 엘리야는 달랐다. 모든 사람이 엘리야를 비웃고 하나님을 향해 'No'를 외쳐도 엘리야는 확신했다. "보이지 않는 하나님이 진정한 힘이시다." 바로 이 믿음 때문에 엘리야는 아합에게 담대하게 도전할 수 있었다. "다수의 힘으로 나를 이겨 봐라. 화려함의 힘으로 나를 이겨 봐라. 그러나 안 될 거다. 진정한 힘은 보이지 않는 하나님에게 있기 때문이다."

하나님이 엘리야를 위대한 선지자로 들어 쓰신 데 특별한 이유는 없다. 다만 대부분의 사람처럼 보이는 힘에 점령되지 않고, 보이지 않는 하나님을 진정한 힘으로 바라보았던 믿음이 그 이유였다.

엘리야의 이야기는 그저 과거에 머물지 않고 지금 이 시대에 우리를 통해서 나타날 수 있다. 믿음의 눈을 들어 하나님을 바라볼 때 하나님이 우리에게 능력을 주셔서 우리를 변화의 주인공으로 들어 쓰실 것이다.

그 옛날 아합도 그랬지만, 오늘날 우리 사회의 가장 큰 '보이는 힘'은 '돈'일 것이다. 얼마 전 5급 공무원에 새로 임용된 공무원 515명을 대상으로 조사한 결과, 무려 82.9퍼센트의 응답자가 "우리 사회에서 가장 큰 힘은 돈."이라고 대답했다는 기사를 보았다. 미국 일부 주에서는 하룻밤에 82달러, 우리나라 돈으로 9만 6천 원만 내면 호텔급 감방에서 지낼 수 있다고 한다.

그래서인지 돈만 얻을 수 있다면 오늘은 교회, 내일은 절에 가는 사람들이 있다. 지금 이 순간에도 많은 사람이 돈 때문에 살고 돈 때문에 운다. 그러나 그 '보이는 힘'을 얻으려다가 더 소중한 것을 잃어버릴 때가 더 많다. 이미 많은 돈을 소유하고 있는 한 재벌은 경영권을 놓고 가족끼리 다툼을 벌이다 국민 앞에서 망신을 당했다. 한 아들은 70대 노모가 돈을 주지 않는다는 이유로 상습적인 폭행을 일삼다가 징역형을 선고받았다.

무엇보다도 그 '보이는 힘'만 좇다가 정작 하나님을 잃어버린 사람도 많다. 누가복음 12장에 나오는 '어리석은 부자'가 대표적이다. 한 부자가 풍년으로 큰 수확을 얻고 돈을 많이 벌자 이런 생각이 들었다. '돈이 많이 들어와서 이제 나는 걱정이 없다. 이제부터 마음대로 살자.' 그러나 하나님이 그를 향해 이렇게 말씀하셨다.

"어리석은 자여 오늘 밤에 네 영혼을 도로 찾으리니 그러면 네 준비한 것이 누구의 것이 되겠느냐"(눅 12:20).

이처럼 진정한 힘은 보이지 않는 하나님께 있다는 것을 몰랐던 그는 생명을 잃고 재물도 누리지 못하는 불쌍한 인생이 되었다. 우리도 종종 보이는 것에 흔들린다. 고급 자동차를 보면 부러워하고 넓고 쾌적한 아파트를 보면 자신의 처지가 처량해진다. 그리고 때로는 예수님을 믿으면서 기꺼이 손해를 봤던 그동안의 인생을 후회한다.

하지만 절망하거나 낙심할 필요가 없다. 진정한 힘은 보이는 데 있는 것이 아니라 보이지 않는 곳에 있다. 우리 눈에 보이지 않지만 하나님이 지금도 우리를 밀어 주고 계신다. 그리고 이렇게 말씀하신다. "일어나 걸으라. 내가 새 힘을 줄 것이다. 당당하게 걸으라. 내가 너를 위대한 변화의 사람이 되게 할 것이다."

무너진 예배를 세우라

하나님을 향해 'Yes'를 외치는 사람은 두 가지의 모습을 보여 준다. 첫째는 무너진 예배를 세우는 것이다

엘리야의 대결 제안을 아합이 수락했다. 엘리야가 대결을 위해서 갈멜산에 들어섰고, 바알 선지자들과 아합 왕도 위세를 과시하며 갈멜산에 들어섰다. 드디어 하나님과 바알의 대결이 시작되었다. 먼저 바알의 선지자들이 자기들의 제단에 송아지를 놓고, "바알이여, 불을 내려 주소서" 하고 이른 아침부터 기도했

다. 그러나 기대했던 불이 내려오지 않자 그들은 몸에 상처까지 내면서 기도했다. 그러나 당연하게도 해가 질 때까지 불은 내려오지 않았다. 결국 바알 선지자들은 상처만 남긴 채 기도를 멈추어야 했다.

이제 여호와 하나님의 대표인 엘리야의 차례이다. 고요한 침묵이 흐르는 가운데 모두가 엘리야의 기도를 기다렸다. 그런데 엘리야는 등장하자마자 기도가 아닌 다른 일을 먼저 한다.

> "엘리야가…그가 무너진 여호와의 제단을 수축하되 야곱의 아들들의 지파의 수효를 따라 엘리야가 돌 열두 개를 취하니"(왕상 18:30-31).

엘리야가 아합과 이세벨이 파괴했던 여호와 제단으로 가서 흩어져 있던 돌들을 하나씩 들어서 다시 제단을 쌓았다. 이런 엘리야를 보면서 사람들이 수군거렸다.

"왜 저래? 큰 소리 치더니 자신이 없나 보지?"

그러나 엘리야는 전혀 상관하지 않고, 말없이 제단을 쌓았다. 중요한 대결을 앞두고 엘리야는 왜 그런 행동을 했을까? 그것은 무너진 예배를 다시 세우기 위한 엘리야의 소리 없는 외침이었다. 오랜 대결로 혹시 나태해졌을 자신의 마음을 하나님 앞에서 다시 세우기 위해서 엘리야는 무거운 돌을 하나씩 하나씩 들었다. 하나님께 드리는 예배가 사라진 이스라엘에 다시 예배가 회복되기를 바라며 무너진 제단을 다시 쌓았다.

엘리야가 들었던 열두 개의 돌은 이스라엘 열두 지파를 상징한다. 엘리야는 이스라엘 모든 지파의 모든 사람이 다시 하나님께로 돌아오기를 바라면서 제단을 쌓았다. 하나님을 향해 'Yes'를 외치는 사람이 해야 할 첫 번째가 임무는 바로 무너진 예배를 다시 세우는 것이다.

사람들이 우리를 보고 "뭐하러 예배하는가?"하고 비웃어도 상관할 필요가 없다. 제 아무리 훌륭한 기계라도 전기와 연결되어야 작동하는 것처럼 예배는 우리 영혼이 새 힘을 얻도록 하나님과 접촉하는 자리이다. 하나님은 예배를 통해 우리에게 새 힘을 주시고 예배가 살아 있는 사람을 통해서 세상을 변화시키신다.

모든 예배가 중요하지만 무엇보다도 내 영혼의 예배를 돌아보는 것이 중요하다. 우리는 바쁜 세상에서 바쁘게 사느라 하나님을 잊어버린다. 나의 이익을 위해서 베드로처럼 하나님을 외면한다. 인생이 너무 힘들다 보니 도마처럼 나도 모르게 하나님을 의심하기도 한다. 몸은 이곳에 있지만 머리로는 다른 것을 사모한다.

어떤 경우든 간에, 내 안에서 하나님과의 예배를 끊어 버리고 제단이 무너져 있다면 그 무너진 제단을 일으키고 예배를 다시 세워야 한다. 가정의 예배 제단을 다시 세워야 한다. 자녀의 돌을 세워야 한다. 믿음의 제단을 다시 쌓아야 한다. 돌 하나하나를 들어서 다시 쌓아 올리면 그곳에 하나님이 임재하셔서 큰 복과 기적을 일으키실 것이다.

포기하지 말고 기도하라

두 번째로 하나님을 향하여 'Yes'를 외치는 사람 엘리야는 기도의 능력을 보여 주는 기도의 사람이었다. 엘리야가 무너진 제단을 세우고 나서 송아지를 그 제단 위에 올렸다. 그리고 어떤 불로도 탈 수 없을 정도의 많은 물을 제단과 송아지에 부었다. 그리고 기도했다.

> "…아브라함과 이삭과 이스라엘의 하나님 여호와여 주께서 이스라엘 중에서 하나님이신 것과 내가 주의 종인 것과 내가 주의 말씀대로 이 모든 일을 행하는 것을 오늘 알게 하옵소서 여호와여 내게 응답하옵소서 내게 응답하옵소서 이 백성에게 주 여호와는 하나님이신 것과 주는 그들의 마음을 되돌이키심을 알게 하옵소서 하매"(왕상 18:36-37).

그때 어떤 일이 일어났는가?

> "이에 여호와의 불이 내려서 번제물과 나무와 돌과 흙을 태우고 또 도랑의 물을 핥은지라 모든 백성이 보고 엎드려 말하되 여호와 그는 하나님이시로다 여호와 그는 하나님이시로다"(왕상 18:38-39).

바알 선지자들이 하루 종일 기도해도 내려오지 않던 불이 하늘에서 내려와 송아지와 제단, 심지어 물까지 모든 것을 다 태웠다. 사람들의 인기에 영합했던 바알 선지자들과 달리 엘리야는 모든 비웃음을 넘어 먼저 예배를 바로 세웠다. 그리고 기적의 주인공이 되고 나아가 북이스라엘을 변화시키는 위대한 주인공이 되었다.

기도의 사람 엘리야는 또 다른 기도의 모습을 보여 준다. 바알 선지자들과의 싸움을 승리로 이끈 후 엘리야는 이제 이 가뭄이 끝나도록 하나님께 간구하기로 결심하고 바알의 잔재가 없어진 갈멜 산꼭대기에 올라가서 기도했다. 갈멜산에서 기도하는 그의 자세는 아주 독특하다.

"엘리야가 갈멜 산꼭대기로 올라가서 땅에 꿇어 엎드려 그의 얼굴을 무릎 사이에 넣고"(왕상 18:42).

땅에 무릎을 꿇고 얼굴을 무릎 사이까지 숙여서 기도해 보라. 아마 요가를 배운 사람이 아니라면 다들 1분도 안 되어서 포기할 것이다. 엘리야는 그런 아픔을 견디고 고개를 숙일 만큼 겸손한 모습으로 기도한다. 그는 평소에도 이런 자세로 자주 기도했을 것이다. 이게 기도이다. 기도는 하나님 앞에서 낮아지는 것이다.

엘리야는 그렇게 한참을 기도하고 옆에 있던 사환을 불렀다.

"저기 바다 쪽에 가서 구름이 보이나 보고 와라."

그런데 사환의 대답은 뜻밖이었다.

"선생님, 아무리 봐도 구름은 없습니다."

엘리야가 자신이 할 수 있는 가장 간절하고 겸손한 모습으로 기도했는데 하나님이 응답하지 않으셨다. 우리도 살면서 공부나 직장, 가정의 중요한 문제를 놓고 간절하고 겸손하게 기도하지만 아무런 응답을 받지 못할 때가 있다. 그러면 우리는 하나님께 불평하고 원망하고 심지어 신앙을 버리기도 한다. 그럴 때는 엘리야를 기억하라.

"그의 사환에게 이르되 올라가 바다쪽을 바라보라 그가 올라가 바라보고 말하되 아무것도 없나이다 이르되 일곱 번까지 다시 가라 일곱 번째 이르러서는 그가 말하되 바다에서 사람의 손 만한 작은 구름이 일어나나이다 이르되 올라가 아합에게 말하기를 비에 막히지 아니하도록 마차를 갖추고 내려가소서 하라 하니라"(왕상 18:43-44).

사환의 말을 듣자마자 엘리야는 다시 사환을 보내고 기도했다. 두 번째도 역시 응답이 없자, 엘리야는 다시 사환을 보내고 기도했다. 세 번째, 네 번째에도 응답이 없었지만, 엘리야는 다시 기도했다. 그렇게 해서 무려 일곱 번이나 기도했을 때, 엘리야는 기도의 응답을 받았다.

기도를 한번 할 때마다 온 몸이 아프고 쑤셨을 것이다. 어쩌면 사환이 "이 정도면 최선을 다했으니 다음에 기도합시다." 하고 상식적인 조언을 했을지도 모른다. 그러나 엘리야는 실망하거나 포기하지 않고 끝까지 간절하게 기도했고 그 결과로 '작은 구름'이라는 하나님의 응답을 받을 수 있었다.

하나님이 기도에 응답하지 않으셔서 실망하고 포기했는가? 일곱 번이나 몸을 숙여서 기도한 엘리야를 기억하라. 포기하지 않는 사람에게 하나님이 반드시 응답하신다.

12
지치고 피곤할 때

"엘리야가 그곳 굴에 들어가 거기서 머물더니 여호와의 말씀이 그에게 임하여 이르시되 엘리야야 네가 어찌하여 여기 있느냐 그가 대답하되 내가 만군의 하나님 여호와께 열심이 유별하오니 이는 이스라엘 자손이 주의 언약을 버리고 주의 제단을 헐며 칼로 주의 선지자들을 죽였음이오며 오직 나만 남았거늘 그들이 내 생명을 찾아 빼앗으려 하나이다"(왕상 19:9-10).

직장인이 1년 중 가장 기다리는 때는 휴가철일 것이다. 프랑스는 휴가를 많이 가기로 유명한 나라로 여름휴가가 5주나 된다. 그것도 유급휴가이다. 프랑스 사람들은 이 휴가를 다 사용하면서도 휴가가 짧다고 생각한다. 다른 나라의 경우도 비슷하다. 독일과 스페인도 30일의 휴가를 보낸다. 뉴질랜드는 20일이 보장된다. 잘 사는 나라만 휴가가 긴 게 아니다. 멕시코는 12일, 이란이 21일, 태국은 11일의 휴가를 보낸다고 한다. 1년에 3-4일밖에 휴가가 없는 우리 현실에 비하면 무척 부러운 일이다.

휴가를 가리키는 바캉스라는 말은 프랑스어에서 나왔다. 바캉스라는 단어는 영어 단어 베이컨트(vacant)와 뿌리가 같다. 베이컨트는 '비어 있다'는 뜻이다. 바캉스 역시 일상의 수많은 일을 다 비우는 때를 뜻한다.

일상이 힘들고 어려운 것은 일이 너무나 많기 때문이다. 일에 치이면서 우리는 지친다. 인간관계와 갈등 때문에 고민한다. 하지만 바캉스를 맞으면서 그 모든 것을 비우게 된다. 그리고 돌아와서는 그 빈 공간에 다시 차곡차곡 채우면서 살아간다. 잘 쉬는 것은 중요하다. 이전에 쌓여서 어지러운 창고 같았던 곳을 다시 질서 있는 방으로 만들기 때문이다. 잘 쉬어야 일도 더 잘하고 엉클어진 삶도 잘 자리 잡을 수 있다.

우리는 외국의 경우처럼 충분히 쉴 수는 없지만 하나님과의 만남을 통해서 엉켜 있는 삶의 실타래를 풀 수 있다. 엘리야는 삶을 포기하고 싶을 정도로 탈진했다가 다시 회복했다. 엘리야의 모습을 통해 우리가 지쳐 있을 때 어떻게 회복할 수 있는지 보자.

하나님께 호소하라

엘리야는 갈멜산에서 바알과 아세라의 선지자들과 혈혈단신으로 싸워서 크게 승리했다. 통쾌한 승리였다. 더군다나 이 승리 덕분인지 그는 힘이 펄펄 넘쳤다. 그래서 마차를 타고 가는 아합보다 더 빨리 달려갔다. 그런데 19장에서 갑자기 달라진 엘리야를 보게 된다. 엘리야가 크게 낙담해서 기운을 잃었다.

"로뎀 나무 아래에 앉아서 자기가 죽기를 원하여 이르되 여호와여 넉넉하오니 지금 내 생명을 거두시옵소서 나는 내 조상들보다 낫지 못하니이다"(왕상 19:4).

바로 앞장에서 혼자 850명을 상대하면서도 겁먹지 않고 큰소리치던 엘리야였다. 힘이 넘쳐서 마차보다 빠르게 달리기까지 했다. 그런데 지금은 지쳐서 죽는 게 낫다고 말하고 있다. 도대체 무슨 일인가? 엘리야는 이제 어떻게 회복할 수 있을까?

엘리야가 이렇게 지친 데는 여러 이유가 있다. 우선 외적인 이유이다. 왕비 이세벨의 협박과 위협이 너무 컸다. 이세벨은 사실상 이스라엘의 실세였다. 아합은 아내가 말하는 대로 이리저리 휘둘렸다. 그런데 그 이세벨이 반드시 엘리야를 죽이겠다고 선포했다. 더군다나 시간까지 정했다.

> "…내가 내일 이맘때에는 반드시 네 생명을 저 사람들 중 한 사람의 생명과 같게 하리라 그렇게 하지 아니하면 신들이 내게 벌 위에 벌을 내림이 마땅하니라 한지라"(왕상 19:2).

얼마나 두렵고 떨리는 이야기인가. 하지만 이런 외적인 이유보다 더 큰 이유는 그의 내면에 있었다. 엘리야가 낙담한 결정적인 이유는 그의 모든 에너지가 사라진 데 있었다. 엘리야가 그동안 걸어온 길은 너무 험난했다. 그는 3년 6개월 동안 숨어 있어야 했다. 시냇가에서 까마귀가 물어다 주는 식량으로 연명했고 사르밧 과부의 집에서 숨어 지내기도 했다. 또한 하나님의 사람들이 죽고 하나님의 제단이 파괴되고 우상숭배가 넘쳐나는 것을 보아야 했다. 그는 홀로 이세벨의 선지자들과 싸우고 막중한 책임을 홀로 감당했다. 그는 외로웠다.

"…주의 제단을 헐며 칼로 주의 선지자들을 죽였음이오며 오직 나만 남았거늘 그들이 내 생명을 찾아 빼앗으려 하나이다"(왕상 19:10).

엘리야는 깊은 두려움과 외로움에 빠졌다. 선지자들이 죽었고 자신도 죽을 것이라는 두려움이 덮쳐 왔다. 또 홀로 남았다는 외로움이 찾아왔다. 이런 내외적인 이유들이 엘리야를 힘들고 지치게 했다.

누구나 지치고 힘든 때가 있다. 항상 건강하고 힘이 넘칠 수는 없다. 마라톤 선수도 42.195킬로미터를 뛰고 나면 쓰러진다. 축구 선수도 90분을 뛰고 나면 지쳐서 다리에 쥐가 나기도 한다. 누구에게나 힘든 순간이 다가온다. 유명한 사람들 중에도 이러한 인생의 피곤함과 무게를 이기지 못하고 쓰러지는 사람이 많이 있다.

로빈 윌리엄스라는 미국 배우가 있다. 미국의 교육제도를 비판한 영화 〈죽은 시인의 사회〉와 오락영화 〈쥬만지〉, 〈박물관이 살아 있다〉, 〈후크〉 등 훌륭한 영화에서 활약했다. 그는 주로 가족영화에 출연하면서 친근한 이미지를 쌓았지만 파킨슨병을 앓고 우울증을 겪으면서 인생의 피곤함을 이기지 못하고 스스로 삶을 놓아 버렸다. 그는 한 인터뷰에서 감당하기 어려운 공포와 불안을 느낀다고 말했다. 그리고 이어서 "벼랑 끝에서 아래를 바라보고 있자면 목소리가 들리는 것 같아요. '뛰어' 하는 작은 목소리가요."라고 말했다.

결국 그는 그 목소리의 유혹에 넘어가 사람들의 기억에만 머무는 사람이 되었다. 그가 건강했다면, 심신이 지치지 않았다면 유혹을 능히 이길 수 있었을 것이다. 하지만 그는 지쳐 있었고 쉽게 넘어졌다.

명예와 부를 차지한 사람이라도 언젠가는 지친다. 그리고 쉽게 넘어지고 좌절한다. 하나님의 선지자인 엘리야도 예외가 아니었다. 하지만 그는 이렇게 힘든 때에 하나님께 호소한다.

> "…여호와여 넉넉하오니 지금 내 생명을 거두시옵소서 나는 내 조상들보다 낫지 못하니이다"(왕상 19:4).

한탄처럼 보이는 말은 하나님을 향한 기도이다. 이 말이 친구와의 술자리에서 나온 것이라면 불평불만에 지나지 않는다. 하지만 하나님께 말하는 순간 이 말은 기도가 되었다.

엘리야는 기도 속에서 솔직하게 자신을 드러낸다. 자기 마음 밑바닥의 이야기를 다 꺼냈다. 이런 원초적 솔직함은 한 번 더 드러난다.

"…내가 만군의 하나님 여호와께 열심이 유별하오니 이는 이스라엘 자손이 주의 언약을 버리고 주의 제단을 헐며 칼로 주의 선지자들을 죽였음이오며 오직 나만 남았거늘 그들이 내 생명을 찾아 빼앗으려 하나이다"(왕상 19:10).

엘리야는 그의 두려움과 외로움을 모두 하나님께 고백했다. 엘리야는 아닌 척, 용기 있는 척하지 않았다. 멋진 말로 포장한 기도를 드리려고 하지도 않았다. 진실하게 자신의 마음속을 고백했다. 이게 기도이다. 이렇게 기도할 때 하나님이 도우신다. 우리 마음속에 있는 두려움과 고민을 다 하나님께 고하고 솔직하게 말하면 그분이 들으신다.

하나님의 산으로 가라

뜨거운 한여름에 벌어진 일이다. 나무 네 그루가 서서 서로 자기 이야기를 했다. 첫 번째 나무가 말했다.

"나는 아주 단단해. 그래서 어디서나 최고급이 될 수 있을 거야. 내가 최고야."

두 번째 나무가 이어서 말했다.

"나는 아주 곧게 자랐어. 그래서 우아한 가구가 될 수 있을 거야. 그러니까 내가 최고야."

세 번째 나무가 말했다.

"나는 향기가 좋아. 그러니까 귀부인들이 좋아할 거야. 내가 최고라고."

이렇게 세 나무는 서로 잘났다고 이야기하면서 네 번째 나무의 이야기는 들을 생각도 없었다. 네 번째 나무는 너무 못생겼고 구부러졌고 단단하지도 않았기 때문이다. 네 번째 나무도 굳이 이야기를 하지 않았다. 뜨거운 정오가 되자 해는 중천에 있고 너무 더웠다. 그때 사람들이 그들을 찾아 몰려왔다. 그리고 사람들은 다른 나무들을 그냥 지나쳐서 네 번째 나무에게로 갔다. 그리고 이렇게 말했다.

"아, 시원하다."

네 번째 나무만 이파리가 풍성해서 짙은 그늘을 만들었다. 더운 여름날 사람들이 찾아갈 나무는 단단한 나무도 아니요 곧바르게 자란 길쭉한 나무도 아니요. 향기 나는 나무도 아니었다. 시원한 그늘이 있는 나무였다.

"수고하고 무거운 짐 진 자들아 다 내게로 오라 내가 너희를 쉬게 하리라"(마 11:28).

힘든 영혼이 가야 하는 곳은 바로 예수님 앞이다. 엘리야는 자신의 문제를 가지고 어디로 가야 하는지 정확히 알았다.

"…사십 주 사십 야를 걸어가서 하나님의 산 호렙에 이르니라"(왕상 19:8).

엘리야는 호렙산으로 갔다. 호렙산은 신앙의 성지이다. 모세가 떨기나무를 통해서 하나님을 처음 만난 곳이고 이후에 이스라엘 사람들과 함께 십계명을 받은 곳이다. 이스라엘 신앙의 중심지이다. 이스라엘 백성이 문제가 있을 때마다 모이는 곳이었고 되돌아와야 하는 곳이었다. 엘리야는 자신에게 영적 문제가 생기자 바로 호렙산으로 갔다. 영적 고향을 찾은 것이다.

우리도 제대로 찾아가야 한다. 피곤하고 힘들 때 우리는 어디로 가야 할까? 휴가지로 가면 된다. 마음이 지칠 때면 문화 활동을 하는 사람도 있다. 외로울 때 절친한 친구를 만나기도 한다. 이런 저런 방법으로 탈진한 마음을 치료한다. 하지만 이런 것들은 모두 완전한 치료법이 되지 못한다. 이런 휴식은 효과가 오래가지 못한다. 온몸이 탈진하고 마음과 영혼까지 지쳤을 때 우리가 찾아갈 곳은 하나님 앞이다.

눈이 아픈 사람이 내과로 가면 병을 고칠 수 없다. 두통 환자가 산부인과에 가면 나을 수 없다. 차가 고장 나면 수리 센터를 가야 한다. 심신이 지치고 아픈 사람들도 마찬가지이다. 영혼이 피곤한 사람들과 죄인으로 살았던 사람들은 교회에 가야 한다. 가야 할 곳으로 가지 않으면 결코 건강해질 수 없다. 왜냐하면 인간은 하나님이 만드셨기 때문이다.

하나님을 만나라

심신이 지친 엘리야는 자신을 만들고 임무를 주시고 보내신 하나님을 만나면서 원기를 회복했다. 하지만 그 만남의 모습이 특이하다. 하나님이 그에게 조용히 임재하셨다. 우리는 하나님의 임재를 특별하고 신비한 것으로만 이해한다. 하지만 하나님의 역사는 일반적이고 조용히 이뤄졌다. 하나님이 엘리야에게 임재하시기 전 여러 현상이 나타났다.

> "…여호와께서 지나가시는데 여호와 앞에 크고 강한 바람이 산을 가르고 바위를 부수나 바람 가운데에 여호와께서 계시지 아니하며"(왕상 19:11).

> "…바람 후에 지진이 있으나 지진 가운데에도 여호와께서 계시지 아니하며 또 지진 후에 불이 있으나 불 가운데에도 여호와께서 계시지 아니하더니"(왕상 19:11-12).

큰 불이 일어나는 모습은 갈멜산에서 치른 큰 전투를 생각하게 한다. 지진과 큰 불이 일어나서 두려움이 커지지만 그 속에 하나님이 계시지 않았다. 하나님의 임재는 외형적 모습과 현상에서 찾을 수 없다. 오히려 하나님은 조용히 찾아오신다.

> "…불 후에 세미한 소리가 있는지라 엘리야가 듣고 겉옷으로 얼굴을 가리고 나가 굴 어귀에 서매 소리가 그에게 임하여 이르시되 엘리야야 네

가 어찌하여 여기 있느냐"(왕상 19:12-13).

하나님은 조용히 오셔서 아주 작은 음성으로 말씀하셨다. 그리고 엘리야에게 새로운 사명을 주셨다.

"…하사엘에게 기름을 부어 아람의 왕이 되게 하고 너는 또 님시의 아들 예후에게 기름을 부어 이스라엘의 왕이 되게 하고 또 아벨므홀라 사밧의 아들 엘리사에게 기름을 부어 너를 대신하여 선지자가 되게 하라"(왕상 19:15-16).

엘리야가 크게 낙담한 이유 중에 하나는 갈멜산에서 큰 전쟁을 벌인 후 목적을 잃어버렸기 때문이다. 승리한 후 이제 무엇을 해야 할지 몰랐기 때문이다. 하지만 이제 다시 길을 발견했다. 하나님이 사명을 주셨다. 달려야 할 이유가 생겼다.

13
예외의 함정에서 나오라

"아합이 나봇에게 말하여 이르되 네 포도원이 내 왕궁 곁에 가까이 있으니 내게 주어 채소 밭을 삼게 하라 내가 그 대신에 그보다 더 아름다운 포도원을 네게 줄 것이요 만일 네가 좋게 여기면 그 값을 돈으로 네게 주리라 나봇이 아합에게 말하되 내 조상의 유산을 왕에게 주기를 여호와께서 금하실지로다 하니"(왕상 21:2-3).

2015년 8월 10일 새벽, 인도 동부의 한 힌두교 사원에서 열한 명이 죽고 40여 명이 다치는 사고가 일어났다. 이날 사원 앞에는 한참 전부터 많은 힌두교 신자들이 줄을 서 있었는데, 새벽 다섯 시에 사원 문이 열리자 줄을 서지 않던 일부 사람들이 새치기를 하다가 서로 뒤엉키고 넘어지면서 대참사가 일어났다. 새치기하는 사람들은 '다른 사람은 줄을 서도 나는 그 규칙을 따를 필요가 없다'는 이른바 '예외 의식'에 빠져 있었다.

이렇게 예외를 찾다가 성공하면 이익을 보기도 한다. 하지만 아무리 성공하더라도 예외를 찾는 것은 결국 다른 사람의 비난을 받고 심지어는 앞에서 본 것처럼 나와 다른 사람의 목숨을 위협하기도 한다. 우리는 늘 이런 예외를 찾으려는, 소위 '예외의 함정'을 조심해야 한다. 특히 신앙생활에서는 이런 예외의 함정을 더 조심해야 한다. 열왕기상 21장에 나오는 '나봇의 포도원 사건'을 보면 우리가 조심해야 할 신앙생활의 예외가 무엇인지 알 수 있다.

말씀 앞에서 우물쭈물하지 마라

아합은 북이스라엘을 다스릴 때 주로 수도인 사마리아에 있는 궁전에서 지내고 겨울이 되면 휴양지의 별장에서 지냈다. 이 별장은 사마리아에서 약 20킬로미터 떨어진 이스르엘이라는 도시에 있었다.

어느 날 아합은 갑자기 이 별장을 확장하고 한쪽에 채소밭을 만들고 싶은 욕구가 생겼다. 그러나 아합이 채소밭을 만들고 싶은 땅은 나봇이라는 사람이 대대로 물려받아 경작하는 포도원이었다. 아합은 곧바로 나봇을 불렀다. 그리고 요청했다.

"나봇! 잘 지냈나? 내가 이번에 별장을 확장해서 채소밭을 만들려고 하는데, 자네의 포도원이 필요하네. 그래서 말인데, 땅을 나한테 팔지 않겠나? 자네가 부탁을 들어준다면, 지금보다 더 기름지고 좋은 땅으로 보상하겠네. 그리고 혹시나 돈을 원한다면, 그 땅값에 보너스까지 얼마든지 주겠네."

그러나 나봇은 뜻밖에도 이 제안을 단칼에 거절했다.

"…내 조상의 유산을 왕에게 주기를 여호와께서 금하실지로다"(왕상 21:3).

나봇은 뒤도 돌아보지 않고 자기 집으로 돌아가 버렸다. 나봇에게 거절당한 아합은 채소밭을 만들겠다는 꿈이 무산된 충격이 컸는지 의기소침하고 얼빠진 얼굴로 자기 방으로 돌아왔다. 그리고 침대에 엎어져서는 마치 상사병에 걸린 사람처럼 밥도 안 먹고 혼자 중얼거리고 하다가 급기야 시름시름 앓기 시작했다.

나봇과 아합은 대조적인 유형의 사람들이다. 우선 왕의 제안을 단칼에 거절한 나봇의 결정은 결코 상식적이지는 않다. 나봇은 막대한 이익이 들어올 수 있는 제안을 걷어찬 것도 모자라서, 감히 왕에게 모욕을 주었다. 나봇은 왜 이렇게 비상식적 결정을 내렸을까? 그에게는 분명한 확신이 있었다. "말씀 앞에는 누구도 예외가 없다."

레위기 25장에서 하나님은 모세를 통해서 땅에 관한 규정을 명령하셨는데, 23절에 보면 이런 규정이 나와 있다.

"토지를 영구히 팔지 말 것은 토지는 다 내 것임이니라…"(레 25:23).

모든 땅은 하나님의 것이며 하나님이 각 가문에 토지를 잠시 나눠 주신 것이기에 자기 소유인양 함부로 사고팔아서는 안 되었다. 나봇은 왕의 권력이나 어떤 이익보다도 말씀을 더 중요하게 생각했기에 아합의 제안을 거절할 수 있었다.

하나님이 안 된다고 말씀하시면 누구도 예외는 없다. 나봇은 아무리 위대한 권력자라도, 아무리 어마어마한 부자라도 말씀 앞에는 예외가 없다는 것을 알았다.

반면에 아합은 채소밭을 만들고 싶은 나머지 하나님이 금지하신 토지매매를 끊임없이 시도했다. 아합은 '나는 왕이니까 굳이 말씀을 지키지 않아도 된다'는 예외의식에 사로잡혀서 욕심을 부리고, 불법을 자행하고, 주어진 말씀을 외면했다.

하지만 말씀 앞에서는 어떤 예외도 없다. 언제 어디서나 누구라도 예외는 없다. 하나님의 아들 예수님도 하나님의 말씀이 옳다고 하는 것을 따르셨고, 말씀이 아니라고 하는 것은 철저하게 거부하셨다. 예수님은 40일 금식하신 후 사탄이 유혹할 때에도 철저하게 말씀으로 상대하셨다.

그러나 오늘날 많은 사람이 여러 가지 이유로 말씀에 예외를 적용한다. 관례라는 명목으로 뇌물을 주고받는다. 사랑이나 인권이라는 명목으로 동성애와 같은 부적절한 관계를 인정한다. 조직을 살린다는 명목으로 장부를 조작하고 비리를 감춘다. 그 옛날 일제강점기 때도 어쩔 수 없었다는 이유로 많은 기독교인이 일본의 신사(神社)라는 우상에 고개를 숙였다.

우리는 '딱 한번만이야', '이번이 진짜 마지막이야'라는 말로 스스로 위로하며 말씀에 크고 작은 예외를 찾으려고 기웃거리고 우물쭈물한다. 이렇게 말씀에 예외를 적용하고 빠져나가면 더 많은 돈을 벌고 더 높은 권력을 누릴 수도 있다. 그러나 그것은 잠시뿐이다.

하나님이 모든 사람에게 말씀이라는 이름으로 행복의 길을 정해 주셨는데, 조금 더 빨리 행복해지고 싶다는 이유로 그 길을 무시하고 다른 길을 찾으면 더러는 빨리 가겠지만, 그 과정에서 불행한 사고를 만나게 된다.

인생을 흔히 등산에 비유하는데, 등산을 하다 보면 불의의 사고를 당하는 경우가 종종 발생한다. 한 통계에 의하면, 2013년에 집계된 산악사고가 총 6,729건이고, 이로 인해서 죽거나 다친 피해자가 총 9천 4백여 명이나 되는데, 사고 유형으로는 실족 및 추락사고가 40.7퍼센트로 가장 많았다. 그리고 실족 및 추락사고의 원인을 조사해 보니 가장 많은 이유가 바로 음주와 등산로 이탈로 드러났다.

곳곳에 주의사항을 안내하는 경고문이 붙어 있지만 이런 사람들은 '한 잔쯤은 괜찮아.', '이 길은 내가 더 잘 알아.' 하면서 주의사항을 무시한다. 잠깐은 자신이 옳은 것 같았겠지만 결국 불의의 사고가 기다리고 있다.

우리 인생도 마찬가지이다. 많은 사람이 내가 하고 싶은 것을 놓지 못해서 하나님의 말씀대로 가지 않고 다른 길을 찾는다. '더 빨리 행복해지는 길이 없을까?', '한번만 어기고 기분 좀 풀면 안 될까?' 하는 마음 때문에 말씀이 아닌 다른 길을 기웃거린다.

하나님의 말씀 앞에서 예외를 찾고 우물쭈물하는 대신 그 말씀의 길을 신뢰하고 따라갈 때 하나님이 주시는 행복과 은총과 평화를 누릴 수 있다. 이 길 저 길 기웃거리며 복잡하게 살기보다 단순하게 말씀이 이끄는 대로 걸으면 인생의 진정한 행복과 안전을 누릴 수 있다.

돌이키면 과거는 굴레가 되지 않는다

나봇의 땅을 차지하지 못한 아합이 침대에 누워서 식음을 전폐하자 왕비 이세벨이 나섰다. 이세벨은 이스르엘의 지도자들에게 편지를 보내서 나봇에게 '하나님을 저주했다'는 죄를 씌워 죽이라고 지시했다. 이스르엘의 지도자들은 왕비의 지시를 충실하게 완수했고, 이세벨은 나봇이 죽었다는 보고를 받자 아합에게 이 소식을 전했다. "왕이시여, 범죄자 나봇이 죽었습니다. 범죄자의 땅은 왕에게 속하게 되니, 이제 가서 땅을 즐기소서."

그때까지도 시무룩하게 있던 아합은 이 소식을 듣고 바로 나봇의 땅으로 달려가서 그 땅을 보며 만세를 부르고 기뻐 뛰었다. 그런데 하나님의 말씀을 믿었던 나봇이 바보같이 죽고, 하나님의 말씀을 무시한 아합이 승리했다고 생각했던 그때, 아합 앞에 하나님의 선지자인 엘리야가 나타났다. 그리고는 우렁찬 목소리로 하나님의 심판을 선언했다.

> "…네가 네 자신을 팔아 여호와 보시기에 악을 행하였으므로 여호와의 말씀이 내가 재앙을 네게 내려 너를 쓸어 버리되 네게 속한 남자는…다 멸할 것이요…개들이 이스르엘 성읍 곁에서 이세벨을 먹을지라"(왕상 21:20, 21, 23).

이제 아합은 두 가지 길 중 하나를 선택해야 한다. 하나는 엘리야를 죽여서 자신이 진짜 왕임을 보여 주는 것이고, 다른 하나는 하나님의 말씀 앞에 회개하는 것이다. 과연 아합은 어떤 길을 선택했을까?

"아합이 이 모든 말씀을 들을 때에 그의 옷을 찢고 굵은 베로 몸을 동이고 금식하고 굵은 베에 누우며 또 풀이 죽어 다니더라"(왕상 21:27).

한참 동안 분노의 눈으로 엘리야를 바라보던 아합이 갑자기 자기 옷을 찢었다. 그리고는 불편하고 굵은 베옷을 입었다. 그는 밤에 잠을 잘 때도 그 베옷을 입고 누웠으며, 금식하며 하루 종일 슬픈 표정으로 다녔다. 아합은 결국 진심으로 회개하는 쪽을 선택한 것이다.

이러한 아합의 모습에 많은 사람이 놀랐지만 누구보다도 하나님이 놀라셨다. 그리하여 하나님이 아합에게 응답하셨다.

"아합이 내 앞에서 겸비함을 네가 보느냐 그가 내 앞에서 겸비하므로 내가 재앙을 저의 시대에는 내리지 아니하고 그 아들의 시대에야 그의 집에 재앙을 내리리라 하셨더라"(왕상 21:29).

하나님은 아합 당대에 내리기로 하셨던 심판을 뒤로 물리시고, 아합에게 기회를 주기로 결정하셨다. 아합은 심판을 받아야 마땅한 사람이었다. 여호와 신앙이 회복되기를 바라던 엘리야는 아합 가문이 즉시 망하기를 원했다.

엘리야는 아합의 회개를 보고도 심판의 날만 기다렸다. 하지만 하나님은 놀랍게도 이 모든 생각을 뒤집으시고, 아합과 엘리야 모두에게 중요한 것을 알려 주셨다. "진심으로 돌이키면, 과거는 묻지 않으신다."

제일 좋은 것은 처음부터 하나님의 말씀에 순종하는 것이다. 하지만 하나님의 말씀에 순종하지 않고 살았어도, 지금이라도 진심으로 회개하면 모든 과거를 묻지 않고 용서하시겠다는 것을 하나님이 이 응답으로 보여 주셨다. 하나님은 회개하고 진심으로 돌아오기만 하면, 용서하시고 다시 기회를 주시는 사랑의 아버지이시다.

우리가 사는 세상은 과거에 저지른 한 번의 잘못이 평생 꼬리표처럼 따라다니지만 하나님은 과거로 사람을 보지 않으신다. 에스겔 18장에 그런 하나님의 마음이 잘 나온다.

"너희가 이스라엘 땅에 관한 속담에 이르기를 아버지가 신 포도를 먹었으므로 그의 아들의 이가 시다고 함은 어찌 됨이냐…사람이 만일 의로워서 정의와 공의를 따라 행하며…내 율례를 따르며 내 규례를 지켜 진실하게 행할진대 그는 의인이니 반드시 살리라 주 여호와의 말씀이니라"(겔 18:2, 5, 9).

아버지가 신 포도를 먹었다고 아들의 이도 시어야 한다고 생각하는 사람은 없을 것이다. 이와 같이 하나님도 과거로 사람을 판단하지 않으시고, 지금 이 순간의 모습으로 보겠다고 말씀하신다.

과거의 굴레로 힘들어하는 사람이 있는가? '나는 더럽고 흉악한 죄를 너무 많이 지어서 안 된다.'고 생각한다면 돌이키라. '나는 상처를 너무 많이 받아서 구제불능이다.'라고 생각한다면 돌이키라. 하나님 품으로 나아오기만 하면, 말씀의 길로 다시 걷기만 하면, 하나님의 눈을 바라보며 돌이킨다면, 하나님이 그 모든 과거에서 우리를 해방시키시고, 새로운 미래를 열어 주신다.

14
다수가 진리라고 말할 때

"미가야가 이르되 여호와께서 살아 계심을 두고 맹세하노니 여호와께서 내게 말씀하시는 것 곧 그것을 내가 말하리라 하고"(왕상 22:14).

아이들이 길을 잃으면 그 자리에서 울거나 어른들에게 물어서 부모를 찾는다. 하지만 어른들이 길을 잃으면 영원히 찾지 못하는 경우가 많다. 내비게이션이 있고 경험이 많고 나이가 많아도 일단 길을 잃으면 찾지 못하는 경우가 허다하다. 세상의 부귀영화를 누린 고(故) 이병철 회장도 죽기 전에 기독교를 향해 인생에 대한 질문을 던졌다.

집에 가는 길을 잃어버리면 사람들에게 물으면 된다. 하지만 인생의 길을 잃어버리면 누구에게 물어야 할까? 친한 친구나 부모님, 선생님을 찾아갈 수는 있지만 가장 지혜로운 해결사는 하나님밖에 없다. 우리는 하나님께 물어야 한다.

남유다의 왕 여호사밧도 하나님께 길을 여쭈었다. 그의 질문과 행동을 보면서 오늘 우리는 어떻게 진리를 구분해야 하는지,

하나님의 말씀에 어떻게 응답해야 하는지를 알 수 있다.

다수에 속지 마라

1989년, 일명 우지파동이라는 사건이 일어났다. 내용은 이랬다. 어느 날 삼양식품이 공업용 우지로 면을 튀겼다는 익명의 투서가 검찰에 날아들었다. 당시 삼양식품이 수입해 사용하던 2-3등급 우지는 인체에 해가 없는 식용기름이었으나, 공업용이라는 누명을 써서 회사가 도산하기 직전까지 갔다. 신문과 방송에서는 삼양라면의 우지 사용을 비난하면서 삼양식품을 국민의 건강을 볼모로 이익을 보는 악한 기업으로 몰아갔다.

이 때문에 당시 사장 이하 간부들이 줄줄이 구속되고 삼양라면은 백억 원대의 재고가 수거되었으며 3개월의 영업정지 및 수천억 원의 벌칙금이 부과되었다. 이후 삼양식품은 8년이나 걸려 재판에서 결백을 입증했으나 회사는 이미 만신창이가 되었고 박살난 시장점유율은 오늘날까지도 회복이 되지 않고 있다.

하지만 재판 과정에서 밝혀졌듯이 우지의 원산지인 미국에서는 내장이나 사골을 먹지 않기 때문에 우지를 비식용, 즉 공업용으로 구분한 것에서 비롯된 오해였다. 삼양라면으로서는 너무나 억울한 사건이었고 기자의 정직함과 정확성이 얼마나 중요한지를 보여 주는 사건이었다.

이 사건을 보면 다수가 얼마나 무서운지를 알 수 있다. 다수가 소수의 의견에 동조하자 거짓된 사실이 마른 불처럼 번져 나갔다. 거짓이 진실이 되고, 진실은 아무도 듣지 않는 소리가 되었다. 나중에는 진실인지 아닌지는 중요하지 않게 되었다. 다수가 말하면 그것이 진실이 되고 소수의 의견은 거짓이 되는 것이다.

우지파동과 유사한 일이 진리의 영역에서도 벌어진다. 남 유다의 여호사밧 왕과 북 이스라엘의 아합 왕은 두 나라 사이의 평화를 위해 사돈을 맺었다. 두 나라는 평화를 유지하면서 많은 일을 함께하려고 했다.

아합이 전쟁을 하려고 할 때 남유다의 여호사밧 왕은 동맹국으로서 참전을 준비했다. 여호사밧 왕은 전쟁에 나가기 전에 아합 왕에게 하나님의 뜻이 어디 있는지 알아보자고 제안했다.

"여호사밧이 또 이스라엘의 왕에게 이르되 청하건대 먼저 여호와의 말씀이 어떠하신지 물어 보소서"(왕상 22:5).

이에 아합 왕은 400명의 선지자들을 불러서 하나님의 뜻을 구했고 그 많은 선지자들이 하나같이 승리를 예언했다. 하지만 한 가지 잊지 말아야 할 것은 당시 선지자는 하나님을 믿는 유대교뿐만 아니라 다른 종교에도 있었다는 것이다. 이들 400명은 하나님의 선지자가 아니라 아세라의 선지자들이었다.

갈멜산에서 엘리야가 불이 내리게 하는 내기를 했을 때 아합 왕은 바알과 아세라의 선지자들을 다 불렀다. 바알 선지자 450명, 아세라 선지자 400명이었다. 그리고 그날 죽은 선지자는 450명이었다. 엘리야가 아합에게 바알과 아세라 선지자들을 다 불러오라고 했지만 실제로는 바알 선지자만이 왔다. 아세라 선지자 400명은 갈멜산의 내기에 오지 않았다. 그리고 그들이 지금 여호사밧이 여호와 하나님의 뜻을 묻는 자리에 출현했다. 만약 이들이 하나님의 선지자들이라면 악한 왕 아합이 하나님의 선지자들을 400명이나 보호하고 있었다는 말이 된다.

아세라의 선지자들 400명은 이렇게 예언한다.

"…올라가소서 주께서 그 성읍을 왕의 손에 넘기시리이다"(왕상 22:6).

아세라 선지자들은 '여호와'라는 말 대신 '주'라는 말을 쓴다. 이 말은 그냥 신이라는 뜻과 동일하다. 즉 그 선지자들은 하나님의 뜻이 아니라 신의 뜻을 말한 것이다. 그들은 아세라의 선지자였기 때문이다.

다수가 거짓을 진실이라고 말하면 그것이 진실이 되기도 한다. 지록위마(指鹿爲馬)라는 고사성어가 있다. 천하를 통일한 지 얼마 되지 않아 진시황이 죽자 신하 조고는 진시황의 어리석은 아들 호해를 이용해 승상 이사를 비롯해 자신에게 걸림돌이 될 것 같은 조정 중신들을 죽였다. 황제가 될 속셈을 품은 그는 자신이 반역을 해도 문제가 없을지를 알아보려고 한 가지 시험을 한다. 사슴을 호해 앞에 바치면서 말을 바친다고 말한 것이다. 그러자 호해는 "어찌 사슴을 말이라 한단 말인가?" 하고 물었다.

조정 신료들 중에는 말이 맞다고 말하는 자와 말이 아니라 사슴이라고 말하는 자, 아예 아무 말도 하지 않는 자로 나뉘었다. 하지만 결국 모든 신하가 말이 맞는다고 말하게 되었고 왕은 그 기세에 눌려서 아무 말도 하지 못하고 정사에서 손을 뗀다.

이때 조고는 사슴이라고 말하는 쪽의 신료들을 눈여겨봐 두었다가 나중에 그들을 숙청해 버린다. 그 뒤 이제 자신을 막을 자가 없다고 판단한 조고는 호해 황제를 죽이고 부소의 아들 자영을 황제 자리에 앉혔다.

이 이야기처럼 아무리 가짜여도 열 사람이 진실이라고 말하면 그게 진실이 된다. 세상은 다수의 의견을 진리라고 말한다. 하지만 아니다. 다수가 거짓을 말할 수도 있다.

예수님이 십자가에 달리신 것도 다수의 의견 때문이었다. 다수의 말을 무조건 신뢰해서는 안 된다. 우리의 절대기준은 오직 하나님에게만 있다. 성경이 우리의 기준이다. 진리는 다수결로 결정되는 것이 아니다.

한사람이 말해도 진리는 진리다

진리는 외로울 때가 있다. 여호사밧 왕은 아세라 선지자들의 말을 믿을 수 없었다. 무당들의 말을 믿을 수 없었던 것이다. 그래서 하나님의 선지자는 없는지 묻는다.

"이 외에 우리가 물을 만한 여호와의 선지자가 여기 있지 아니하니이까"(왕상 22:7).

그러자 아합 왕이 말한다.

"…여호와께 물을 수 있으나 그는 내게 대하여 길한 일은 예언하지 아니하고 흉한 일만 예언하기로 내가 그를 미워하나이다…"(왕상 22:8).

당연한 일이다. 하나님의 말씀을 따르지 않는 왕을 어떻게 꾸짖지 않고 경고하지 않을 수 있겠는가. 진리는 종종 듣기 싫은 말이 된다. 회개 역시 마찬가지이다. 지금 내가 하고 있는 일을 누군가 잘못된 일이라고 말하면 기분 나쁘고 듣고 싶지 않다.

아합은 자신에게 바른 말을 하는 선지자가 싫었다. 만일 아합이 이런 말에 귀를 기울였다면 다윗 같은 성군이 되었을 것이다. 아합 왕에게 듣기 싫은 소리를 하던 사람은 단 한 명 하나님의 선지자 미가야 뿐이었다.

여호사밧 왕은 입바른 말을 하는 미가야가 하나님의 선지자라는 것을 알았다. 그래서 그를 만나게 해달라고 청한다. 진실을 알고 싶었기 때문이다. 그러자 거짓이 더 진실을 가리려고 한다. 거짓 예언자들이 이번에는 하나님의 이름을 사용해서 다시 예언을 들려준다.

"…여호와의 말씀이 왕이 이것들로 아람 사람을 찔러 진멸하리라 하셨다 하고"(왕상 22:11).

그들은 아까는 그냥 신의 이름으로 예언했으나 이제는 여호와
의 이름을 사용한다. 그럼 그들은 진실을 말한 것일까? 아니다.
여전히 거짓이다. 아세라 종교와 바알 종교는 다신교였다. 신이
한 명이든 두 명이든 상관이 없었다. 굿을 하고 점을 치는 이들
이 듣고 싶은 이야기를 해주는 게 그들의 일이었다. 그래서 여호
사밧 왕에게도 여호와의 이름을 빌려서 거짓 예언을 하는 것은
어려운 일도, 이상한 일도 아니었다. 더군다나 거짓은 집요하다.
사신들은 미가야가 여호사밧을 만나기 전에 미리 협박을 하고
협조를 구한다.

> "미가야를 부르러 간 사신이 일러 이르되 선지자들의 말이 하나 같이
> 왕에게 길하게 하니 청하건대 당신의 말도 그들 중 한 사람의 말처럼
> 길하게 하소서"(왕상 22:13).

거짓은 진실을 막고 싶어 한다. 다수가 말하는 것에 동의하고
똑같이 말하라고 한다. 이미 400명이 전쟁에서 이긴다고 예언했
다. 다들 이번 전쟁에서 이길 것이라고 듣기 좋은 말들만 한다.
과연 혼자서 '그렇지 않다'고 말할 수 있을까? 쉽지 않은 일이다.
그러나 미가야는 이런 압박 속에서 단호하게 말한다.

"…여호와께서 살아 계심을 두고 맹세하노니 여호와께서 내게 말씀하시는 것 곧 그것을 내가 말하리라"(왕상 22:14).

미가야는 진리만 붙들겠다고 선언한다. 그는 두 왕 앞에 가서 이렇게 말한다.

"…온 이스라엘이 목자 없는 양 같이 산에 흩어졌는데 여호와의 말씀이 이 무리에게 주인이 없으니 각각 평안히 자기의 집으로 돌아갈 것이니라 하셨나이다"(왕상 22:17).

전쟁에 질 것이니 모이지 말고 집으로 돌아가라는 말씀이다. 진리는 항상 환영받지 못했다. 틀려서가 아니라 맞는 말이기 때문이다. 예수님이 복음을 전하시자 같은 동네 사람들이 예수님을 죽이려고 했다. 종교인이었던 바리새인과 제사장 그룹은 예수님의 말씀 때문에 그분을 죽이기로 마음먹고 음모를 꾸몄다.

현대를 살아가는 우리도 진리 때문에 외롭다. 세상은 돈이 최고라고 말한다. 즐기면서 살자고 어깨에 손을 올린다. 하나님이 제일이라고 말하는 사람을 비웃는다. 일요일에는 들로 산으로 놀러가자고 한다. 주일은 하나님께 드리는 날이라고 말하면 그렇게 말하는 사람이 바보라고 말한다. 진리는 외롭다.

우리는 다수가 말하는 거짓을 따르는가, 아니면 혼자서라도 진실을 따르는가?

'답게' 행동하라

한 교회가 있었는데 그 교회 옆에는 술집이 하나 있었다. 이 술집이 밤만 되면 시끄럽고 불건전해서 골치가 아팠다. 어느 날 목사님은 이 술집이 사라지도록 여러고 작전을 하겠다고 선포했다. 그날부터 목사님은 하루에 한 번씩 그 술집을 돌면서 이 술집이 사라지게 해달라고 조용히 기도했다.

그 모습을 보면서 술집 주인은 비웃었다. 그런데 어느 날 그 술집에 전기합선으로 큰 불이 나서 진짜로 문을 닫게 되었다. 술집 주인은 예수쟁이들 때문에 망한 것 같은 생각이 들어서 화가 났다. 그래서 교회를 상대로 재판을 걸었다. 교회가 기도를 해서 불이 나고 장사를 못하게 되었으니 교회가 책임을 지라는 것이었다. 그런데 교회는 기도 때문에 술집이 망한 게 아니라고 부인했다. 재판장이 판결문에서 이렇게 말했다. "술집 주인은 기도의 능력을 믿었고 교회는 믿지 않았다."

이 일은 실제로 있었던 일은 아닌 것 같다. 하지만 불행히도 우리 믿음의 실상을 적나라하게 보여 주는 이야기이다. 많은 기독교인이 그리스도인이라고 말은 하면서 실제로 믿음의 능력을 믿고 순종하는 경우는 많지 않다.

여호사밧 왕은 미가야 선지자를 통해서 패전할 것이니 그냥 집으로 돌아가라는 명령을 들었다. 처음부터 그는 하나님의 말씀을 듣고자 했고, 들었다. 그런데 놀랍게도 그는 이런 말씀을 듣고도 전쟁에 나간다. 국가관계와 사돈관계, 자국의 이익, 체면

등 어쩔 수 없는 이유들이 많이 있었다.

이처럼 많은 사람이 알면서도 행하지 않는다. 이게 바로 어리석음이다. 무지이며 죄이다. 하나님이 아니라고 하실 때에는 하지 않으면 된다. 하나님이 그렇다고 말씀하실 때에는 그 길로 따라가면 된다. 그게 믿음이요, 순종이다.

아합 왕과 여호사밧 왕의 참전 결과는 어떻게 되었는가? 여호사밧 왕은 온갖 체면을 다 구긴다. 아람의 군대가 그들을 포위해서 승리한다.

> "…여호사밧을 보고…그와 싸우려 한즉 여호사밧이 소리를 지르는지라"(왕상 22:32).

여호사밧은 군대가 자신을 쫓아오자 공포와 두려움에 질려서 비명을 지르고 겁쟁이의 모습을 보인다. 이 모습을 보고 아람군인은 그가 왕이 아닌 줄 알고 돌아간다.

아합 왕은 하나님을 신뢰하지 않으면서도 자신이 죽는다는 이야기가 마음에 걸렸는지 왕의 옷을 벗고 일반 병사의 옷을 입고 전쟁에 나갔다. 하지만 적군이 쏜 화살이 갑옷 틈으로 들어와서 명중되고 만다. 그는 그 상태로 치료도 받지 못하고 전쟁터에서 헤매다가 죽었다. 일반 병사로 변장했다가 죽은 것도 수치스러운 일이었지만 그의 죽음은 확실히 명예롭지 못했다.

"그 병거를 사마리아 못에서 씻으매 개들이 그의 피를 핥았으니 여호와께서 하신 말씀과 같이 되었더라 거기는 창기들이 목욕하는 곳이었더라"(왕상 22:38).

하나님의 말씀을 들었던 여호사밧 왕이 말씀에 순종하지 않고 전쟁에 나갔던 것처럼 우리도 하나님의 뜻이 무엇인지 알면서도 순종하지 않을 때가 너무나 많다.

하지만 '답게' 살아가는 것은 참 중요하다. 왕은 왕답게 싸우고 죽어야 한다. 성도는 성도다워야 한다. 그리스도인은 그리스도인답게 살아야 한다. 그것은 하나님의 말씀에 순종하며 그 말씀을 따르는 것이다. 그게 바로 믿음이다.

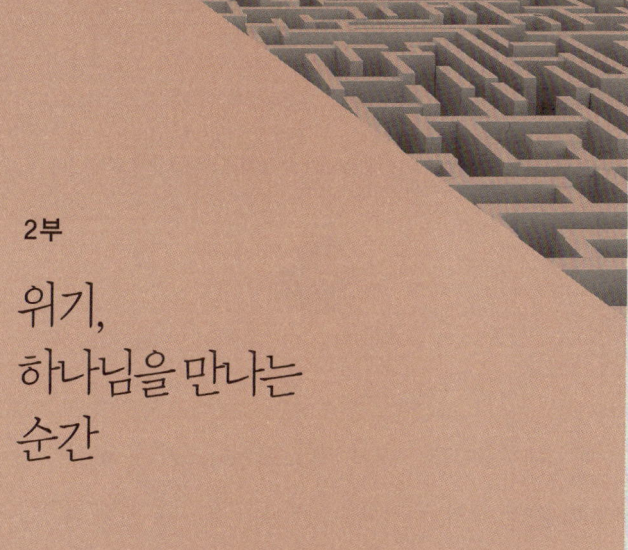

2부

위기,
하나님을 만나는
순간

하나님은 의의 하나님이다. 세상이 아무리 하나님을 두려워 하지 않고 자기들 마음대로 하면서 하나님이 어디 계시냐고 조롱해도 하나님은 기억하신다. 의의 하나님을 기억하라. 하나님은 악을 심판하신다. 하나님을 믿는다면 심판의 하나님을 두려워하라. 의의 하나님을 믿는다면 불의를 기억하고 반드시 심판하시는 하나님을 기억하라.

1
위기가 찾아왔을 때

"여호와의 사자가 디셉 사람 엘리야에게 이르되 너는 일어나 올라가서 사마리아 왕의 사자를 만나 그에게 이르기를 이스라엘에 하나님이 없어서 너희가 에그론의 신 바알세붑에게 물으러 가느냐 그러므로 여호와의 말씀이 네가 올라간 침상에서 내려오지 못할지라 네가 반드시 죽으리라 하셨다 하라 엘리야가 이에 가니라"(왕하 1:3-4).

전술에는 배수진이라는 것이 있다. 강이나 호수 등의 물을 등지고서 전쟁하는 것이다. 이것은 뒤로 도망갈 길을 아예 막아서 싸울 수밖에 없게 만드는, 아군에게는 잔인한 작전이다.

중국에 한신이라는 장군이 있었다. 그는 이 작전으로 위기에서 성공했다. 한신은 조나라와 싸우게 되었으나 장거리 이동과 적은 병력 등으로 불리한 상황이었다. 한신의 무리를 우습게 본 조나라는 20만의 병력을 파병했다. 그때 한신은 강을 등에 지고 죽기 살기로 싸웠다. 그리고 전쟁에서 크게 승리했다.

우리나라에도 이 전법을 쓴 장군이 있다. 신립 장군이다. 기마 전술에 능한 용장이었던 그는 임진왜란이 일어나자 왜구를 물리칠 사람으로 천거된다. 그가 명장이긴 했지만 막상 군대를 모아보니 1만 명 정도밖에 안 되었다. 왜구는 10만이 넘었다. 그가 사용할 수 있는 전법은 많지 않았다. 작전을 짜고 돕던 부하들은 새재의 높은 언덕에 참호를 파고 그곳에서 싸우자고 제안했다. 그러나 기마전술에 능했던 신립은 그 조언을 무시하고 탄금대로 내려가서 얼마 되지 않는 군인들을 도망가지 못하도록 강 앞에 세워 두고 말을 몰고 나갔다.

하지만 신립은 조총으로 무장한 왜구들에게 대패했다. 신립과 한신은 같은 전법을 썼지만 다른 결과를 얻었다. 이런 결과는 당연한 것이었다. 한신의 배수진은 이기려고 한 게 아니라 적을 붙잡아 두려는 것이었고, 신립의 배수진은 부하들이 도망가지 못하게 하고 수의 열세를 넘어서 승리하려는 무리한 계획이었다.

사람마다 사회마다 위기가 있다. 어떤 이들은 위기를 기회로 만들어서 성공한다. 하지만 어떤 이들은 위기 위에 위기를 더한다. 우리는 위기가 찾아왔을 때 망하는 길을 찾은 한 사람을 통해서 위기를 만나면 어떤 길을 가야 하는지 알 수 있다.

인생의 위기

아합이 죽은 이후에 새로운 왕이 즉위했다. 아하시야 왕이다. 그는 왕이 되자마자 두 가지 위기를 만난다. 하나는 외교력의 약화이다. 모압은 이스라엘의 정치력 밑에 있었고 상당한 세금을 바쳐 왔다. 열왕기하 3장 4절에 따르면 모압은 매년 새끼양 십만 마리의 털과 숫양 십만 마리의 털을 북이스라엘에 바쳐 왔다. 그런데 아합이 불명예스럽게 죽고 북이스라엘이 우상을 섬기면서 정신적, 영적, 정치적으로 길을 잃고 더군다나 새로운 왕이 즉위하면서 혼란스러워지자 모압은 북이스라엘에 반란을 일으키려 했다.

"아합이 죽은 후에 모압이 이스라엘을 배반하였더라"(왕하 1:1).

거기다가 두 번째 위기가 있었다. 아하시야 왕이 왕궁 꼭대기 층에서 테라스에 기대어 내려 보다가 그만 추락한 것이다. 그는 심각한 병을 얻었다.

이렇게 안팎으로 위기를 겪을 때 그의 반응이 기가 막히다. 아버지 아합 왕이 어떤 일들을 겪었는지 보았으면서도 그는 여전히 부모의 길을 답습한다. 아하시야는 심각한 문제가 발생하자 그의 아버지가 그랬던 것처럼 하나님이 아닌 우상을 찾았다.

"아하시야가 사마리아에 있는 그의 다락 난간에서 떨어져 병들매 사자를 보내며 그들에게 이르되 가서 에그론의 신 바알세붑에게 이 병이 낫겠나 물어 보라 하니라"(왕하 1:2).

아하시야는 큰 문제에 직면했다. 이때가 정신을 차리고 돌이켜야 하는 때이다. 그런데 아하시야 왕은 더 열심히 우상 바알세붑을 섬긴다. 바알세붑이라는 이름에는 두 가지 의미가 있다. 첫째는 문자적으로 바알신, 즉 파리 떼의 주인이라는 뜻이다. 원래 바알세불은 바알 왕자를 뜻했다. 그런데 이 말을 살짝 바꿔서 바알세붑이라고 함으로써 '파리 떼의 왕자'라는 의미로 바꾼 것이다. 바알세붑은 당시 최고의 우상이었던 바알세불을 비꼬아서 만든 별명인 듯하다. 두 번째는 바알세붑이 실제로 에그론 지역의 주된 신이라는 뜻이다.

아하시야 왕은 그 지역의 왕, 그러니까 파리의 왕에게 병이 나을지 물으러 갔다. 병균을 옮기는 파리에게 병이 나을지 물었다니 참으로 우스운 일이다. 아하시야는 문제의 원인을 제거해야 했다. 하지만 잘못된 곳을 찾아가서 엉뚱한 것을 바랐다. 엘리야가 길을 잃은 아하시야 왕을 꾸짖으며 강력하게 경고한다.

"…이스라엘에 하나님이 없어서 너희가 에그론의 신 바알세붑에게 물으러 가느냐"(왕하 1:3).

"그러므로 여호와의 말씀이 네가 올라간 침상에서 내려오지 못할지라 네가 반드시 죽으리라 하셨다 하라…"(왕하 1:4).

엘리야는 어리석은 왕의 행동을 이해할 수 없었다. 오히려 분노했다. 아버지 아합을 통해 불의한 행동이 불러오는 결과를 보았던 그였건만 아하시야는 하나님께로 돌아가지 않았다. 더구나 두 가지 위기에 처하고 하나님께 도움을 구해야 할 때 우상을 향했다.

이처럼 어리석은 일이 우리 일상에서도 얼마나 많이 벌어지는지 모른다. 우리는 인생의 문제를 해결하고 도우시는 하나님께로 가지 않고 오히려 우리 문제를 더 어렵게 만드는 세상으로, 사람에게로 나아간다. 위기에서 벗어나고 문제를 해결하기 위해 인간의 방법을 사용하고 그것 때문에 더 큰 위기에 빠진다.

벗어나고자 한다면 우리는 과감히 죄를 벗어 버려야 한다. 지금 어디를 향해 가고 있는가? 위기를 만나면 세상이 아닌 하나님을 찾으라.

신앙은 전쟁이다

삼성이나 엘지 같은 기업은 반도체로 유명하다. 반도체 공장에 가면 일하는 사람은 모두 작업복을 입고 입김 하나, 먼지 하나 떨어뜨리지 않게 방진작업을 한다. 반도체를 오염시키는 가장 큰 요인은 사람 몸에서 떨어지는 각질이기 때문이다.

사람의 몸은 아무 변화 없는 것 같아 보이지만 끝없이 죽어서 각질로 떨어지고 그 자리에 새로운 세포가 자라고 덮는 과정을 거친다. 사람은 다른 동물들처럼 탈피하는 것은 아니지만 약 5년이면 몸의 세포가 완전히 새로운 세포로 바뀌는 과정을 거친다고 한다.

아무런 변화가 없는 몸 같지만 정말 아무런 변화가 없으면 사람은 죽는다. 사람 몸의 세포들조차 보이지 않고 느껴지지 않지만 계속 변화한다. 죽음과 싸우면서 생명을 보전한다. 신앙도 마찬가지이다. 아무런 변화가 없어 보이지만 정말 변화가 없으면 죽는다.

그리스도인들 중에는 마음의 평안 때문에 신앙을 갖는다는 사람도 많다. 그런 사람들은 신앙생활도 편하게 하려고 한다. 봉사하고 섬겨야 하는 신앙보다 대접받고 섬김받는 성도만 되려고 한다.

하지만 잊지 말아야 할 것이 있다. 사실 신앙은 이 세상의 악과 싸우는 거룩한 전쟁이다. 편안함만 찾고 가만히 있으면 죽는다. 신앙은 죽음과 싸우는 것이다. 세상의 악과 유혹과 싸우면서 우리는 계속 변화하고 달라진다.

이런 말이 있다. '교회는 유람선이 아니라 군함이다.' 신앙은 유람선을 타고 여기저기 놀러 다니며 느긋하게 쉬는 것이 아니라 군함에 올라타 세상의 유혹과 죄악의 파도와 싸우는 것이다. 신앙은 항상 전투적이다.

엘리야는 신앙이 세상과의 싸움임을 보여 준다. 아하시야 왕은 엘리야를 마음대로 주무르고 싶었다. 왕인 자신에게 감히 죽을 것이라고 말하는 엘리야를 두고 볼 수 없었다. 그래서 무력으로 하나님의 사람을 굴복시키려고 한다.

"이에 오십부장과 그의 군사 오십 명을 엘리야에게로 보내매 그가 엘리야에게로 올라가 본즉 산 꼭대기에 앉아 있는지라…"(왕하 1:9).

아하시야 왕은 엘리야를 강제로 구인해서 자신 앞으로 끌고 오려고 했다. 자신의 어머니 이세벨이 그랬던 것처럼 권력 앞에 굴복하게 하려고 했다. 군인들을 보내서 그를 두렵게 하고 싶었다. 하지만 엘리야는 두려워하지 않았다. 그는 세상의 권력과 싸웠다.

"엘리야가 오십부장에게 대답하여 이르되 내가 만일 하나님의 사람이면 불이 하늘에서 내려와 너와 너의 오십 명을 사를지로다 하매 불이 곧 하늘에서 내려와 그와 그의 군사 오십 명을 살랐더라"(왕하 1:10).

엘리야는 그를 위협하고 죽이려는 사람들을 두려워하지 않고 대적했다. 그가 하나님께 기도하자 하늘에서 불이 내려 아하시야 왕이 보낸 사람들 50명이 불에 타서 죽었다. 이 소식을 들은 아하시야 왕은 하나님을 두려워하고 자신의 잘못을 회개했을까? 그는 다시 오십부장과 50명의 군인을 엘리야에게 보냈다. 그러자 다시 하늘에서 불이 내려와 이들을 타 죽게 했다. 그런데도 아하시야 왕은 고집을 부리면서 다시 군인 50명을 보냈다.

엘리야를 강제 구인해야 하는 군인들의 안색이 새파랗게 질렸다. 자신들도 먼저 엘리야를 찾아갔던 군인들처럼 죽을지도 모른다는 생각이 들었다. 하지만 왕은 아랑곳하지 않았다.
엘리야를 찾아간 오십부장이 엘리야에게 간청했다.

"…오십부장이 올라가서 엘리야 앞에 이르러 그의 무릎을 꿇어 엎드려 간구하여 이르되 하나님의 사람이여 원하건대 나의 생명과 당신의 종인 이 오십 명의 생명을 당신은 귀히 보소서"(왕하 1:13).

오십부장은 아하시야 왕과 달리 진심으로 엘리야를 대하면서 도움을 구했다. 고민하는 엘리야를 향해 하나님이 말씀하셨다.

"여호와의 사자가 엘리야에게 이르되 너는 그를 두려워하지 말고 함께 내려가라 하신지라 엘리야가 곧 일어나 그와 함께 내려와 왕에게 이르러"(왕하 1:15).

엘리야가 듣는 것은 오직 하나님의 명령이다. 아하시야 왕의 권력과 무력은 엘리야를 굴복시키지 못한다.
아하시야 왕이 엘리야에게 그랬던 것처럼 세상은 우리를 마음대로 부리고 싶어 한다. 우리를 죄에 굴복하게 하고 죄의 그늘 아래에서 살게 하려고 한다. 하나님 말씀의 권위와 능력을 포기하고 죄의 힘과 무력 앞에 굴복하게 하려고 한다.
엘리야는 죄와 싸웠다. 그래서 그의 삶은 거룩한 싸움으로 가득하다. 갈멜산에서 바알의 선지자들과 싸울 때를 생각해 보라. 그는 진리를 지키기 위해서 850명과 싸웠다. 그리고 또 150명의 군인들과도 싸웠다. 그의 삶은 거룩한 싸움의 연속이었다. 그가 거룩한 싸움을 하며 살아갈 때 하나님이 도우셨다. 하늘에서 불이 내려 그를 무력과 공포로부터 지키고 보호하셨다.

우리 삶에는 두 가지 길이 있을 뿐이다. 죄에 굴복하여 끌려갈 것인가? 아니면 엘리야처럼 거룩한 싸움을 싸워서 하나님의 보호하심의 불을 체험할 것인가?

오직 하나님만 두려워하라

엘리야가 결국 아하시야 왕에게 갔다. 아하시야 왕은 자신이 죽을 것이라고 예언한 엘리야를 증오했다. 이제 마음만 먹으면 엘리야의 목숨을 가질 수 있을 것이다. 이쯤 되면 누구나 두려움에 휩싸이기 마련이다. 앞에는 왕이 앉아 있고 주변에는 칼과 창을 든 군대가 있다. 그런데 엘리야는 이 두려운 상황 속에서 놀라운 일을 한다.

> "…여호와의 말씀이 네가 사자를 보내 에그론의 신 바알세붑에게 물으려 하니 이스라엘에 그의 말을 물을 만한 하나님이 안 계심이냐 그러므로 네가 그 올라간 침상에서 내려오지 못할지라 네가 반드시 죽으리라 하셨다 하니라"(왕하 1:16).

왕이 없는 데서 무슨 말을 못하겠는가. 하지만 권력자 앞에서 그가 듣기 싫어하는 말을 하기는 어렵다. 그런데 엘리야는 또 왕 앞에서 왕이 듣기 싫어하는 말을 했다. 하나님을 불신하고 악하게 행동한 죄로 건강을 잃고 결국 하나님께 죽임을 당할 것이라는 말이다. 이 말을 들은 아하시야는 얼마나 기분이 나쁘고 엘리야가 미웠겠는가.

하지만 엘리야는 하나님의 명령만 듣는 사람이었다. 그는 진실을 말하기를 두려워하지 않았다. 그래서 사람들과 권력자가 자신을 싫어한다 해도 상관하지 않았다. 자신의 생명을 다스리는 분은 오직 하나님뿐이기 때문이다.

우리가 진정 두려워해야 하는 것은 무엇인가? 왕인가, 하나님인가? 누구든 상관없는가? 우리가 진정으로 두려워할 것은 오직 하나님뿐이다. 엘리야는 하나님만을 두려워했기 때문에 왕 앞에서조차 당당할 수 있었다. 하나님을 두려워하면 세상이 두렵지 않다. 하나님이 왕이시기에 세상 권력이 두렵지 않다. 하나님만 바라보는 사람은 세상을 이긴다.

2
갑절의 은혜를 주소서

"건너매 엘리야가 엘리사에게 이르되 나를 네게서 데려감을 당하기 전에 내가 네게 어떻게 할지를 구하라 엘리사가 이르되 당신의 성령이 하시는 역사가 갑절이나 내게 있게 하소서 하는지라"(왕하 2:9).

청출어람(靑出於藍)이라는 사자성어가 있다. '쪽에서 나온 푸른색은 쪽빛보다 더 푸르다'는 의미로, 흔히 스승보다 뛰어난 제자를 가리킬 때 쓰는 말이다.

바둑계의 거성 조훈현 기사는 바둑의 불모지였던 한국에서 바둑을 부흥시킨 사람이다. 조훈현 기사는 응씨배 바둑대회에서 유명해졌는데 이 대회는 원래 중국인이 중국의 바둑을 자랑하고자 만든 대회이다. 주최국은 당연히 중국이 이기리라고 생각했다. 적수가 있다면 일본이라고 생각했다. 그런데 제1회 대회에서 조훈현 기사가 우승을 차지해서 주최 측을 아주 화나게 했다는 일화가 있다.

이렇게 뛰어난 조훈현 기사는 이창호를 제자로 맞았다. 그는 제자와 한집에서 같이 살면서 가르쳤다. 하지만 조훈현과 그의 제자 이창호는 항상 비교의 대상이었다. 두 사람 다 천재였다. 조훈현 기사가 아홉 살에 프로에 입문했고, 이창호 기사는 열한 살에 입문했다. 조훈현 기사가 가졌던 일본과 중국의 모든 타이틀을 하나씩 가져간 사람이 바로 그의 제자 이창호였다. 스승이 제자에게 하나씩 자리를 내줬다. 하지만 분명 스승은 기뻤을 것이다.

조직에서 가장 중요하고 어려운 과제중 하나가 리더십 교체이다. 한국 교회의 가장 큰 실수 역시 리더십 교체에서 나오고 있다. 기업이나 정치에서도 세대교체가 중요한 이슈이다. 이것을 어떻게 하는지에 따라 좋은 시대가 올지 고난과 빈곤의 시대가 올지 결정되기 때문이다.

현재 한국 교회가 당면한 많은 문제는 안타깝게도 이러한 리더십 교체가 원활하게 이뤄지지 않은 데서 생겨난 문제들이기도 하다. 어떻게 지도력을 교체할 것인가는 한국 사회의 가장 큰 이슈 중 하나이다.

갑절의 은혜

엘리야와 엘리사의 이야기는 성공적인 리더십 교체를 보여 준다. 두 사람은 이름도 비슷하지만 삶도 비슷했다. 악의 시대에서 거룩하게 살기 위해 애를 썼고, 두 사람 다 이스라엘의 실질적, 영적, 정치적 지도자였다. 지금까지는 엘리야가 이스라엘에 하나님의 진리를 가르쳤다. 하지만 이제 그 지도력을 엘리사에게로 넘겨준다.

이스라엘에 새로운 지도자가 생긴 것이다. 그리고 엘리사는 스승 엘리야보다 더 크고 놀라운 일들을 한다. 성경에서 엘리야가 네 장 정도의 분량으로 등장한다면 엘리사는 열두 장 정도의 분량으로 등장한다. 양이 그렇게 많다는 것은 더 많은 일을 했다는 뜻이기도 하다.

엘리사는 어떻게 스승보다 더 뛰어난 제자가 되었을까? 우선 가장 눈에 띄는 것은 그가 갑절의 능력을 구한 것이다.

> "…엘리사가 이르되 당신의 성령이 하시는 역사가 갑절이나 내게 있게 하소서"(왕하 2:9).

이 간구처럼 엘리사는 갑절의 영감을 얻어서 실제로 놀라운 역사를 이루었다. 여기에 쓰인 갑절이란 말을 좀 더 알아보자. 엘리사가 엘리야에게 갑절의 능력을 구한 것을 두고 사람들은 스승인 엘리야보다 두 배나 많은 능력을 구했다고 해석한다. 그래서 하나님께 물질의 은혜 등을 구할 때 "두 배나 많은 능력을 주십시오." 하고 기도한다. 이 말의 또 다른 해석으로는 '입을 크게 벌리라.'는 뜻이 있다.

하지만 좀 더 깊이 들어가 보면 갑절이라는 말은 양적인 것보다 더 큰 은혜를 가리킨다. 율법에 의하면 갑절은 자식들이 아버지의 유산을 상속받을 때 장자가 받을 수 있는 권리를 가리킨다.

장자는 다른 자녀들보다 갑절의 재산을 받는다. 그리고 남은 것을 나머지 자식들이 나눠 갖는다. 따라서 엘리사가 구한 것은 양이 아니라 자신을 엘리야의 장자, 즉 후계자가 되게 해달라고 간구한 것으로 해석할 수 있다. 엘리사가 승천하는 엘리야를 향해 "아버지여, 아버지여!"라고 부른 것도 그 때문이다.

엘리사는 갑절의 은혜를 구하고 어떻게 응답받았을까?

온전히 헌신하라

엘리사는 엘리야가 가장 어려운 시절을 지난 후에 받아들인 제자이다. 갈멜산에서 바알과 아세라의 선지자들과 내기를 해서 승리한 후 엘리야는 탈진하여 쓰러진 적이 있다. 엘리야가 완전히 지쳐서 죽고 싶다는 생각을 하고 있을 때 하나님이 오셔서 위로해 주시고 그에게 새로운 사명들을 주셨다. 그 중 하나가 엘리야를 잇는 후계자를 세우는 것이었다. 그렇게 선발된 제자가 엘리사였다. 흥미롭게도 엘리사는 큰 부자였다.

> "엘리야가 거기서 떠나 사밧의 아들 엘리사를 만나니 그가 열두 겨릿소를 앞세우고 밭을 가는데 자기는 열두째 겨릿소와 함께 있더라…"(왕상 19:19).

이 말씀에서 겨리는 두 마리를 가리키는 말이다. 엘리사는 열두 쌍의 소가 밭을 갈게 하는 부자였고 그 중 마지막 두 마리를 데리고 자신이 직접 밭을 갈면서 일을 하고 있었다. 그는 성실한 부자였다. 부족할 것이 없는 엘리사를 엘리야가 자신의 후계자로 부른다. 그리고 엘리사는 기꺼이 그 부름을 받아들인다.

> "엘리사가 그를 떠나 돌아가서 한 겨릿소를 가져다가 잡고 소의 기구를 불살라 그 고기를 삶아 백성에게 주어 먹게 하고 일어나 엘리야를 따르며 수종 들었더라"(왕상 19:21).

부잣집 아들이었던 엘리사는 엘리야를 따르기로 결심하자 결단력 있는 모습을 보여 준다. 그 자리에서 소 한 겨리, 즉 한 쌍을 잡아서 하나님께 제사를 지내고 그 고기를 백성에게 나눠 주었다. 더 나아가서 농사를 짓고 소를 다루는 데 꼭 필요한 도구들을 불태웠다. 제사를 지냄으로써 그의 의지를 표현한 것이고 농기구를 태움으로써 다시는 돌아오지 않겠다는 각오를 다진 것이다.

엘리사가 갑절의 능력을, 갑절의 은혜를 받은 비결은 바로 자신을 하나님께 드린 헌신과 믿음에 있었다. 엘리사는 온전히 헌신하고 따랐다. 믿음은 헌신이다. 복음을 따르는 것이다. 돌아서지 않는 것이다. 세상의 방식을 따르지 않는 것이다.

떠나지 말고 따라가라

과거의 공부는 현대의 공부와 많이 달랐다. 현대인이 생각하는 공부는 학교나 학원에서 열심히 암기하고 시험 봐서 높은 점수,

높은 등수를 받는 것이다. 과거의 공부는 학교라는 공간에서 이뤄지지 않았다. 제자가 선생님의 집으로 가서 같이 먹고 자고 살면서 배웠다. 배움의 내용도 지식이 아니라 삶과 인격이었다. 그래서 소크라테스와 공자, 맹자 등의 학자들은 다 같이 모여 살면서 가르침을 주는 공동체를 이끌었다.

예수님도 제자들과 함께 생활하셨다. 지식 대신 지혜를 배우고 삶으로 가르치는 것은 제자들의 삶에 아주 큰 영향력을 끼쳤다.

엘리사와 엘리야도 예외가 아니었다. 엘리사가 스승 엘리야에게 배운 것은 삶이었다. 엘리사는 엘리야와 함께 생활하면서 하나님의 말씀을 삶과 인격으로 배웠다. 그래서 스승과 함께 아합의 시대를 거치면서 가장 어려운 핍박과 고난의 시대를 겪었다. 시련은 그를 더 강하게 했다. 배움은 이렇게 스승과의 관계에서 나오는 것이다.

엘리사에게는 스승 엘리야가 있었다. 엘리사가 엘리야를 얼마나 잘 따라다녔는지, 엘리야는 그를 떼어 놓으려고 세 번이나 노력했다. 하지만 그때마다 그는 더욱 선생님을 따라다녔다. 엘리사가 엘리야와 같이 다닌 곳들이 계속 이어진다. "엘리야가 엘리사와 더불어 길갈에서 나가더니"(왕하 2:1), "…두 사람이 벧엘로 내려가니"(왕하 2:2), "그들이 여리고에 이르매"(왕하 2:4), "두 사람이 요단 가에 서 있더니"(왕하 2:7).

엘리사는 엘리야를 따라서 이스라엘의 각지를 동행했다. 자신의 마지막을 감지한 엘리야가 말했다.

"엘리야가 엘리사에게 이르되 청하건대 너는 여기 머물라 여호와께서 나를 벧엘로 보내시느니라 하니 엘리사가 이르되 여호와께서 살아 계심과 당신의 영혼이 살아 있음을 두고 맹세하노니 내가 당신을 떠나지 아니하겠나이다 하는지라…"(왕하 2:2).

엘리야는 자신의 마지막이 가까워 옴을 알았다. 그래서 엘리사에게 이제는 떨어지라고 말한 것이다. 하지만 엘리사는 맹세하며 엘리야를 떠나지 않겠노라고, 마지막까지 함께하겠다고 말한다. 이런 대화가 세 번이나 이어진다. 마지막 장소는 요단 강가이다. 엘리사가 그곳까지 따라가니 놀라운 일이 생긴다.

"엘리야가 겉옷을 가지고 말아 물을 치매 물이 이리 저리 갈라지고 두 사람이 마른 땅위로 건너더라"(왕하 2:8).

엘리사는 엘리야를 따라다니면서 놀라온 일을 직접 보고 체험했다. 그렇기에 절대로 떠나지 않겠다고 각오할 수 있었다. 그러면서 그가 구한 것이 갑절의 능력이다. 우리와 하나님의 거리는 얼마나 될까? 우리는 하나님께 딱 붙어 있는가, 떨어져 있는가? 믿음은 하나님과 사이가 벌어지지 않는 것이다.

"…가지가 포도나무에 붙어 있지 아니하면 스스로 열매를 맺을 수 없음 같이…"(요 15:4).

가지는 나무에 붙어 있어야 열매를 맺을 수 있다. 조금이라도 떨어져 있으면 좋은 열매를 맺을 수 없다. 마찬가지로 우리 삶은 하나님에게 붙어 있어야 열매를 맺을 수 있다. 하나님과 떨어져 있으면 하나님과 대화할 수 없으며 열매도 맺을 수 없다. 우리는 하나님과 붙어서 그분을 따라가야 한다. 믿음의 끈으로 꽁꽁 묶여서 예수님을 따라가야 한다.

옷을 찢으라

성경에서 죽지 않고 하나님께 간 사람은 구약에 나오는 두 사람뿐이다. 한 사람은 에녹이고 다른 한 사람은 엘리야이다. 두 사람은 공통점이 있었는데 하나는 그들이 살아낸 세상이 이루 말할 수 없이 악했다는 것이고, 다른 하나는 그런 가운데서도 그들이 의인의 길을 걸었다는 것이다. 그들은 바로 이 점 때문에 이스라엘 역사에서 특별한 위치를 차지하고 있다.

이제 엘리야가 하늘로 올라간다.

> "…불수레와 불말들이 두 사람을 갈라놓고 엘리야가 회오리 바람으로 하늘로 올라가더라"(왕하 2:11).

하나님은 엘리야를 홀연히 데려가셨다. 엘리사로서는 황당한 순간이다. 선생님에게 갑절의 능력을 바라고 있었는데 아무런 확언도 없이 그냥 사라지셨으니 말이다. 엘리야가 남긴 것은 겉옷뿐이다. 엘리야가 남긴 유일한 것이었다. 엘리사는 그 옷을 가지고 돌아선다.

> "엘리사가 보고 소리 지르되 내 아버지여 이스라엘의 병거와 그 마병이여 하더니 다시 보이지 아니하는지라 이에 엘리사가 자기의 옷을 잡아 둘로 찢고 엘리야의 몸에서 떨어진 겉옷을 주워 가지고"(왕하 2:12-13).

엘리사는 엘리야가 남긴 옷을 입고 자기가 입던 겉옷을 찢었다. 이 행동은 자신의 과거를 찢고 선생님이 남긴 지도자로서의 길을, 선지자로서의 길을 가겠다는 선언이다. 옷에는 많은 의미가 있다. 전문직일수록 특별한 옷을 입는다. 의사들은 흰 가운을 입는다. 판검사 역시 검정색 가운을 입는다. 목사 안수식 때도 목사 가운을 입음으로써 하나님의 성령을 입고 목사로서 살아가게 됨을 나타낸다.

그래서 옷을 벗는다는 것은 그 직위에서 물러난다는 의미가 있다. 엘리사가 자신의 옷을 찢은 것은 과거를 찢은 것이다. 자신의 죄를 찢은 것이다. 이제는 새로운 옷을 입겠다는 뜻이다. 하나님이 선택하여 부름받은 이들에게 필요한 것은 지금 입고 있는 옷을 찢는 결단이다. 과거를, 죄악을 버리는 것이다. 그럴 때에 하나님이 새로운 옷을 입혀 주신다.

새 옷을 입은 엘리사에게 하나님은 엘리야와 같은 권위를 허락해 주셨다. 엘리사는 돌아오면서 다시 요단강을 만났고 거기서 엘리야와 같은 능력을 받았음을 확인했다.

"엘리야의 몸에서 떨어진 그의 겉옷을 가지고 물을 치며 이르되 엘리야의 하나님 여호와는 어디 계시니이까 하고 그도 물을 치매 물이 이리 저리 갈라지고 엘리사가 건너니라"(왕하 2:14).

엘리야가 물을 가르고 건넜듯이 엘리사도 물을 가르고 돌아왔다. 엘리야의 능력과 영감이 엘리사에게 임한 증거였다.

우리의 죄악 된 과거의 겉옷을 찢을 때 하나님이 우리에게 새 옷을 주신다. 지금 우리는 어떤 겉옷을 입고 있는가? 그 옷을 찢어 버리고 새 옷을 입으라. 하나님이 주시는 권위 있는 옷을 입으라. 그 옷을 입으면 하나님이 엘리야와 같은 능력을 주실 것이다.

엘리사에게는 겨우 엘리야의 옷을 남겨 주었지만 하나님은 우리에게 더 귀한 것을 남겨 주셨다. 바로 예수님의 이름이다. 예수님의 이름은 능력의 이름이다. 그 이름을 덧입는 자가 그분의 능력을 얻는다. 예수님의 이름을 의지하는 자가 그 이름을 힘입는다.

3
한 사람 때문에

"엘리사가 이르되 내가 섬기는 만군의 여호와께서 살아 계심을 두고 맹세하노니 내가 만일 유다의 왕 여호사밧의 얼굴을 봄이 아니면 그 앞에서 당신을 향하지도 아니하고 보지도 아니하였으리이다"(왕하 3:14).

한국 교회사에서 존경과 사랑을 받은 인물 중에 최흥종 목사를 빼놓을 수 없다. 그가 세상을 떠났을 때 전라도 광주 최초로 시민장으로 장례를 치렀을 만큼 사회적 영향력도 대단했다. 수많은 한센병 환자들이 그의 죽음 앞에서 "아버지, 아버지, 우리를 두고 어디 가십니까?" 하고 울 정도로 큰 사랑을 받던 분이다. 최흥종 목사에게는 유명한 일화가 있다. 그는 지인들에게 본인의 사망통고서를 돌렸다.

"1935년 3월 17일 이후, 나 최흥종은 죽은 사람임을 알리는 바입니다. 인간 최흥종은 이미 죽은 사람이므로, 차후에 거리에서 나를 만나거든 아는 체를 하지 말아 주시기 바랍니다. 나 최흥종은 오늘부터 이 지상에서 영원히 떠나 하나님 품에서 진실로 하나님과 함께 자유롭게 살 것입니다. 여러분도 죄를 회개하고 하나님을 믿고 구원을 받기 바랄 뿐입니다. 본인을 사망자로 간주하시고 우인 명부에서 삭제하여 주시기를 복망하나이다.…이제는 생사 간에 예수 이외에 아무것도 없으므로 세상에 대하여 사망자가 되어 스스로 매장한 것이외다."

예수님을 믿으려면 이렇게 철저히 믿어야 한다. 철저히 믿는다는 것은 세상에 대해서는 죽는다는 것을 의미한다.

철저히 새롭게 하라

우리는 철저히 죽어야 한다. 문제가 있다면 철저하게 고쳐야 한다.

아합의 죄악은 이루 말할 수 없이 컸다. 그의 왕조를 오므리 왕조라고 부르는데 이 왕조의 죄가 얼마나 컸는지 그들이 지은 죄와 그에 대한 비판이 성경에 길게 나온다. 하지만 결국 아합은 그에 합당한 심판을 받고 죽었다. 활에 맞아서 과다출혈로 사망한 그의 피를 개들이 핥아먹었다. 그의 부인 이세벨 또한 잔인한 모습으로 심판을 받는다. 이런 죄악 된 모습은 그의 아들 아하시야 왕 때도 이어진다. 죄가 유전되는 것은 아니지만 부모가 아무렇지도 않게 악을 저지르는 모습을 보면서 자란 아하시야도 당연히 그 죄악 된 삶을 이어갔기 때문이다.

아합의 가문에서는 이러한 죄의 삶과 관점이 계속 이어졌다. 아합의 아들 아하시야 왕은 왕궁 난간에서 떨어져 중상을 입었지만 죄악과 우상을 떠나지 못했다. 그래서 하나님이 아닌 우상에게 자신의 건강과 회복을 빌었고 죽으리라고 말하는 엘리아에게 증오심을 품었다. 하지만 그 역시 결국 예언대로 죽는다.

아하시야 이후에 왕이 된 여호람은 아합의 손자에 해당한다. 그는 아합의 가문에 속했지만 조상들의 악한 삶과 그 최후를 목격했다. 그래서 그랬는지 그는 왕이 되었을 때 선조들과는 다른 모습을 보였다. 그는 달라지고 싶었다. 성경의 그에 대한 평가는 이전보다는 좋았다.

> "…그의 부모와 같이 하지는 아니하였으니 이는 그가 그의 아버지가 만든 바알의 주상을 없이하였음이라"(왕하 3:2).

선조들과 달리 그는 상당히 좋은 평가를 받았다. 선대 왕들이 만든 우상을 파괴했기 때문이다. 하지만 그의 변화는 완전하지 않았다.

> "…여로보암이 이스라엘에게 범하게 한 그 죄를 따라 행하고 떠나지 아니하였더라"(왕하 3:3).

그는 선조들과는 분명 다르게 행동했다. 하지만 불행히도 바알의 주상을 제외한 다른 우상들은 그대로 두었고 죄악의 길을 그대로 유지했다. 죄의 길을 완전히 떠나지 못한 것이다. 여호람은 죄를 완전히 떠나지도 않았고 그렇다고 온전히 하나님을 따르지도 않았다. 이런 어중간함이 그의 삶을 어중간하게 만들었다. 떠날 때는 완전히 떠나야 한다. 어중간한 신앙은 변화가 없다.

어느 날 여호람 왕은 정치적 위기를 맞는다. 그동안 조공을 바치던 모압이 배신하고 조공을 바치지 않은 것이다. 모압이 바치는 조공의 양은 상당했다.

"모압 왕 메사는 양을 치는 자라 새끼 양 십만 마리의 털과 숫양 십만 마리의 털을 이스라엘 왕에게 바치더니"(왕하 3:4).

엄청난 양의 조공을 받지 못하자 배신감과 충격이 컸던 여호람은 전쟁을 결심하고 남유다의 왕에게 참전을 요청했다.

"또 가서 유다 왕 여호사밧에게 사신을 보내 이르되 모압 왕이 나를 배반하였으니 당신은 나와 함께 가서 모압을 치시겠느냐 하니…"(왕하 3:7).

북이스라엘의 왕 여호람이 남유다에 사신을 보내 전쟁을 함께 하자고 요청했다. 남유다의 여호사밧은 이 요청을 크게 생각하지 않고 수락한다. 그것도 너무 적극적으로 수락한다.

"…그가 이르되 내가 올라가리이다 나는 당신과 같고 내 백성은 당신의 백성과 같고 내 말들도 당신의 말들과 같으니이다 하는지라"(왕하 3:7).

여호사밧이 이렇게 한 데는 여러 이유가 있다. 우선 분단되었던 남과 북이 서로 가까워지려고 노력하는 중이었다. 이미 선대 때부터 결혼을 통해 사돈관계를 맺었기에 좋은 분위기를 깨기 어려웠다. 또 군사적으로도 유리하다고 생각했다. 북이스라엘의 여호람 왕이 짠 군사작전이 절묘하다고 여겨졌다.

모압을 치기 위해서는 요단강을 건너서 북쪽에서 치고 내려가는 방법과 남쪽 사해에서 광야를 지나 북으로 치고 올라가는 두 가지 방법이 있었다. 당시 모압은 북쪽 길을 예상하고 군사들을 모아 두었기에 여호사밧은 두 번째 작전으로 기습이 가능하고 필승할 것이라고 예상했다. 더군다나 에돔 나라까지 이 전쟁에 참여해서 3개국이 연합하게 되었으니 승리할 가능성이 아주 높았다. 그래서 쉽게 전쟁을 선언한 것이다.

하지만 이것은 북이스라엘이나 남유다 모두에게 실수였다. 아무리 작전이 좋고 상황이 유리했어도 두 나라는 먼저 하나님의 뜻을 구했어야 했다. 북이스라엘 왕 여호람이 완전히 과거를 떠나지 못했다는 증거가 바로 이런 데서 드러난다. 남유다의 왕도 하나님이 아니라고 하시면 안 하겠다고 거절해야 했다. 관계가 불편해질 것을 감수하더라도 아니라고 말해야 했다. 하지만 두 나라 모두 그러지 않았다. 그들이 작전을 따라 에돔 광야로 들어가자 모든 작전이 틀어졌다.

"이스라엘 왕과 유다 왕과 에돔 왕이 가더니 길을 둘러 간 지 칠 일에 군사와 따라가는 가축을 먹일 물이 없는지라"(왕하 3:9).

물이 모자랐다. 씻을 물이 아니라 생존을 위해 먹을 물이 모자랐다. 목말라서 싸우지 못할 상황이 된 것이다. 이럴 때 믿음이 드러난다. 어려움이 닥치자 북이스라엘의 여호람 왕이 말을 꺼낸다.

"이스라엘 왕이 이르되 슬프다 여호와께서 이 세 왕을 불러 모아 모압의 손에 넘기려 하시는도다 하니"(왕하 3:10).

지금 이 모든 작전을 짠 것은 자신이다. 또 출병하기 전에 하나님의 뜻을 구하지도 않고 기도하지 않은 자 역시 그 자신이다. 그런데 어려운 일이 닥치자 제일 먼저 하나님을 원망한다. 하나님을 제대로 믿지도 않고 의지하지도 않았으면서 어려운 일이 닥치자 제일 먼저 하나님을 원망한다.

하나님은 참 억울하실 것 같다. 시작할 때는 자기들 마음대로 하더니 문제가 생기니까 책임을 하나님께 떠넘기니 말이다. 여호람이 비록 부모의 죄를 떠났지만 어중간한 자세를 취했기 때문에 이런 행동을 한 것이다. 북이스라엘 왕 여호람은 부모가 지은 죄악의 길을 완전히 떠나야 했다. 큰 결단을 해야 했다. 철저히 믿어야 했다. 그래야 인생의 문제를 잘 해결할 수 있다.

나 때문에 길이 열리게 하라

마라톤의 주행 거리가 현재의 42.195킬로미터로 정해진 것은 1908년 영국 런던 올림픽 때다. 마라톤 행렬이 버킹검 궁 앞을 지나게 하려고 거리를 조정한 것이다. 이 대회에서 우승한 미국의 헤이스 선수가 세운 기록은 2시간 55분 18초로 거의 3시간이다. 당시 사람들은 인간이 2시간 30분의 벽을 돌파하는 문제를 놓고 갑론을박 했다. 그러나 2시간 30분의 벽은 1936년 베를린 올림픽에서 우리나라 손기정 선수가 세운 2시간 29분 19초 2의 기록으로 깨졌다.

마라톤 기록은 계속 깨지고 갱신되었다. 하지만 논란은 계속되고 있다. 의사와 과학자들은 마라톤 기록에 한계가 있다고 주장하면서 그 한계점이 2시간 10분이라고 했다. 그들은 사람이 마라톤 주행거리 42.195킬로미터를 2시간 10분 이내로 달릴 경우 심장이 파열될 것이라고 주장했다. 그리고 이를 증명이라도 하듯이 2시간 10분의 벽은 오랫동안 깨지지 않았다. 그러다가 1967년 후쿠오카 마라톤에서 이 기록이 깨졌다. 호주의 클레이톤 선수가 2시간 9분 37초로 우승해 마라톤 사상 처음으로 2시간 10분대의 벽이 깨진 것이다.

그러자 놀라운 일이 생겼다. 기다렸다는 듯이 세계 곳곳에서 2시간 10분의 벽을 깨뜨리는 선수들이 동시다발적으로 등장했다. 이제는 2시간 10분의 벽을 깬 선수가 300명도 넘는다. 모두들 불가능한 시간이라고 여겼는데 한 사람이 깨뜨리자 '가능한 일이구나.' 하면서 막고 있던 벽을 무너뜨렸다.

한 사람이 하면 모두가 할 수 있다. 한 사람이 열면 모두가 열 수 있다. 한 사람이 이렇게 중요하다.

신앙에서도 한 사람 때문에 길이 닫히기도 하고 열리기도 한다. 이스라엘 전체와 에돔족까지 3국이 연합하여 전쟁을 했다. 그런데 전쟁을 하기도 전에 군인이 부족해서도 아니요, 무기가 부족해서도 아니요 물이 부족하다는 이유로 패배라는 상황에 처하게 되었다. 하나님의 뜻을 벗어나 달려가는 삶은 별 것 아닌 것에 이렇게 쉽게 무너진다.

물 때문에 큰 문제가 되자 북이스라엘의 여호람 왕은 하나님을 원망하고 불평했지만 남유다의 여호사밧 왕은 즉시 하나님께 도움을 구했다.

"여호사밧이 이르되 우리가 여호와께 물을 만한 여호와의 선지자가 여기 없느냐 하는지라…"(왕하 3:11).

여호사밧 왕은 바로 선지자를 찾았다. 그리고 여호람 왕과 같이 엘리사에게 도움을 구하러 간다. 하지만 엘리야의 제자인 엘리사는 아합 가문인 여호람 왕을 반기지 않았다. 왜냐하면 엘리야 옆에서 그가 얼마나 심각한 박대와 핍박을 일삼았는지, 그로 인해 나라가 겪은 고난을 보았기 때문이다. 그래서 엘리사는 이렇게 말한다.

"엘리사가 이스라엘 왕에게 이르되 내가 당신과 무슨 상관이 있나이까 당신의 부친의 선지자들과 당신의 모친의 선지자들에게로 가소서 하니"(왕하 3:13).

엘리사는 여호람 왕이 평소에는 전혀 하나님을 믿지 않다가 어려움이 닥치자 하나님을 원망하고 찾는 것이 불편하고 화가 났다. 하지만 하나님의 도움을 받을 수 없고 분위기도 좋지 않은 상황에서 이를 해결하는 사람이 있었다.

"엘리사가 이르되 내가 섬기는 만군의 여호와께서 살아 계심을 두고 맹세하노니 내가 만일 유다의 왕 여호사밧의 얼굴을 봄이 아니면 그 앞에서 당신을 향하지도 아니하고 보지도 아니하였으리이다"(왕하 3:14).

엘리사는 여호람 왕이 아니라 여호사밧 왕을 봐서 그들을 돕게 되었다. 이들은 하나님의 도움을 받을 이유가 전혀 없었다. 하지만 여호사밧 한 사람만큼은 항상 하나님을 섬기고 하나님 마음에 맞는 사람이었기에 엘리야는 바로 이 사람 때문에 하나님께 기도하고 돕기로 했다. 그들은 여호람 때문에 외면당했지만 여호사밧 때문에 하나님의 도움을 받을 수 있게 되었다.

여호람과 여호사밧을 여러모로 비교 대상이다. 한 사람은 상황을 해결할 수 없는 상황으로 만든다. 하지만 다른 한 사람은 문제 해결을 돕는 조력자이다. 한 사람은 관계를 악화시키고 보기 싫게 한다. 하지만 다른 사람은 인간관계를 해결해 준다.

우리는 어디에 속하는 어떤 사람인가? 한 사람 때문에 문제가 생기는가 하면, 한 사람 때문에 화목하게 되고 문제가 풀리기도 한다. 우리도 여호사밧 왕 같은 역할을 할 수 있다. 우리 존재로 풀리지 않았던 문제들이 해결될 수 있다.

믿음으로 행동하라

미래학자 피터 드러커는 확신으로 가득 찬 인생을 살았다. 어느 날 그의 집을 방문한 사람이 물었다. "선생님은 몇 세 때 가장 활발하게 활동했다고 생각하십니까?"

드러커는 그 질문에 이렇게 답했다.

"그동안 저술한 책들이 책꽂이 세 개를 가득 채우고 있습니다. 그런데 책꽂이 하나는 65세 이전에 쓴 책이고 나머지 둘은 65세 이후에 쓴 책입니다. 나는 여전히 활발합니다."

그러자 방문객은 다시 질문했다.

"선생님이 쓰신 책 중에서 가장 자랑스러운 책 하나를 꼽으라면 어떤 책인가요?" 그러자 피터 드러커는 확신에 차서 말했다.

"바로 다음에 쓸 책입니다."

그는 자신의 인생과 앞으로의 삶에 대해서 확신과 믿음이 있었다. 믿음은 확신의 길이다. 불가능한 상황 속에서 말씀에 응답하여 믿음의 행동을 하는 것이다.

여호사밧 왕 일행을 돕기 위해서 엘리사가 요청한 것은 찬양이다.

"이제 내게로 거문고 탈 자를 불러오소서 하니라 거문고 타는 자가 거문고를 탈 때에 여호와의 손이 엘리사 위에 있더니"(왕하 3:15).

엘리사의 마음이 온전히 열리지 않았다. 속이 상하고 화도 났다. 이 순간 그가 자기의 마음을 다스리려고 한 일이 찬양이다. 힘들고 어려울 때 찬양을 들으면 마음이 열린다. 맺혔던 응어리가 풀어진다. 찬양을 통해서 엉켜 있던 마음이 풀리자 엘리사가 말했다.

"그가 이르되 여호와의 말씀이 이 골짜기에 개천을 많이 파라 하셨나이다"(왕하 3:16).

하나님은 마른 골짜기에서 우물을 파라고 명하셨다. 만약 물이 나올 만한 곳이었다면 광야를 잘 아는 이스라엘 사람들이 벌써 파지 않았을까? 하지만 그곳은 물이 나올 가능성이 전혀 없는 메마른 곳이다. 그런데 하나님은 그런 곳에 개천을 파라고 하신다. 엘리사는 이렇게 말한다.

"여호와께서 이르시기를 너희가 바람도 보지 못하고 비도 보지 못하되 이 골짜기에 물이 가득하여 너희와 너희 가축과 짐승이 마시리라 하셨나이다"(왕하 3:17).

이 말씀을 듣고 세 왕은 메마른 광야에서 땅을 팠다. 남들이 보기엔 이상한 행동이었겠지만 그들은 아무것도 할 수 없는 이 때에 하나님이 분명 도우실 것을 믿었다. 그리고 그날 하나님이 응답하셨다. 물이 흐르기 시작한 것이다. 불가능한 상황에서 물이 흐르는 기적이 일어난 것이다. 더 나아가 다른 문제들도 해결되었다. 흐르는 물에 아침 햇살이 비추자 적군이 이를 핏물로 오해했다.

"아침에 모압 사람이 일찍이 일어나서 해가 물에 비치므로 맞은편 물이 붉어 피와 같음을 보고 이르되 이는 피라 틀림없이 저 왕들이 싸워 서로 죽인 것이로다 모압 사람들아 이제 노략하러 가자 하고"(왕하 3:22-23).

아침 햇살에 반사되는 물빛이 붉게 보이는 것을 보고 모압은 3국 연합군이 서로의 이익 때문에 싸웠다고 오해하고는 전열도 가다듬지 않고 연합군의 진영으로 들어왔다. 결과는 뻔했다. 기다리고 있던 연합군과 싸워 보지도 못하고 완전히 패배했다.

하나님은 믿음으로 행동할 때 응답하신다. 엘리사가 개천을 파라고 했을 때 이를 의심하고 따르지 않았다면 적군이 물이 흐르는 것을 보지 못했을 것이고 승리도 얻지 못했을 것이다.

하지만 믿음으로 행동하면 하나님이 물을 주실 뿐만 아니라 적군까지 물리쳐 주신다. 인생에 어려움이 있는가? 내 힘으로 해결할 수 없는 장애물들을 만났는가? 내 지혜와 생각은 뒤로 제쳐 두고 하나님께 구하라. 믿음으로 행동하라.

4
인생의 전환점을 만나다

"나아만이 이에 내려가서 하나님의 사람의 말대로 요단 강에 일곱 번 몸을 잠그니 그의 살이 어린 아이의 살 같이 회복되어 깨끗하게 되었더라"(왕하 5:14).

미국 IBM사는 한때 미국 컴퓨터 산업을 완전히 장악했다. 하지만 PC(개인용 컴퓨터)가 등장하자 시장의 흐름이 달라졌다. IBM 역시 PC가 가진 효율성과 기능을 인정했다. 위협적이었다. 그래서 IBM도 PC를 개발하기는 했지만 상황의 심각성을 인지하지 못한 채 자신들의 기존 메인프레임 컴퓨터가 대세라고 생각했다. 운영체제 역시 방만하게 생각했다. 결국 세계를 지배하는 컴퓨터 산업은 마이크로소프트로 넘어갔고 IBM은 중국에 매각되었다.

이런 현상은 렌터카 시장에도 나타났다. 미국 렌터카 시장의 1위 기업은 허츠(Hertz)였다. 이 회사는 주 고객을 여행객으로만 보고 차가 고장 나면 차를 빌리는 일반 고객도 많다는 사실을 인정하지 않았다. 결국 일반인 고객을 염두에 둔 엔터프라이즈라는 회사에 매출을 추월당했다.

이렇게 옛것의 익숙함 때문에 새로운 변화를 받아들이지 않는 것을 '경로 의존성의 원리'라고 말한다. 상황이 바뀌는 것을 인지하지 못하고 기존의 시스템만 고집하다 결국 추월당하고 뒤떨어진다.

인생도 마찬가지로 바꿔야 할 때가 있다. 달라져야 하는 순간이 있다. "인생에 세 번의 기회가 온다."는 말이 있다. 그 기회를 잡으면 성공하거나 발전한다고 한다. 하지만 많은 경우 이런 기회를 그냥 지나친다.

특히 우리 영혼을 향한 기회가 왔을 때 우리는 그것을 지나치지 말고 꽉 잡아야 한다. 지금이 믿을 때라면, 지금이 하나님을 잡아야 할 때라면 기회를 놓치지 말고 잡아야 한다. 성경에도 인생을 송두리째 바꾸는 경험을 하는 사람이 있다. 그 사람은 인생의 위기를 하나님의 큰 은혜의 때로 삼았다.

어쩔 수 없는 인생의 위기

흔히 돈이 없는 사람들만 고난이 있고 부와 권력을 소유한 사람은 고난이 있다 해도 미미할 거라고 생각한다. 그래서 사람들은 그들을 부러워하거나 심지어 미워하기도 한다. 하지만 틀렸다. 세상에 고난 없는 사람은 없다. 부귀영화를 누리는 사람도 고난을 겪는다. 그리고 고난은 누구에게나 고난이다. 쉬운 고난이란 없다.

나아만도 부요하고 풍요한 환경에서 고난을 만나 극심하게 고통받은 사람이다. 그는 가진 게 많았다. 사회적으로도 높은 지위에 있었다. 매사에 탁월하고 성공적이었다. 하지만 그의 고난은 이런 것들 위에 있었다.

"아람 왕의 군대 장관 나아만은 그의 주인 앞에서 크고 존귀한 자니 이는 여호와께서 전에 그에게 아람을 구원하게 하셨음이라 그는 큰 용사이나 나병환자더라"(왕하 5:1).

나아만에게는 군대 장관이라는 '지위'가 있으며, 그는 '크고' '존귀한 자', '큰 용사'였다. 성경은 이 네 가지 묘사를 통해 그의 성공적인 삶을 묘사한다. 그는 성공한 사람이고 많은 것을 가졌다. 하지만 결정적으로 한 가지 문제가 있었다. 이 한 가지가 그를 힘들고 어렵게 했다. 그는 문둥병자였다.

문둥병은 한센병으로 알려진 병으로, 고통에 무감각하다. 그래서 병의 심각성을 뒤늦게야 알고 결국 죽음에 이른다. 치료 방법이 없기 때문에 천병이자 저주로 알려졌다. 나아만의 문둥병은 한센병일 수도 있으나 일반적으로 고대에는 나병의 범위를 상당히 넓게 이해해서 치료하기 힘든 피부병도 문둥병으로 취급했다. 나아만이 왕 앞에 나가서 일하고 전쟁을 이끄는 것으로 보아 그가 걸린 병은 중증인 한센병보다는 고치기 힘든 피부병일 가능성이 높다.

부와 권력이 충분했던 나아만은 치료를 위해 모든 수단을 강

구했을 것이다. 유능하다는 의사와 병원은 다 찾아다녔을 것이다. 하지만 그의 병은 여전히 문제였다. 그는 남들보다 위대하고 강력한 권력과 명성을 가졌지만 병 하나 때문에 지치고 힘든 인생을 살아야 했다. 병 앞에서 그의 소유와 권력은 아무 소용없었다. 하지만 그는 이 문제를 넘어선다. 그에게 몇 가지 하나님의 은혜가 있었기 때문이다.

사람의 복이 있었다

나아만의 인생이 바뀔 수 있었던 이유는 하나님이 나아만에게 사람의 복을 주셨기 때문이다. 그의 옆에는 그를 바른 길로 인도하는 사람들이 있었다. 그를 도운 첫 번째 사람은 노예 소녀였다. 그 소녀는 나아만의 부인을 도와주던 아이였다. 당시 나아만의 나라 아람과 이스라엘은 사이가 좋지 않았다. 아람은 무력으로 이스라엘 사람들을 노예로 삼았고, 그 소녀도 그들 중 하나였다. 그러니 그 소녀가 나아만을 좋은 감정으로 대할 수 없었을 것이다. 하지만 나아만은 이 노예 소녀를 잘 대우해 준 것 같다.

어린 소녀는 자신의 주인이 아파하는 것을 보면서 진지하게 자신의 여주인에게 말했다. "만일 우리 주인이 사마리아에 있었더라면 엘리사 선지자에게 치료를 받고 완치될 수 있었을 텐데." 이 말을 들은 나아만과 그 부인은 즉시 이스라엘로 향했다.

만일 나아만이 노예 소녀의 말을 무시하거나 듣지 않았다면 그는 치료받을 기회를 얻지 못했을 것이다. 하지만 나아만은 비록 나이 어린 노예였지만 그 소녀가 하는 말을 귀담아 들었다.

나아만에게는 그를 돕는 사람이 또 있었다. 엘리사를 만난 나아만은 엘리사의 친절한 응대와 종교적 행위를 기대했다. 그런데 엘리사가 나아만에게 준 치료법은 요단 강에 들어가라는 것뿐이었다. 이때 나아만이 무척 화가 났다. 엘리사의 홀대에 대노하여 말을 돌리고 돌아가려고 할 때 이를 막고 조언하는 사람이 있었다. 이름은 나오지 않지만 참모나 보좌관이었을 듯하다.

"…내 아버지여 선지자가 당신에게 큰 일을 행하라 말하였더면 행하지 아니하였으리이까 하물며 당신에게 이르기를 씻어 깨끗하게 하라 함이리이까 하니"(왕하 5:13).

나아만은 이 말에 분을 가라앉히고 일단 강에 몸을 담궜다.

종종 분노는 눈을 가린다. 바른 판단을 하지 못하게 한다. 현실파악을 하지 못하게 한다. 그만큼 분노는 위험하다. 나아만이 분노해서 돌아가려고 했을 때 돕는 사람들이 없었다면 나아만은 결코 치료받지 못했을 것이다.

사람은 종종 분노나 지식의 부족함 때문에 길을 헤맨다. 하지만 그럴 때 옆에서 돕는 사람이 있다는 것은 복이다. 내가 보지 못하는 것을 보여 주고, 내가 모르는 것을 가르쳐 주는 사람이 있다는 것은 복이다. 내가 교만할 때 그것을 지적해 줄 사람이 있다는 것은 복이다. 이것이 참된 복이다.

여기에 더 큰 복이 있다면 하나님나라 이야기를 들려주는 사람이 있는 것이다. 우리에게 누군가 기쁜 소식을 말해 주지 않는다면 우리가 그것을 어떻게 알겠는가. 복음을 모르는 세상 사람들에게 그 이야기를 들려줄 사람이 없다면 사람들이 어떻게 복음을 알겠는가. 인생의 길을 말해 주지 않으면 어떻게 어둠속에 사는 사람들이 가야 할 길을 알겠는가.

우리가 바로 그 사람이 되어야 한다. 복음을 듣지 못한 사람들과 어둠 속에 있는 사람들에게 길을 알려 주고 소식을 전하는 사람이 되어야 한다. 우리가 바로 복이 되어야 한다.

나아만은 하나님께 순종했다

나아만은 노예 소녀의 말을 듣고 이스라엘로 달려갔다. 뭐가 그리 급해서 어린 소녀의 말을 듣고 길을 떠났을까? 이 모습은 그가 얼마나 다급했는지를 보여 준다. 그는 사실을 확인하기도 전에 길을 떠날 만큼 아프고 힘들었다.

이런 그의 행동에서 한 가지 특징을 발견할 수 있다. 정치가인 그는 엘리사를 만나러 가면서도 지극히 외교적이고 정치적인 행동을 취한다. 그는 먼저 자신의 병을 치료해 줄 것을 이스라엘 왕에게 편지로 써서 보냈다. 편지를 받은 이스라엘은 강대국인 아람에서도 치료하지 못한 병을 어떻게 치료해야 할지 몰라 난감했다. 심지어 왕은 자신의 옷을 찢으면서까지 고민하고 걱정했다.

이렇게 정치적이고 외교적인 태도로 이스라엘에 간 나아만은 엘리사가 자신을 위대한 장군이자 정치인으로 맞아 주길 기대했다. 그런데 엘리사의 행동은 그의 정치적, 외교적 상식에 부합하지 않는 것이었다. 엘리사는 자신이 왔는데 나와 보지도 않고 그저 요단 강에 가서 목욕하라는 말만 전했다. 나아만은 엘리사를 하나님의 선지자 이전에 자신을 대접해야 하는 사람이라고 생각했다. 나아만은 자신의 기대가 채워지지 않자 화가 났다.

우리는 하나님 앞에 나올 때 정치가의 모습으로 나오면 안 된다. 기업가의 모습으로 나오면 안 된다. 우리는 그저 한 사람의 병든 사람으로 나와야 한다. 그럴 때 치료를 받을 수 있다.

또 나아만은 엘리사에게 올 때 많은 재물을 가져왔다. 그 액수를 환산하면 상당하다는 것을 알 수 있다. 먼저 그가 가져온 은 10달란트는 340-600킬로그램으로, 값으로 환산하면 1억 7천만 원에서 3억 원 사이의 금액이나 된다. 또 그가 가져온 금 6,969킬로그램은 현 시세로 29억 원 정도 된다. 나아만은 치료를 받으러 오면서 막대한 돈을 가지고 왔다. 그는 치료를 위해서 믿음 대신 돈을 들고 왔다. 자신의 권력으로 치료를 받지 못하면 돈의 힘으로라도 치료를 받으려고 한 것이다.

하지만 엘리사는 나아만이 돈이 아닌 믿음을 가지고 나오길 바랐다. 그래서 나아만이 왔는데 나와 보지도 않고 만나지도 않고 물질도 받지 않았다. 교회는 돈과 관계없다. 돈으로 살 수 있는 게 아니다. 오직 믿음으로만 살 수 있다. 하나님께 드릴 예물은 황금이나 돈이 아니라 믿음이다.

엘리사가 나아만에게 가르친 것은 돈보다 큰 가치, 즉 믿음이었다. 하나님 앞에서는 믿음만이 유일한 가치이다. 이 일을 계기로 나아만은 순종을 배운다. 나아만은 지금까지 이런 대우를 받아 본 적이 없을 것이다. 강대국 아람의 장군으로서 왕도 함부로 할 수 없는 지위를 지닌 그에게 일개 국가의 종교인이 말도 안 되는 치료법을 가르쳐 주었다. 엘리사는 나아만에게 요단 강에 가서 일곱 번 목욕하라고 했는데, 나아만이 볼 때 요단 강은 더럽고 작은 강일뿐이었다.

엘리사가 나아만에게 작고 더러운 요단 강에서 목욕하라고 한 것은 그곳에 신비한 힘이 있기 때문이 아니다. 힌두교에서는 갠지스 강을 성스럽게 여겨서 많은 사람이 그곳에서 1년에 한 번 목욕하는 것을 성지순례의 과정으로 삼지만 특정 장소만 거룩한 것은 아니다.

하나님께 순종하는 믿음이 있는 곳이 성스러운 곳이다. 엘리사는 나아만의 순종을 보고자 했다. 우리 삶이 병들고 무너졌을 때 가장 중요한 것은 순종이다. 하나님의 말씀에 귀 기울이고 순종하는 것이 문제를 해결하는 열쇠이다.

이방인을 향한 하나님의 은혜

나아만이 요단 강에서 목욕을 하고 나자 놀랍게도 몸이 다 나았다. 온갖 약과 종교행위에도 낫지 않던 피부가 아기처럼 깨끗하게 치료되었다. 나아만은 하나님의 치료를 기적적으로 체험하자 마음이 달라졌다. 과거에 몰랐던 하나님을 이제 믿게 된 것이다.

"…내가 이제 이스라엘 외에는 온 천하에 신이 없는 줄을 아나이다. 청하건대 당신의 종에게서 예물을 받으소서 하니"(왕하 5:15).

나아만은 자신의 능력과 힘으로 지금의 자리까지 올랐다고 생각해 왔지만 지금은 아니다. 하나님을 만난 그는 아람 왕국의 화려한 신전이 아니라 이 작은 나라에 참된 신이 있다는 것을 깨달았다. 나아만은 하나님을 섬기기로 결심하고 난 후에 엘리사에게 한 가지를 요청한다.

"…여호와께서 당신의 종을 용서하시기를 원하나이다 곧 내 주인께서 림몬의 신당에 들어가 거기서 경배하며 그가 내 손을 의지하시매 내가 림몬의 신당에서 몸을 굽히오니 내가 림몬의 신당에서 몸을 굽힐 때에 여호와께서 이 일에 대하여 당신의 종을 용서하시기를 원하나이다 하니"(왕하 5:18).

하나님을 믿기로 결심한 나아만은 고민이 있었다. 그는 아람의 장군으로서 왕을 보필하여 림몬의 신전에 들어가 이방신에게 고개를 숙여야 했다. 그는 자신이 그렇게 고개를 숙이더라도 진심이 아님을 하나님이 알아주시길 원했다.
하나님을 믿지만 어쩔 수 없이 우상 앞에 고개를 숙인다면 그 일은 이해될 수 있는 것일까? 이에 대해서 엘리사는 이렇게 말한다.

"엘리사가 이르되 너는 평안히 가라 하니라…"(왕하 5:19).

엘리사는 나아만에게 '된다', '안 된다'를 말하지 않았다. 그저 평안히 가라고 말했다. 이 말에 대해서 다양한 해석이 있다. 첫째는 나아만이 이방신에게 고개 숙이는 것을 엘리사가 허락했다는 주장이다. 믿는 마음이 중요하니 이해하고 허락한다는 것이다. 하지만 이 주장은 우상숭배에 엄격해서 분노하고 싸우기까지 했던 엘리사와 엘리야가 과연 나아만의 이 청을 허락했을까 하는 의문이 들게 한다.

둘째는 구체적 답을 회피했다는 주장이다. 평안히 가라는 말은 말 그대로 고향으로 평안히 가라는 인사말로, 엘리사는 나아만의 요청에 안 된다고 말하고 싶었지만 하지 않았다는 주장이다. 하지만 이 주장도 모자란다. 안 되면 안 된다고 정확하게 표현해야지 왜 평안히 가라고 했겠는가.

마지막 해석은 나아만의 나약함과 미숙함을 이해했다는 것이다. 이 해석이 가장 타당해 보인다. 나아만은 이제 막 하나님을 믿었다. 그래서 하나님을 믿고 의지하기로 결심은 했지만 아직 초신자이기에 성숙한 행동을 하기는 어려웠을 것이다. 엘리사는 이런 부분을 이해했기에 평안히 가라고 했을 것이다.

엘리사는 초신자의 연약함을 이해했다. 하지만 거기서 멈추지 않고 앞으로 달라질 것 또한 기대했다. 즉 믿음이 커지면 우상 앞에 가는 것을 거절할 때가 올 것을 기다렸다는 뜻이다. 믿음이 작거나 이제 막 믿기 시작한 사람들에게 큰 믿음을 기대하기는 어렵다. 그런 사람들은 그대로 이해해 주어야 한다. 하지만 더 큰 것은 그 초신자들이 더 큰 믿음을 가질 날이 올 것을 기대하는 것이다. 이것이 믿음의 여유이다.

인생은 종종 위기를 만난다. 하지만 그 위기는 하나님의 은혜를 체험할 수 있는 기회이기도 하다. 우리가 간구할 것은 하나님의 은혜이다. 하나님이 우리의 위기를 더 큰 은혜로 채우실 것이다.

5
조금만 더 마지막까지

"이는 주께서 아람 군대로 병거 소리와 말 소리와 큰 군대의 소리를 듣게 하셨으므로 아람 사람이 서로 말하기를 이스라엘 왕이 우리를 치려 하여 헷 사람의 왕들과 애굽 왕들에게 값을 주고 그들을 우리에게 오게 하였다 하고 해질 무렵에 일어나서 도망하되 그 장막과 말과 나귀를 버리고 진영을 그대로 두고 목숨을 위하여 도망하였음이라"(왕하 7:6-7).

세 명의 정치가가 협상 중이었다. 하지만 결론이 쉽게 나지 않았다. 정치가들은 서로 말꼬리를 잡고 논의보다는 비난하는 데 열중했다. 정치가들은 협상을 내일로 미루고 해변으로 나갔다. 그들은 산책을 하면서도 여전히 자신들의 당파와 정치가 더 뛰어나다고 주장했다.

그러다 해변에서 게를 잡는 어부를 발견했다. 어부는 게를 잡아서 바구니에 담고 또 해변으로 나가서 게를 잡았다. 정치인들이 가만히 보니 게를 잡아넣은 바구니에 뚜껑이 없었다. 속이 얕은 바구니여서 게들이 기어나가기에 충분한데 뚜껑을 덮지 않는 것이 이상했다.

"아저씨, 그냥 두면 게들이 기어나올 텐데 왜 뚜껑을 열어 두십니까?"

그러자 어부가 낮은 목소리로 말했다.

"이 게라는 동물은 정치가와 같아서 한 마리가 기어나가려고 하면 다른 게가 득달같이 달려들어서 끌어내려요. 그러니 뚜껑을 덮을 필요가 없다오."

게들이 조금만 더 지혜로운 동물이었다면 서로 도와서 능히 다 탈출할 수 있을 텐데 오히려 서로 잡고 늘어져서 다 같이 죽는 모습을 보여 준다. 이런 게의 모습은 우리 인간에게도 있다. 우리도 어부한테 잡힌 게처럼 인생의 바닥에서 서로 돕고 상생하는 방법을 찾기보다 잘 살 수 있는 사람까지 못살게 군다. 그게 인간이다. 다른 사람을 높여 주고 귀하게 여기기보다 멸시하고 무시하는 게 사람의 습성이다.

바닥에서 드러나다

사람의 진정성은 알기 어렵다. 물의 깊이는 알 수 있지만 사람의 마음속은 잴 방법이 없다. 하지만 그 속이 드러날 때가 있다. 바로 고난에 처할 때, 인생의 바닥에 다다랐을 때이다. 아람과 이스라엘 사이에는 많은 일이 있었다.

아람 왕 벤하닷이 이스라엘을 침공했다. 나아만이 이스라엘의 엘리사를 통해 중병을 치료 받았다. 또 엘리사를 죽이러 왔던 아람의 군인들이 오히려 엘리사 덕분에 죽지 않고 돌아갔다. 아람 군대는 다시 이스라엘을 침공해서 이번에는 사마리아만 공략하고 포위했다. 왜 이렇게 아람은 이스라엘을 침공할까? 하지만 이 일들은 오랜 기간에 걸쳐 일어났다. 벤하닷 왕이 등장하는데, 이 이름 역시 대대로 물려받은 이름이거나 다시 쓰는 이름인 듯하다. 나아만의 일을 모르는 왕이 즉위하자 확장과 정복의 길목에 있는 이스라엘을 점령하려는 노력이 계속 있었던 것으로 추측된다.

벤하닷은 이번에는 이스라엘 전부가 아니라 사마리아만 집중 공략해서 효과를 봤다. 아람 왕과 군대가 사마리아를 포위하고 생필품을 비롯한 물자의 수송을 막자 사마리아는 심각한 굶주림에 처한다. 얼마나 심각했던지 식용이 금지된 나귀 머리가 은 80세겔에 팔릴 정도였다. 비둘기 똥 0.3그램이 은 5세겔에 팔렸다. 여기서 비둘기 똥은 진짜 비둘기 똥이라기보다는 콩 종류의 먹기 힘든 음식을 가리킨다는 해석도 있다. 하여튼 하찮은 먹거리마저 비싼 음식이 되었다.

심각한 기근과 적군의 포위는 모두를 힘들게 했다. 이런 와중에 참담한 재판이 벌어졌다. 내용인즉, 한 여인이 몹시 굶주려서 이웃집 여자와 상의하기를 오늘은 자기 집 아들을 잡아먹고 내일은 이웃집 아들을 잡아먹기로 했는데, 이 여자의 아들을 잡아먹고 다음날 이웃집 여자의 아들을 잡아먹으려고 하니 이웃집 여자가 자기 자식을 숨겨 두고 내놓질 않는다는 것이다. 이 이야기를 들은 왕은 좌절했다. 여자가 찾아와 도움을 청하는 장면은 마치 솔로몬에게 두 여자가 찾아와 자식을 찾아 달라고 요청했던 장면과 유사하다. 솔로몬은 지혜로 이 문제를 해결했지만 지금 이 왕은 그럴 수 없었다. 그래서 옷을 찢으며 분노하고 슬퍼한다. 그런데 이때부터 왕의 본성이 드러난다.

"왕이 이르되 사밧의 아들 엘리사의 머리가 오늘 그 몸에 붙어 있으면 하나님이 내게 벌 위에 벌을 내리실지로다 하니라"(왕하 6:31).

좌절한 왕이 갑자기 이 모든 문제의 원인을 엘리사에게 돌렸다. 엘리사는 왕을 도왔지만 왕은 과거의 일은 생각하지 못하고 모든 문제의 원인을 하나님께 돌린 것이다. 왕이 옷을 찢을 때 회개하고 기도할 때 입는 굵은 베옷이 보였다. 이는 그가 어느 정도 신앙이 있었음을 시사한다. 하지만 그의 믿음은 심각한 고난과 좌절의 밑바닥에 다다르자 본 모습을 드러냈다. 그는 소리 지르며 원망한다.

"…왕이 이르되 이 재앙이 여호와께로부터 나왔으니…"(왕하 6:33).

사람은 어리석게도 문제의 원인을 엉뚱한 데서 찾는다. 한 나라가 침탈당한 이유는 우선 군사적 실책에 있다. 왕이 나라를 제대로 다스리지 못하고 전쟁에 대비하지 못한 잘못이다. 하지만 지금 왕은 문제의 원인을 자신의 잘못된 치리와 정책에서 찾지 않고 다른 곳에서 찾고 있다. 바로 보이지 않는 하나님과 엘리사이다.

하지만 인생이 바닥에 내려앉았을 때 오히려 자신의 부족함을 직시하고 하나님께 무릎 꿇는 이들도 있다.

> "내가 여호와를 항상 송축함이여 내 입술로 항상 주를 찬양하리이다… 젊은 사자는 궁핍하여 주릴지라도 여호와를 찾는 자는 모든 좋은 것에 부족함이 없으리로다…의인은 고난이 많으나 여호와께서 그의 모든 고난에서 건지시는도다"(시 34:1, 10, 19).

참 아름다운 시이다. 이 시의 부제목은 '다윗이 아비멜렉 앞에서 미친 체하다가 쫓겨난 후에 지은 시'이다. 다윗은 살아남기 위해서 망명을 신청했지만 오히려 죽을 위기에 처하자 침을 흘리고 괴이한 행동을 하면서 간신히 생명을 유지했다. 장군까지 했던 사람으로서 너무 자존심 상하고 좌절되는 순간이었다. 하지만 다윗은 그렇게 인생의 바닥에 떨어진 상태에서 하나님을 송축하는 시를 지었다.

세상이 어두울수록 빛은 그 가치를 드러낸다. 그곳에서 우리 믿음의 참 가치가 드러난다. 인생의 바닥에서 우리가 드러내는 것은 비열함이나 졸렬함이 아니라 참된 믿음이 되어야 한다.

인내하고 인내하라

조금만 더 견뎠으면, 조금만 더 기다렸으면 모든 게 잘 될 수 있는데, 기다리지 못해서 일을 망치는 경우가 있다.

리더십 강의에 종종 나오는 이야기가 하나 있다.

골드러시가 한참이었던 서부 개척시대에 한 청년이 금맥을 찾아다녔다. 그 청년도 다른 사람들처럼 금맥을 찾아서 부자가 되고 싶었다. 그는 금맥이 있을 만한 곳을 찾아서 파고 또 팠다. 하지만 아무리 파도 금은 나오지 않았다. 한 달, 두 달, 1년, 2년을 팠지만 성과가 없었다. 청년은 너무 지쳐서 모든 장비와 땅을 팔아버리고 고향으로 돌아왔다.

그런데 얼마 후에 깜짝 놀랄 이야기를 들었다. 그의 땅을 산 사람이 그가 파던 탄광을 파서 금맥을 찾아 백만장자가 되었다는 것이다. 그가 파다 멈춘 곳의 1미터 아래에서 금맥을 발견했다고 하니 얼마나 안타까웠겠는가.

이야기는 여기서 끝나지 않는다. 그 청년은 이 일을 교훈 삼아 보험업에 뛰어들었고 힘들 때마다 '1미터 아래'를 되새기며 성실하게 일했다. 그리고 마침내 미국 보험왕이 되었다. 이 이야기는 인내의 소중함에 대해서 말한다. 인내는 이렇게 중요하다.

이스라엘 왕에게도 필요한 최고의 미덕은 인내였다. 그가 조금만 인내했더라면 놀라운 역사를 볼 수 있었을 것이다. 하지만 그는 인내하지 못하고 엘리사를 죽이려고 암살자를 보냈다. 그는 자신의 조급함을 이렇게 표현했다.

"…어찌 더 여호와를 기다리리요"(왕하 6:33).

그는 인내하지 못했다. 엘리사는 왕과 자신을 죽이러 온 군인을 향해서 하나님의 말씀을 전한다.

"…여호와께서 이르시되 내일 이맘때에 사마리아 성문에서 고운 밀가루 한 스아를 한 세겔로 매매하고 보리 두 스아를 한 세겔로 매매하리라 하셨느니라"(왕하 7:1).

단 하루만 기다렸으면 어마어마하게 비싼 식량이 헐값이 될 것이었다. 문제가 해결되는 순간이 바로 내일이었다. 물론 이 말을 믿지 못한 사람들이 있었다. 우선 왕이 신뢰하던 장관이었는데 그 사람은 하나님이 아무리 전능하셔서 하늘 문이 열리고 식량이 쏟아진대도 그런 일은 불가능하다고 단정했다. 그는 극심한 상황 앞에서 좌절과 불신에 빠졌다.

하지만 다음 날이 되자 엘리사의 예언대로 모든 문제가 해결되었다. 이스라엘을 포위하고 있던 아람 군대가 도망가고 엄청난 양의 식량이 아람 군대의 곳곳에서 운반되어 왔다. 그리고 곧 그 식량이 헐값에 거래되었다. 하늘의 창문이 열려도 불가능하다고 말했던 장관은 성문에서 드나드는 사람들을 막으려다가 밟혀서 죽고 만다.

아람군이 사마리아 성을 포위한 것을 푸는 것은 이스라엘로서는 어떻게 할 수 없는 문제였다. 왕도 엘리사도 할 수 있는 방법이 없었다. 이때 할 수 있는 일은 기다리고 인내하는 것이다.

왕이 단 하루만 더 인내했더라면 그는 하나님의 능력을 보았을 것이다. 단 하루만 더 견뎠더라면 불신과 의심의 왕이 아니라 하나님의 사랑과 능력을 받는 왕이 되었을 것이었다.

사도 바울은 인내의 유익을 이렇게 말한다.

"…우리가 환난 중에도 즐거워하나니 이는 환난은 인내를, 인내는 연단을, 연단은 소망을 이루는 줄 앎이로다"(롬 5:3-4).

야고보서에서는 이렇게 말한다.

"보라 인내하는 자를 우리가 복되다 하나니 너희가 욥의 인내를 들었고 주께서 주신 결말을 보았거니와 주는 가장 자비하시고 긍휼히 여기시는 이시니라"(약 5:11).

고난이 우리를 침범할 때, 극심한 고통 중에서 허우적거릴 때 우리는 포기해서는 안 된다. 주저앉아서는 안 된다. 마지막까지 인내하고 견뎌야 한다. 그 끝에서 하나님이 긍휼의 손을 펼치고 기다리고 계신다. 비록 우리 눈에는 늦어 보이지만 하나님에게는 늦은 게 아니라 적당한 때이다. 하나님이 가장 적당한 때에 우리를 도우신다.

기쁜 소식을 전하는 사람들

사마리아 성 앞에 밑바닥 인생들이 있었다. 문둥병자들이었다. 이들 네 명이 모여서 이야기를 나누다가 아람 군대에 가보기로 했다.

> "…우리가 어찌하여 여기 앉아서 죽기를 기다리랴 만일 우리가 성읍으로 가자고 말한다면 성읍에는 굶주림이 있으니 우리가 거기서 죽을 것이요 만일 우리가 여기서 머무르면 역시 우리가 죽을 것이라 그런즉 우리가 가서 아람 군대에게 항복하자 그들이 우리를 살려 두면 살 것이요 우리를 죽이면 죽을 것이라 하고"(왕하 7:3-5).

문둥병자는 이미 버려진 사람들이다. 기댈 곳도 없고 기대하는 사람도 없으며 천형을 짊어지고 죽을 날만 기다리는 사람들이다. 그래서 그들은 자신들이 버려진 인생이기에 아람 군대도 죽이지 않을 것이라고 생각했다. 불쌍히 여겨서 먹을 것을 조금 줄지도 모른다고 생각했다.

그런데 놀라운 일이 생겼다. 가보니 병영이 텅 비어 있었다. 그 이유를 성경은 이렇게 설명한다.

> "이는 주께서 아람 군대로 병거 소리와 말 소리와 큰 군대의 소리를 듣게 하셨으므로 아람 사람이 서로 말하기를 이스라엘 왕이 우리를 치려 하여 헷 사람의 왕들과 애굽 왕들에게 값을 주고 그들을 우리에게 오게

하였다 하고 해질 무렵에 일어나서 도망하되 그 장막과 말과 나귀를 버리고 진영을 그대로 두고 목숨을 위하여 도망하였음이라"(왕하 7:6, 7).

아람 군인들은 군대가 몰려오는 소리를 듣고 이스라엘이 용병을 고용해서 전쟁하는 것으로 오해하고 모두 도망갔다.

네 명의 문둥병자는 텅 빈 진지 곳곳에서 산처럼 쌓인 음식을 먹고 재물을 챙겼다. 그러다 문득 자신들이 잘못하고 있다고 느꼈다.

"…우리가 이렇게 해서는 아니되겠도다 오늘은 아름다운 소식이 있는 날이거늘 우리가 침묵하고 있도다 만일 밝은 아침까지 기다리면 벌이 우리에게 미칠지니 이제 떠나 왕궁에 가서 알리자 하고"(왕하 7:9).

그들은 동족이 배고픔에 지쳐서 서로 잡아먹을 만큼 위태한 상황인데 자신들만 이렇게 잘 먹는 것은 잘못이라고 생각했다. 이런 풍요는 그들이 잘해서 얻어진 것이 아니다. 그들이 할 일은 기쁨을 나누는 것이었다. 다른 이들과 나누어서 모두가 행복해지는 일이었다.

우리 시대도 동일한 문제가 있다. 어떤 사람들은 절대빈곤에 시달린다. 이런 풍요의 시대에 먹을 것이 없어서 괴로움을 겪는 이들이 있다. 하지만 어떤 이들은 이스라엘의 문둥병자처럼 필요한 것을 거저 얻기도 한다. 부유한 사람들이 자신들만 그 부요를 누린다면 그것은 죄이다. 그 화려함과 풍요 사이에 형제들 누군가는 어려움을 당하고 있기 때문이다.

문둥병자들은 자신들에게 생겨난 일이 얼마나 귀하고 중요한 일인지 알았다. 그들은 사명감으로 밤에 길을 나섰다. 이 소식을 어서 속히 알려 주어야 했기 때문이다.

우리 그리스도인들에게 주어진 삶도 바로 이런 사명을 감당하는 것이다. 우리에게 주신 행복과 은혜는 우리만의 것이 아니다. 나눠야 하는 것이다. 나누면 더욱 커지고 좋아진다. 네 명의 문둥병자가 이스라엘에 이 소식을 전하자 모두가 풍요를 누리고 행복해진다.

네 명의 문둥병자를 보라. 사회적으로 배척당하고 경제적으로나 공동체적으로 이방인에 해당하는 사람들을 하나님이 사용하셨다. 이게 하나님의 마음이다. 하나님은 우리의 모습과 관계없이 우리를 사용하신다. 하나님은 우리의 질병이나 신분과 관계없이 우리를 귀하게 사용하신다.

6
때를 따라 넘치는 감사

"게하시가 곧 엘리사가 죽은 자를 다시 살린 일을 왕에게 이야기할 때에 그 다시 살린 아이의 어머니가 자기 집과 전토를 위하여 왕에게 호소하는지라 게하시가 이르되 내 주 왕이여 이는 그 여인이요 저는 그의 아들이니 곧 엘리사가 다시 살린 자니이다 하니라"(왕하 8:5).

2014년, 한국개발연구원(KDI)은 전국의 20세부터 69세의 성인 남녀 3천 명을 대상으로 비교성향에 대해 조사해서 행복에 대한 흥미로운 연구를 발표했다. 연구 결과에 따르면 타인과 비교하는 성향이 강한 사람일수록 경제적으로 성공 지향적인 경향을 보였다. 이런 성향의 사람은 남의 눈을 많이 의식하기 때문에 주변 의견을 쉽게 따르는 집단 추종 경향이 있었고, 다수 속에 있을 때 안심하는 심리 상태를 드러냈다. 하지만 이들의 정신건강과 행복감, 삶의 만족도는 낮은 것으로 드러났다.

비교하는 성향이 강한 사람들은 만족도가 낮아서 불안감과 스트레스, 우울증, 불면증, 고독감이 높았고 사소한 걱정과 열패감, 식욕부진 등 종합적 심리건강지수가 현저하게 나쁜 것으로 드러났다. 부수적으로 병원 입원 경험과 음주 비율도 높았다.

결론적으로 남과 비교해서 살면 더 많이 갖기는 하지만 그만큼 더 불행해지기 쉽다.

한 여인이 말씀에 순종하고 주신 것에 감사한 이야기를 따라가 보면 하나님이 우리에게 때를 따라 베푸신 세 가지 은혜를 발견할 수 있다.

때를 맞춰 화를 피하다

엘리사는 이 말씀에서 이름만 등장하지만 그 이름만으로도 큰 역할을 하고 있다. 직접 나타나지도 않고 힘을 쓰지도 않는데 그 이름만으로도 하나님이 역사하셨다. 이번 이야기의 주인공은 수넴 여인이다. 수넴 여인은 열왕기하 4장에서 이미 등장했다. 엘리사가 먼 길을 오가며 사역할 때 수넴 여인이 자신의 집 다락방에 엘리사의 숙소를 마련하고 그곳에서 쉬어갈 수 있도록 배려했다.

수넴 여인은 이렇게 엘리사의 사역을 도운 사람이다. 이런 귀한 부인에게 여러 일이 있었지만 그 중 하나가 아들의 이야기이다. 원래 이 부인에게는 자식이 없었다. 성경을 보면 엘리사는 수넴 여인이 고마워서 무엇이든 도와주려 했지만 이 부부는 필요한 게 없다고 했다. 이 점으로 보아 자녀 문제를 포기한 게 아닌가 싶다. 하지만 고마웠던 엘리사는 하나님께 이 부부에게 자식을 주실 것을 구했고, 말씀대로 아이가 태어났다. 자식을 이미 포기했던 집안에 아이가 태어났으니 기쁨과 즐거움이 그 집에 가득했을 것이다.

그런데 어느 날 이 아들이 일사병에 걸려 순식간에 사망했다. 그 순간에 수넴 여인은 남편이나 의사를 찾지 않고 즉시 엘리사를 찾았다. 그리고 엘리사에게 자신의 아이를 살려 줄 것을 눈물로 호소했다. 그리고 엘리사는 즉시 돌아와서 죽은 아이를 살려 주었다. 이렇게 엘리사와 수넴 부인의 가정은 깊은 인연이 있었다. 그런데 어느 날 엘리사가 이 가정에 중요한 말을 한다.

"엘리사가 이전에 아들을 다시 살려 준 여인에게 이르되 너는 일어나서 네 가족과 함께 거주할 만한 곳으로 가서 거주하라 여호와께서 기근을 부르셨으니 그대로 이 땅에 칠 년 동안 임하리라 하니"(왕하 8:1).

현대에도 기근은 심각한 문제이지만, 옛날에는 천재지변에 가까운 일이었다. 하나님은 이스라엘에 계속해서 회개하고 돌아올 기회를 주셨지만 이스라엘은 그 기회들을 저버리고 오히려 바알을 섬겼다. 그래서 하나님은 7년이나 되는 긴 시간 동안 기근으로 이스라엘을 다스리기로 하셨다.

이 사실을 미리 안 엘리사는 수넴 여인에게 7년간 다른 나라로 가서 이 고난의 때를 피하라고 말해 주었다. 기근이 온다는 것은 중요한 정보이다. 하지만 믿지 않으면 아무 소용없는 정보이기도 하다. 이 소식을 듣자 수넴 여인은 블레셋으로 피신

하기로 한다.

하지만 이 결정은 상당히 어려운 결정이었다. 열왕기하 4장을 보면 수넴 여인을 '귀한 부인'이라고 묘사한다. 엘리사가 필요한 것이 있는지 물었을 때 없다고 할 정도로 물질적으로도 상당히 부요했다. 그런데 이 모든 재산을 두고 다른 나라로 떠나게 된 것이다. 급하게 내린 결정이기에 땅을 헐값에 팔거나 그냥 두고 가야 했다. 실제로 이 일 때문에 수넴 여인은 나중에 어려움을 당하기도 한다.

이들 부부에게 엘리사의 말은 결정하기 어려운 사항이었다. 만일 엘리사의 말이 사실이 아니라면 아까운 재산을 버릴 뿐만 아니라 삶의 터전도 잃어버리게 되는 셈이었다. 하지만 이 상황 속에서 수넴 여인은 믿음을 보인다.

"여인이 일어나서 하나님의 사람의 말대로 행하여 그의 가족과 함께 가서 블레셋 사람들의 땅에 칠 년을 우거하다가"(왕하 8:2).

수넴 여인은 엘리사의 말대로 행했다. 이것은 순종이다. 이 부인이 이사하고 떠난 것은 합리적 판단 때문이 아니었다. 엘리사의 말 때문이었다. 하나님의 말씀이기에 순종한 것이다.

믿음은 선택이다. 어떻게 될지 모르는 일을 결정하고 선택하는 것이 믿음이다. 수넴 여인은 그렇게 순종하여 7년간의 기근이라는 재난을 피할 수가 있었다. 여기서 우리는 하나님이 때에 맞춰 은혜를 주시는 것을 발견할 수 있다. 하나님은 그분의 백성이 화를 당하지 않게 때를 맞춰 은혜를 내리셨다. 하나님은 동시에 이스라엘에 남은 사람들에게도 은혜를 베푸셨다.

　기근을 통해서 이스라엘 사람들이 우상을 떠나서 돌아오기를 기대하고 기다리신 것이다. 고난이 있었지만 거기에는 하나님의 사랑이 있었다. 하나님은 그냥 우리가 벌 받고 고난 받는 것을 좋아하시는 것이 아니다. 우리가 저지르는 죄악으로 인한 고난을 통해 회개하고 돌아오기를 바라신다.

때를 맞춰 왕과 대화하다

인생은 우연처럼 보이는 일이 필연의 결과를 만들기도 한다. 수넴 여인에게 우연히 왕 앞에 나아간 일이 그녀의 인생에서 필연의 결과를 만들었다.

> "칠 년이 다하매 여인이 블레셋 사람들의 땅에서 돌아와 자기 집과 전토를 위하여 호소하려 하여 왕에게 나아갔더라"(왕하 8:3).

　7년이라는 기간이 다 차자 수넴 여인이 이스라엘로 돌아왔다. 그런데 돌아와 보니 다른 사람이 수넴 여인의 땅에서 농사를 짓고 있었다. 수넴 여인의 집에도 다른 사람들이 살고 있었다. 옛날에는 집의 소유권 등이 선명하지 않고 집을 비우면 거의 돌아오지 않는 일이 많았다. 그래서 수넴 여인이 7년씩이나 집을 비우자 다른 사람이 들어온 것이다.

또 당시 이스라엘 국법에 의하면 오랫동안 비워서 주인이 누구인지 불분명하고 소유권 행사가 안 될 경우에는 국가가 그 땅과 집을 소유하기도 했다. 지금 수넴 여인의 상황이 바로 이런 상황이었다. 어떤 주석가들은 수넴 여인의 집을 다른 이들이 불법으로 소유하고 돌려주지 않아서 왕에게 호소하러 갔다고 해석하고, 또 어떤 이들은 왕이 수넴 여인의 소유를 흔쾌히 돌려주고 지난 7년간의 소출까지 돌려주라고 명한 것을 근거로 수넴 여인의 재산을 국가가 소유했다고 보기도 한다. 대부분의 주석가들은 두 번째 해석을 선호한다.

어쨌든 수넴 여인은 재산을 되찾기 위해 왕에게 호소해야 했다. 그런데 여인은 남편 없이 혼자 왕 앞에 나왔다. 열왕기하 4장에서는 분명 남편이 있었으나 7년이라는 세월이 지난 후 집과 땅을 되찾는 중요한 일에 남편이 없었다. 7년 사이에 남편이 사망한 것으로 추측된다. 수넴 여인은 이제 과부가 되었다. 여인으로서는 어려운 상황에 처한 것이다. 아마도 많은 걱정을 했을 것이다. 남자들도 해결하기 어려운 문제를 여자의 몸으로 해결해야 하는데 얼마나 오래 걸릴지, 얼마나 힘들지 걱정이 되었을 것이다. 그런데 여기에 다시 하나님의 놀라운 사랑이 개입한다.

"그때에 왕이 하나님의 사람의 사환 게하시와 서로 말하며 이르되 너는 엘리사가 행한 모든 큰일을 내게 설명하라 하니"(왕하 8:4).

열왕기하 8장 4절은 이렇게 시작한다. "그때에". 수넴 여인이 왕을 찾아갔을 때, 마침 그 자리에 엘리사의 몸종 게하시가 있었다. 그 자리에 게하시가 있었다는 것은 두 가지를 추측하게 한다. 게하시는 나아만 장군의 사건 때 욕심을 부려서 몸에 문둥병이 생겨난 타락한 종으로 나온다. 하지만 여기에 게하시가 등장하는 것을 보아 이 사건은 게하시가 타락하기 전에 발행한 일이라고 추측된다. 하지만 목회자들의 해석은 다르다. 게하시가 죄를 지었지만 회개해서 하나님이 그를 치료하여 주셨다는 것이다.

하나님은 회개하는 사람을 저버리지 않으신다. 그런 점에서 게하시가 회개하고 치료받았을 수도 있다. 어쨌든 마침 게하시가 그 자리에서 왕에게 엘리사가 얼마나 유능하며 얼마나 많은 기적을 일으켰는지 이야기했다. 그때 수넴 여인이 온 것이다. 그러자 게하시가 말한다.

"게하시가 곧 엘리사가 죽은 자를 다시 살린 일을 왕에게 이야기할 때에 그 다시 살린 아이의 어머니가 자기 집과 전토를 위하여 왕에게 호소하는지라 게하시가 이르되 내 주 왕이여 이는 그 여인이요 저는 그의 아들이니 곧 엘리사가 다시 살린 자니이다 하니라"(왕하 8:5).

게하시가 막 수넴 여인의 아이를 살린 일을 이야기하고 있는데 수넴 여인과 아들이 입장했다. 그들을 보고 게하시가 반갑게 말한다. "바로 저들이 내가 이야기하고 있는 사람들입니다." 하나님은 이렇게 증언할 사람을 마련해 주셨다.

열왕기하 8장 5절에서도 "이야기할 때에"라고 말한다. 여기서도 하나님이 때마침 베푸시는 은혜를 발견할 수 있다. 왜 하필 수넴 여인이 오고 있을 때 게하시는 엘리사 이야기를 하고 있었을까? 이것이 하나님의 은혜이다. 예상하지 못한 시간과 장소에 하나님이 은혜를 베푸셨다. 마침 이런 이야기를 하고 있었기에 왕은 수넴 여인의 사정을 이해하고 문제를 해결해 주었다.

수넴 여인에게는 7년이라는 긴 시간의 공백이 있었다. 그래서 문제 해결이 오래 걸릴 수밖에 없었다. 어떤 국가 기관이 돈이 되는 많은 땅과 이득을 쉽게 넘겨주겠는가. 오랜 시간의 법적인 문제와 다툼이 기다리고 있었는데 하나님이 왕을 통해서 모든 법적, 경제적 문제를 한 번에 해결해 주셨다.

"왕이 그 여인에게 물으매 여인이 설명한지라 왕이 그를 위하여 한 관리를 임명하여 이르되 이 여인에게 속한 모든 것과 이 땅에서 떠날 때부터 이제까지 그의 밭의 소출을 다 돌려 주라 하였더라"(왕하 8:6).

해결되는 방법 또한 놀랍다. 왕은 이 여인을 위해서 관리를 별도로 임명해서 집과 땅을 돌려주게 한다. 또한 7년간 그 땅에서 나온 모든 수확까지 다 돌려받게 한다. 여인은 재산을 하나도 잃지 않고 다 돌려받았다. 온전한 회복이다.

수넴 여인이 받은 은혜는 회복이다. 하나님은 우리 문제를 해결하실 뿐만 아니라 다시 원래의 모습으로 회복시켜 주시는 회복의 하나님이시다. 하나님은 지금도 죄와 탐욕으로 망가지고 부서진 우리의 삶을 회복시키길 간절히 원하신다.

수넴 여인이 홀로되어 위태로운 상황에서 경제적인 문제와 암담한 삶을 회복시켜 주신 데에는 한 가지 조건이 있었다. 바로 순종이다. 엘리사 선지자를 섬기고 죽은 아들을 되살리는 일에도 수넴 여인의 순종이 있었다. 엘리사의 말만 듣고 7년 동안 고향을 떠난 것도 하나님의 말씀에 순종했기에 가능한 일이었다.

회복되기 위해서는 하나님께 순종해야 한다. 어렵고 힘들지만 순종할 때 회복할 수 있다. 하나님의 은혜를 누리고 살아가길 원한다면 믿음의 순종을 해야 한다.

7
구경하는 사람, 실천하는 사람

"예후가 일어나 집으로 들어가니 청년이 그의 머리에 기름을 부으며 그에게 이르되 이스라엘 하나님 여호와의 말씀이 내가 네게 기름을 부어 여호와의 백성 곧 이스라엘의 왕으로 삼노니 너는 네 주 아합의 집을 치라 내가 나의 종 곧 선지자들의 피와 여호와의 종들의 피를 이세벨에게 갚아 주리라"(왕하 9:6-7).

카일이라는 캐나다의 한 청년이 기상천외한 일을 했다. 이 청년은 자신의 책상 위에 굴러다니던 빨간 클립 하나를 교환하자는 글을 인터넷에 올렸다. 처음에는 누가 교환할까 반신반의했다. 그런데 벤쿠버에 사는 사람이 자기의 물고기 펜과 바꾸자고 했다. 카일은 다시 그 펜을 특이한 모양의 문 손잡이와 바꾸었고 그 문 손잡이는 곧 캠핑 스토브와 교환되었다. 스토브는 다시 휴대용 발전기와 바뀌었고 발전기는 생맥주 한 통과 바뀌었다. 생맥주 한 통은 스노모빌과 교환되었고 이후에는 야크 여행권, 이삿짐 운반용 밴, 음반 취입계약서, 피닉스의 집 1년 양도권으로 15차례에 거쳐 교환되다가 마지막에는 집 한 채와 교환되었다.

아무도 생각하지 못했던 일이지만 카일은 1년 동안 15차례 물건을 교환하여 집을 얻었다. 아이디어가 이렇게 중요하다. 하지만 아무리 훌륭한 아이디어라도 행동에 옮기지 않으면 소용이 없다.

행동하는 신앙인 예후는 우리 신앙이 구경만 하는 신앙인지 아니면 행동하는 신앙인지 돌아보게 한다.

하나님이 사명을 받을 사람을 찾으신다

북이스라엘은 큰 혼란을 겪고 있었다. 왕들은 우상을 숭배했고 백성은 하나님을 멀리했다. 정치는 불의했고 종교는 힘이 없었다. 이런 정치적, 영적 혼란 가운데서 하나님이 한 사람을 사용하여 개혁을 이루신다. 그의 이름이 예후이다.

예후는 군대 장관이었다. 그는 장관들 중에서도 가장 유력하고 개혁적인 인물이었던 것 같다. 하나님도 그래서 그를 사용하신다. 하나님의 사람 엘리사는 제자를 예후에게 보내어 이렇게 말한다.

> "…여호와의 말씀이 내가 네게 기름을 부어 이스라엘 왕으로 삼노라 하셨느니라 하고 곧 문을 열고 도망하되 지체하지 말지니라 하니"(왕하 9:3).

예후는 하나님으로부터 나라를 변화시키라는 명령을 받았다. 이런 명령을 사명이라고 한다. 북이스라엘은 타락하여 우상을 숭배하고 하나님을 잊어 가는 나라였다. 이런 가운데서 하나님은 예후에게 타락하고 혼란한 나라와 정치를 바로 잡으라는 사명을 주셨다.

미국의 식물학자이자 발명가 조지 워싱턴 카버(George Washington Carver)는 땅콩박사로 불린다. 19세기 중순, 아직 인종차별이 심한 시대에 공부에 대한 열정과 재능이 넘쳤던 그는 아이오와 주립대학에서 농업을 전공하고 그 학교의 교수가 될 조건까지 갖추었다.

하지만 그는 다시 흑인들에게 돌아왔다. 당시에는 이미 노예제도가 철폐된 뒤였지만 많은 흑인이 가난에서 벗어나지 못하고 있었다. 카버 박사는 그들의 가난을 해결하고 싶었다. 땅콩이 거친 곳에서도 잘 자라고 토양을 기름지게 한다는 것을 알게 된 그는 땅콩을 재배했다. '하나님의 작은 실험실'이라고 이름 붙인 그의 연구실에서는 땅콩으로 만든 기름과 우유, 아이스크림, 물감, 구두약, 화장품 등 105가지 식품과 200가지 상품이 탄생했다. 그는 땅콩으로 흑인들을 먹이고 가난에서 탈출시키는 것을 사명으로 알고 헌신한 사람이다.

사명을 깨달은 사람은 역사를 바꾼다. 하나님이 흑인들을 자유롭게 하기 위해 조지 워싱턴 카버를 쓰셨다. 하나님이 북이스라엘을 변화시키기 위해서 예후를 사용하셨다. 한국 땅도 변화시키기 원하시는 하나님은 사명을 받을 사람을 찾으신다. 그 사명을 받을 사람은 바로 우리이다.

사명자는 실행하라

예후에게는 하나님이 사용하시기 좋은 장점이 있었다. 우선 그는 말씀의 실천자였다. 엘리사의 제자가 와서 예후에게 기름을 붓자 그는 쇠뿔도 단김에 빼랬다고 즉각 행동을 취했다. 그는 실천력이 아주 강했는데 아마도 성격과 관계가 있는 듯하다.

"…그 병거 모는 것이 님시의 손자 예후가 모는 것 같이 미치게 모나이다"(왕하 9:20).

예후는 평소에 말 타는 모습도 무척이나 거칠었다. 오늘로 말하면 폭주족에 가까웠을 것이다. 이런 거친 성격이 그의 행동과 신앙도 즉각적이게 했다. 부하들이 엘리사의 제자가 왜 왔는지 묻자 그는 왕으로 기름부음 받은 것을 감추지 않았다. 이 말을 들은 부하들은 바로 그 자리에서 예후를 왕으로 추대하며 바닥에 자신들의 옷을 깔고 예후가 그 위를 걷도록 했다. 또 나팔을 불며 왕이 세워졌음을 선언했다. 이런 모습으로 보아 부하들도 상관과 생각이 일치했음을 알 수 있다. 나라가 더는 불의하고 타락하면 안 되겠다는 점에 동의했던 것 같다.

예후는 행동했다. 오랫동안 생각하고 계획하지 않았다. 사명을 주셨으니 길도 열릴 것이라고 믿고 행동했다. 그는 바로 부하들과 요람 왕에게로 갔다. 그리고 요람 왕을 만나자마자 그를 향해 직접 활을 쏴서 죽였다. 요람 왕과 같이 있던 남유다의 왕도 죽였다.

원래 그는 유다 왕을 죽일 의도는 없었다. 하지만 하필 그때 그가 요람 왕 옆에 있었다. 유다 왕 아하시야는 아합 가문과 몹시 가까웠다. 그는 아합의 딸과 결혼함으로써 사돈관계를 맺었고, 부인을 통해서 우상을 받아들이고 타락했다. 더군다나 악한 왕과 같이 있음으로써 악한 부류에 속하게 되었다. 악한 이들과 가까이 있으면 가깝다는 이유 때문에 함께 벌을 받기도 한다. 우리 가까이에 있는 사람들은 어떤 사람들인가?

예후는 여세를 몰아 이스라엘의 수도까지 가서 마저 개혁을 펼치는데 그 과정에서 이세벨이 죽었다. 이세벨도 대단한 여자였던 것 같다. 죽을 것을 알면서도 성 아래에 예후가 다다르자 화장을 하고 나타났다. 감히 네가 나를 어쩌겠느냐는 자신감이 었는지도 모른다. 어떤 주석가는 이세벨이 예후를 유혹하려고 했던 것이라고 해석한다. 하지만 이세벨의 자식도 이미 나이가 많은 것으로 봐서 노년에 접어든 이세벨이 아름다움으로 예후를 유혹하려고 했다고 보기에는 무리가 있다. 이세벨은 오만하게 있다가 결국 두 관리에 의해서 성 밖으로 떨어져서 죽는다.

많은 사람이 신앙을 구경만 한다. 하나님이 우리에게 명령하시고 우리에게 사명을 주셨지만 우리는 행동하지 않고 구경만 한다. 예배 시간에도 참여하기보다는 구경을 한다. 성경을 읽는 자리에 가서도 말씀을 읽기보다는 구경하기를 좋아한다. 이렇게 구경하는 신앙은 실천하는 신앙과 다르다.

하나님이 불의를 심판하신다

하나님은 기억하시고 반드시 심판하신다. 아합 왕의 죄는 컸다. 오늘 우리가 그의 두 가지 죄를 기억한다. 먼저, 그는 하나님을 잘 믿는 이들을 핍박했다.

> "너는 네 주 아합의 집을 치라 내가 나의 종 곧 선지자들의 피와 여호와의 종들의 피를 이세벨에게 갚아 주리라"(왕하 9:7).

아합은 우상을 위해서 선지자들과 여호와의 종들을 죽였다. 이 탄압과 억압의 역사를 하나님은 기억하시고 이에 대해 응보하신다.

두 번째는 나봇이 흘린 억울한 피이다.

> "여호와께서 말씀하시기를 내가 어제 나봇의 피와 그의 아들들의 피를 분명히 보았노라 여호와께서 또 말씀하시기를 이 토지에서 네게 갚으리라"(왕하 9:26).

하나님은 아합과 이세벨 때문에 억울하게 죽은 나봇과 그 자녀의 피를 기억하셨다. 그리고 그것에 대해 응보하고 심판하겠다고 하셨다. 하나님은 악을 기억하신다. 그런데 왜 바로 심판하지 않고 이제서야 심판하시는 걸까? 하나님이 아합을 심판하려 하실 때 아합이 진심으로 회개했기 때문이다.

"아합이 이 모든 말씀을 들을 때에 그의 옷을 찢고 굵은 베로 몸을 동이고 금식하고 굵은 베에 누우며 또 풀이 죽어 다니더라"(왕상 21:27).

아합은 선지자의 심판의 메시지를 듣고 진심으로 회개했다. 옷을 찢고 거친 베옷을 입고 금식했다. 이 모습을 보신 하나님이 그에게 자비를 베푸셨다.

"아합이 내 앞에서 겸비함을 네가 보느냐 그가 내 앞에서 겸비하므로 내가 재앙을 저의 시대에는 내리지 아니하고 그 아들의 시대에야 그의 집에 재앙을 내리리라 하셨더라"(왕상 21:29).

하나님은 자비의 하나님이시다. 그래서 회개하는 이를 보면 은혜를 베풀고 기회를 주신다. 아합 같은 사람이 회개하자 하나님은 그에게 적어도 심판을 연기해 주셨다. 그리고 그 심판이 요람 왕 때에 임했다.

하나님의 심판은 철저해서 먼저 아합 왕의 후손인 요람 왕이 죽는다. 그리고 이세벨이 죽는다. 이세벨의 죽음은 처참하다. 이세벨은 높은 성 위에서 떨어져 죽는다. 그리고 예후가 성 안에 들어가 일을 보는 동안 들개들이 이세벨의 시체를 뜯어 먹는다. 특히 나봇의 죽음을 주도한 사람이 이세벨이었기에 마땅한 형벌이었다. 젊어서는 아름답고 이스라엘을 호령했지만 모든 권력과 아름다움도 평생 가지 못했다. 이세벨은 결국 죽을 때 시신조차 제대로 남기지 못했다.

아합 집안에 대한 하나님의 심판은 거기서 멈추지 않았다. 열왕기하 10장에 보면 아합의 자녀 70명이 모두 죽는다. 새로운 왕이 섰다는 이야기를 듣자 각 성의 지도자들이 아합의 자녀들을 죽여서 보내 왔다. 그만큼 백성의 마음은 아합을 떠나 있었다.

하나님은 의의 하나님이시다. 세상이 아무리 하나님을 두려워하지 않고 자기들 마음대로 하면서 하나님이 어디 계시냐고 조롱해도 하나님은 기억하신다.

의의 하나님을 기억하라. 하나님은 악을 심판하신다. 한때 천하를 호령하던 아합과 이세벨, 그 집안이 모두 심판을 받았다. 하나님을 믿는다면 심판의 하나님을 두려워하라. 의의 하나님을 믿는다면 불의를 기억하고 반드시 심판하시는 하나님을 기억하라. 하나님은 의로운 자는 복 주시지만 불의한 자는 심판하신다.

8
희망은 멀리 내다본다

"요아스가 그와 함께 여호와의 성전에 육 년을 숨어 있는 동안에 아달랴가 나라를 다스렸더라"(왕하 11:3).

퍼즐 맞추기는 여러 조각으로 나뉘어 있는 퍼즐을 온전한 그림으로 맞추는 놀이로, 아이들의 지능발달에 유용하다. 간단한 것은 8조각 퍼즐, 20조각 퍼즐, 30조각 퍼즐도 있지만 많은 것은 몇 천 조각부터 1만 조각 퍼즐까지 다양하다. 퍼즐 조각이 많을수록 맞추기 힘들고 어렵다.

그래서 퍼즐 맞추기는 아이들뿐만 아니라 어른들도 좋아하는 놀이다. 성인들이 동호회를 만들어 활동할 정도이다. 이와 비슷한 놀이가 레고이다. 레고 역시 비슷한 모양과 크기의 조각들로 다양한 것들을 창출할 수 있다. 조각일 때는 무엇이 될지 모르지만 만들면서 조립과 해체를 반복하다 보면 어느새 모양이 만들어진다.

이 두 놀이는 공통점이 있다. 처음 시작할 때는 혼란스럽다는 것이다. 그 조각이 그 조각 같고 정체를 알 수 없지만 조각들을 붙잡고 이리 저리 옮겨 보고 움직이다 보면 서로 맞는 것을 찾게 되고 점점 그림이 완성되어 간다.

또 오랜 시간이 걸린다는 공통점이 있다. 이것들은 오랜 시간 붙들고 여유를 가져야 하는 작업이다. 그래서 끈기가 필요하다. 이런 수고를 거친 후에야 비로소 온전한 모양을 볼 수 있다.

인생도 이런 놀이와 같다. 근시안적으로 봐서는 왜 이런 고통이 임했는지 모른다. 하지만 멀리서 보면, 시간이 지나면 그 의미가 보이고 모양이 보인다.

지금 어려움을 겪고 있다면 멀리서 보라. 우리를 향한 하나님의 손길을 발견하게 될 것이다. 종교개혁을 이끈 요아스 왕의 이야기는 하나님이 먼 훗날에 보여 주신 소망과 희망의 말씀을 이해하게 해준다.

하나님은 어디 계신가

이스라엘은 솔로몬 이후 북이스라엘과 남유다로 갈라졌다. 그리고 열왕기상·하에서는 주로 북이스라엘의 이야기가 나온다. 불행히도 북이스라엘은 대부분의 경우 하나님의 마음에 들지 못하고 끝없이 문제를 일으킨다. 이 모든 타락의 정점에 아합과 이세벨이 있다. 이세벨은 성경에서 가장 악한 여인으로 묘사된다. 우선 이세벨은 우상을 통해서 이스라엘을 정치적, 영적으로 후퇴시켰다. 또 자신의 이익을 위해서 불법과 악을 저지르는 것을 쉽게 생각했다. 이세벨 한 사람 때문에 아합도 타락하고 나라가 타락했다. 결국 이런 악한 영향력 때문에 이세벨은 처절한 최후를 맞이했다.

그런데 남유다에도 이세벨 같은 여자가 있었다. 아달랴라는 여자이다.

"아하시야의 어머니 아달랴가 그의 아들이 죽은 것을 보고 일어나 왕의 자손을 모두 멸절하였으나"(왕하 11:1).

남유다의 왕이었던 아하시야는 아합 집안과 사돈지간이었다. 그래서 예후가 북이스라엘에서 쿠데타를 일으켜 아합에 대한 심판을 내릴 때 옆에 있다가 함께 죽는다. 이렇게 왕이 죽게 되면 보통의 경우 아들이 그 뒤를 잇는다.

하지만 아하시야의 어머니 아달랴는 욕심이 났다. 자신이 하면 더 잘할 것 같았다. 권력을 손에 쥐고 싶은 욕심도 생겼다. 그래서 아달랴는 자신의 손주나 다른 왕손 중에서 왕이 될 만한 사람들을 모두 몰살시켰다. 아달랴는 왕의 아내였고 자식도 왕이어서 이미 많은 권력을 누렸는데, 이제는 거기에 만족하지 못하고 스스로 왕이 되고자 혈육을 죽였다.

여기에 한 가지 중요한 사실이 있다. 이렇게 잔인한 행동을 한 아달랴는 북이스라엘을 망하게 한 이세벨의 딸이었다. 아달랴는 어머니 이세벨을 쏙 빼닮았다. 이세벨이 북이스라엘을 망하게 만들었듯이 아달랴 역시 남유다를 망하게 했다. 정치적으로 불의하고 종교적으로는 타락한 우상의 나라로 만든 것이다.

이세벨과 아달랴, 두 여자가 이스라엘을 망하게 했다. 다윗의 자손들을 다 죽이고 정치적으로나 종교적으로 암흑기를 만들었다. 악이 이기는 것 같고 하나님이 실패하는 것처럼 보인다. 이렇게 악이 승승장구하고 있는데 하나님은 어디에 계시는 걸까?

『나이트』(서울: 예담, 2007)라는 책은 제2차 세계대전 당시 나치의 만행을 직접 겪은 엘리 위젤이 쓴 책이다. 이 책의 내용 중에 비극적인 이야기가 있다. 유대인 수용소에서 죽음의 날을 기다리며 살던 어느 날 독일군이 두 명의 어른과 소년 하나를 교수형에 처했다. 두 명의 어른은 금방 숨이 끊어졌다. 하지만 소년은 쉽게 죽지 않고 30분 동안이나 사투를 벌이다 죽었다.

그때 한 사람이 중얼거렸다. "하나님은 도대체 어디 계십니까?"

열왕기 시대에 이스라엘을 덮친 현실이 이러했다. 이세벨 모녀가 북과 남에서 불의를 저지르고 우상을 숭배하고 참된 성도들을 핍박했다.

종종 우리 인생에서도 이런 암흑기가 찾아온다. 내가 할 수 있는 일이 하나도 없는 것 같고 악이 이기는 것처럼 보이는 때가 있다. 그때는 하나님이 계시지 않는 것처럼 느껴지기도 한다.

어떻게 악한 사람이 이길 수 있을까? 북이스라엘에서도 이세벨 왕비가 오랫동안 호화롭게 살았다. 그런데 하나님은 심판하시지 않는 것처럼 보인다. 정말 하나님은 살아 계신가? 이 질문은 우리 인생에서도 유효하다. 이렇게 왜 악이 잘되는 걸까? 왜 의로운 사람들은 어려움을 당하는 것일까?

작게 시작되는 희망

하지만 악이 이긴 게 아니다.

> "요람 왕의 딸 아하시야의 누이 여호세바가 아하시야의 아들 요아스를 왕자들이 죽임을 당하는 중에서 빼내어 그와 그의 유모를 침실에 숨겨 아달랴를 피하여 죽임을 당하지 아니하게 한지라"(왕하 11:2).

다윗의 자손들이 몰살당하는 와중에 기적적인 일이 벌어졌다. 북이스라엘에서 죽은 아하시야 왕에게는 누이 여호세바가 있었다. 여호세바는 아달랴가 다윗의 자손을 몰살할 때 요아스라는 아기를 숨겼다. 이제 한 살 된 이 아기에게서 새로운 시작과 회복이 열린다.

하나님의 희망은 작게 시작한다. 다 타버린 잿더미에 남은 미미한 불씨처럼 하나님의 희망은 작게 시작한다. 그래서 성경은 이렇게 말씀한다.

> "네 시작은 미약하였으나 네 나중은 심히 창대하리라"(욥 8:7).

이 말씀처럼 그 시작은 처음에는 보이지도 않는다. 다윗의 자손들이 다 죽고 이미 완전히 아달랴의 세상이 된 것 같다. 이제는 하나님을 버리고 다윗의 세상을 잊고 아달랴에게 줄서야 하는 것 같다. 하지만 그곳에 미약한 희망이 남아 있었다.

우리는 다 완성된 결과물을 원한다. 하지만 하나님이 하시는 일은 작게, 보이지 않게 시작한다. 희망으로 시작한다. 아기 요아스를 살려서 다시 처음부터 시작하신 것처럼 말이다. 그러니 희망이 없어 보인다고 실망하기에는 이르다. 하나님은 모든 게 끝났다고 생각되는 곳에 아직 희망을 남겨 두셨다. 간신히 목숨을 건진 아기에게 희망이 있듯이 죄악된 세상에서 우리에게도 작은 희망이 남아 있다.

되살아나는 정치적 희망

아기에게서 시작한 소망은 7년째가 되자 본격적으로 그 모습이 드러난다. 성전의 제사장이었던 여호야다가 백부장들과 호위병들을 불렀다. 호위병은 왕을 보호하는 사람들이다. 당시의 왕은 아달랴였으니 아달랴를 보호하는 군인들을 부른 것이다. 그런데 그들이 여호야다가 이끄는 쿠데타에 동참한다. 이것을 보면 그 당시 얼마나 아달랴가 사람들의 마음을 얻지 못했는지를 알 수 있다. 바로 옆에 두고 자기 목숨을 보호하라는 임무를 맡긴 사람들이 오히려 아달랴를 지키지 않는다.

여호야다는 호위병들과 백부장들을 불러서 맹세를 하도록 하고 마지막 남은 왕자 요아스를 소개한다. 그리고 요아스를 왕으로 삼기 위한 작전을 펼친다. 군인들을 그룹별로 나누고 임무를 구체적으로 맡겼다. 무기도 가져왔다. 그리고 사람들이 많이 모이는 안식일에 성전에서 요아스에게 기름을 붓고 왕으로 삼는 행사를 벌였다. 좌우에서 군인들이 호위했다. 그러자 백성이 만세를 부르며 기뻐했다.

> "…왕이 규례대로 단 위에 섰고 장관들과 나팔수가 왕의 곁에 모셔 섰으며 온 백성이 즐거워하여 나팔을 부는지라"(왕하 11:14).

아달랴가 정치를 잘했다면 아마도 백성이 새로운 왕을 막았을지도 모른다. 하지만 아무도 아달랴의 정치를 즐거워하지 않았다. 그래서 다윗을 잇는 왕이 다시 서자 지금까지의 암흑이 끝나고 다시 제자리로 돌아올 것을 기대하며 기뻐 소리쳤다.

문제는 제자리로 오지 않는 데 있다. 이것을 탈선이라고 한다. 기차나 자동차가 탈선하면 사고가 난다. 사람이 탈선하면 부도덕에 빠진다. 사람이 탈선하면 그 사람은 물론이요 그 사람의 가정과 주변사람들까지 다친다.

하나님이 오시면 탈선했던 삶이 제자리를 찾게 된다. 악은 물러나고 기쁨이 찾아온다. 우리 삶속에서도 제자리를 찾아가는 은혜가 있기를 소망한다. 건강이, 삶이, 사업이, 가정이 제자리를 찾아가면 그때 우리 모두는 기뻐 노래 부르며 찬송할 수 있을 것이다.

아달랴는 새로운 왕이 들어서는 것을 보자 위기의식을 느끼고 왕궁으로 돌아가 숨거나 도망하려 했지만 하나님이 이 모든 것을 심판하셨다.

"…그가 왕궁의 말이 다니는 길로 가다가 거기서 죽임을 당하였더라"
(왕하 11:16).

아달랴는 결국 죽음으로 하나님의 심판을 맞이했다. 여기서 한 가지 주목할 만한 것은 '말이 다니는 길'이라는 표현이다. 아달랴의 어머니인 이세벨은 시체가 온전히 남아나지 않았다. 예후가 죽은 이세벨을 말로 치었기 때문이다. 그런데 그녀의 딸 아달랴도 말이 다니는 길로 도망치다 죽었다.
성경은 일부러 말이 다니는 길이라고 표현함으로써 이세벨이 말에 밟혀 시체도 찾지 못한 것과 그 딸 아달랴 역시 말에 죽음으로써 하나님의 심판이 역사하고 있음을 기록하고 있다. 아무리 높은 권력을 누렸다 해도 하나님의 심판을 피할 수는 없다. 이세벨이 하나님의 심판을 받았듯이 아달랴도 하나님의 심판을 피할 수 없었다.

되살아나는 종교의 희망

마리아라는 여인이 전도전략회의에 참석하기 위해 아프리카 앙골라에서 미국에 왔다. 미국인들은 효율적으로 전도하기 위한 방법들을 논의했다. 전도센터와 그곳에 파견될 선교사, 성공사례 등을 발표했고, 그 일에 들어갈 예산을 논의했다. 그런데 마리아는 들으면서 머리를 계속 갸우뚱거렸다. 이 모습을 본 회장이 마리아에게 발언권을 주었다. 마리아는 말했다.

"저희는 전도할 때 이런 식으로 하지 않습니다."

의장이 물었다.

"그럼 어떻게 합니까?"

"저희는 전도를 하기로 마음먹으면 그곳에 그리스도인 가정 두 집을 보냅니다. 그들이 그곳에서 같이 살게 되면 저절로 사람들이 예수님을 알고 믿게 됩니다."

그렇다. 복음은 사람을 변화시킨다. 달라지게 한다. 그리스도인이 가는 그곳은 달라진다.

사람이 다 같은 것은 아니다. 어떤 사람은 거미 같다. 거미줄을 치고 기다렸다가 다른 사람을 등쳐먹고 괴롭힌다. 남의 수고를 빼앗는다. 또 어떤 사람은 꿀벌 같다. 열심히 일해서 남을 유익하게 하고 자신도 유익하게 한다. 모두가 살 만한 곳이 되도록 만든다. 그리스도인은 어느 쪽일까? 그리스도인은 꿀벌 같은 사람이다. 하나님의 복으로 나도 잘 살지만 모두가 잘 살도록 하는 사람이다.

요아스가 왕이 되면서 정치가 제자리를 찾았지만 더 나아가서 하나님과의 관계도 제자리를 찾아야 했다. 이 일은 제사장 여호야다를 통해서 이뤄진다.

"여호야다가 왕과 백성에게 여호와와 언약을 맺어 여호와의 백성이 되게 하고 왕과 백성 사이에도 언약을 세우게 하매"(왕하 11:17).

두 종류의 언약이 세워진다. 하나는 백성과 하나님 사이에 맺어진다. 이스라엘 백성은 너무나 오랫동안 하나님을 떠나 있었다. 아달랴의 우상정책으로 신앙에서 멀어지면서 이스라엘 사람들의 마음도 어두워졌다. 선이 없어지고 악이 편만해진 것이다. 이런 상황에서 여호야다 제사장은 이스라엘 백성이 다시 하나님께로 가겠다는 약속을 하게 했다. 이것은 결심이고 결단이었다. 과거를 잘라내고 새롭게 시작하겠다는 부흥이었다.

이러한 결단은 정치에도 영향을 끼쳐서 요아스 왕과 백성도 언약을 맺었다. 왕은 빼앗거나 권력을 휘두르지 않고 왕의 노릇을 제대로 하고 백성은 백성 노릇을 잘하자는 약속이었다. 좋은 신앙은 이렇게 정치에도 영향을 끼친다. 성도들의 좋은 신앙은 세상에도 좋은 영향을 끼친다.

9
파괴하는 사람, 세우는 사람

"그 은을 일하는 자에게 주어 그것으로 여호와의 성전을 수리하게 하였으며 또 그 은을 받아 일꾼에게 주는 사람들과 회계하지 아니하였으니 이는 그들이 성실히 일을 하였음이라"(왕하 12:14-15).

에이미 터너라는 학생은 여행을 좋아했다. 고등학생일 때 이미 인도 여행만 두 번을 했다. 인도 여행 중에 에이미는 인생이 바뀌는 경험을 했다. 택시를 타고 홍등가를 지나가고 있을 때였다. 뜨거운 날씨였고 길은 막혔고 시끄러웠다. 그런데 갑자기 창안으로 한 여자가 아기를 쑥 내밀었다. 그리고는 아기를 데려가서 키워 달라고 애원했다. 자기 아기가 더 나은 곳에서 자라기를 바란 것이다. 그녀만이 아니었다. 다른 여인들도 아기를 데려가 달라고 부탁했다.

그곳에는 매춘부들이 낳은 아이들이 많았다. 이 아이들은 엄마들이 일을 하는 동안은 버림받은 상태나 마찬가지였다. 길거리를 방황하고 교육도 제대로 받지 못하고 주변 환경의 영향을 받아서 어머니의 삶의 굴레를 반복했다.

에이미는 이 사건으로 인도에 아이들을 돌볼 곳이 필요하다는 것을 절감했다. 에이미는 훗날 다시 인도로 돌아와서 레스크유(RESC YOU)라는 비영리 단체를 만들어 버려진 아이들을 교육하고 낮 동안에 안전하게 보호하는 일을 했다. 에이미는 말했다.

"이 문제는 어느 개인이 혼자서 해결할 수 있는 문제는 아닙니다. 하지만 믿음의 눈으로 보면 자신이 해야 할 일을 찾을 수 있습니다. 제가 찾은 일은 예수님을 따르고 이 아이들을 품어 주는 것입니다."

참 아름다운 사람의 이야기이다. 우리도 이런 아름다운 사람이 될 수 있다. 세상에는 파괴하고 죽고 죽이는 이야기가 가득하지만 하나님을 믿고 따르는 사람들이 다시 세우고 만드는 이야기들이 그 자리를 대신해야 한다.

요아스 왕의 이야기를 통해서 자신의 책무를 망각하는 사람들과 책임을 다하는 아름다운 사람들의 이야기를 만나 보자.

믿음의 유통기한

요아스 왕은 제사장 여호야다의 도움으로 왕위에 오른 후 40년간 통치한다. 여기서 40년이라는 숫자는 특별한 의미가 있다. 유다 역사에서 40년간 통치한 사람은 다윗과 솔로몬, 요아스, 세 명뿐이다. 나머지 왕들은 짧은 기간을 다스렸다. 우상숭배에 열심이었던 북이스라엘의 왕 중에는 1년간 통치한 왕도 있다.

이 점으로 보아 요아스는 솔로몬에 이어 이스라엘의 옛 영광을 되살릴 수도 있지 않았을까? 요아스는 어릴 적부터 신앙교육을 받아서 하나님 중심으로 살았다. 그는 하나님 중심으로 통치하면서 과거 우상숭배에 찌든 사회와 종교를 일신하려 했다. 성경에서도 그를 "요아스가 여호와 보시기에 정직하게 행하였으며"(대하 24:2)라고 평가했다. 이렇게 정직한 왕으로 살았던 요아스 왕도 결국 말년에는 반전의 삶을 보여 준다.

> "왕이…하나님 여호와의 전을 버리고 아세라 목상과 우상을 섬겼으므로 그 죄로 말미암아 진노가 유다와 예루살렘에 임하니라…선지자들이 그들에게 경고하였으나 듣지 아니하니라"(대하 24:17-19).

요아스 왕이 말년에 갑자기 달라졌다. 과거로 돌아가 우상을 섬기고 하나님의 전을 멀리했다. 요아스의 실정은 여기서 그치지 않았다. 자신을 키워 주고 왕으로 만들어 주었던 여호야다 제사장의 아들 스가랴가 이 안타까운 상황을 질책하자 오히려 공모하여 사형장도 아닌 성전에서 그를 죽였다. 이것은 의인을 죽인 것과 동시에 하나님을 모욕한 것이다.

요아스 왕은 은인의 아들을 죽여서 은혜를 악으로 갚고, 백성에게 우상숭배를 권함으로써 인간적으로나 종교적으로 잘못을 저질렀다. 왜 이런 일이 생겼을까? 신실한 왕이 왜 말년에 돌아섰을까? 그의 신앙은 그의 것이 아니었기 때문이다. 요아스가 정직하게 행동한 것은 언제였는가?

"요아스는 제사장 여호야다가 그를 교훈하는 모든 날 동안에는 여호와 보시기에 정직히 행하였으되"(왕하 12:2).

요아스의 신앙은 자신의 영적 아버지인 여호야다가 살아 있는 동안만 유효했다. 비록 모태신앙에 가깝게 어려서부터 제사장의 교육을 받았지만 그가 가진 신앙은 자신의 것이 아니라 여호야다의 것이었다. 모태신앙이든 나중에 믿었든 신앙교육을 지식으로 배우고 익힌 사람들의 신앙은 유통기한이 있다.

자신의 신앙이 아니라 부모의 신앙, 스승의 신앙을 지식으로 알고 있는 것이지 믿음으로 고백한 것이 아니기 때문이다. 자신을 교육했던 부모님이나 선생님이 없으면 어떻게 될지 모른다. 많은 모태신앙의 약점이 이것이다.

부모님과 교회에서 배운 지식은 그냥 지식일 뿐이다. 이렇게 배운 신앙은 부모님이나 선생님이 사라지는 순간 쉽게 무너진다. 단지 여호야다가 죽었다는 이유만으로 요아스의 신앙이 무너진 것을 보라. 신앙은 본인이 깨달아야 한다. 하나님의 사랑을 아무리 지식으로 배워 잘 알아도 가슴 속에서 사랑을 깨닫지 않으면 진실한 것이라고 할 수 없다.

하나님이 사용하시는 사람들

사람은 참 중요하다. 사업이나 정치, 교회사역에서도 인사가 만사이다.

한 사람이 고민에 빠졌다. 사업을 하려니 할 일이 너무 많았다. 혼자서 현장에서 뛰고 기획도 하고 결재도 하고 회의도 하려니 아무것도 할 수가 없었다. 결국 몸이 축난 그가 절친한 친구에게 도움을 구했다. "할 일이 너무 많은데 다 할 수도 없고 점점 일은 밀리고 효율은 떨어지고, 어떻게 하면 좋겠나?" 그러자 친구가 지혜로운 말을 해준다.

"자네가 할 일은 그 모든 일을 다 하는 게 아니라 할 일을 분담해서 책임지고 일할 수 있는 사람을 찾는 거라네. 하나만 해야 한다면 사람을 찾게나. 자네 혼자 하면 아무것도 못하지만 자네보다 유능한 사람들을 고용하면 더 큰 회사가 될 걸세."

맞는 말이다. 사람을 세우면 된다. 돈보다, 일보다, 회의보다 더 중요한 게 사람이다. 사람이 있으면 새로운 일도, 회의도, 어려운 프로젝트도 할 수 있다.

요아스 왕은 사람의 중요성을 아는 사람이었다. 비록 말년에는 우상을 섬기는 사람이 되었지만 그가 하나님을 떠나지 않았을 때에는 누구보다 개혁적으로 움직였다. 그리고 그 중심에는 사람을 세운 일이다. 그의 대표적인 업적은 성전을 보수한 것이다. 하나님의 성전이 오래되어서 보수작업이 필요할 때 요아스는 제사장들에게 성전을 수리하라고 명령하고 재정을 지원했다.

"…드리는 모든 은 곧 사람이 통용하는 은이나 각 사람의 몸값으로 드리는 은이나 자원하여 여호와의 성전에 드리는 모든 은을 제사장들이 각각 아는 자에게서 받아들여 성전의 어느 곳이든지 파손된 것을 보거든 그것으로 수리하라 하였으나"(왕하 12:4-5).

성전에 드려지는 모든 종류의 헌금으로 우선 성전을 수리하는 데 사용하기로 했다. 왕이 바뀌니 이렇게 성전을 향한 정책과 관심도 바뀌었다. 그런데 일은 생각처럼 쉽게 풀리지 않았다. 이 과정에서 우리는 책임을 다하지 않는 사람들을 보게 된다.

성전보수를 제대로 하지 않는 사람들이 있었고, 그들은 놀랍게도 성전보수에 앞장서야 할 제사장들이었다. 제사장에게는 성전을 관리할 책임이 있다. 남들이 성전이 부서진 것을 모른 척하더라도 본인들은 수리하고 다스려야 할 책임이 있었다. 하지만 그들은 책임을 다하지 않았다. 먼저 성전을 수리하자는 건의도 제사장이 아닌 왕이 했다.

"요아스 왕 제이십삼 년에 이르도록 제사장들이 성전의 파손한 데를 수리하지 아니하였는지라"(왕하 12:6).

왕이 성전 보수를 지원하고 명령한 지 23년이 지나도록 아무런 조치도 취해지지 않았다. 이 얼마나 답답한 일인가. 이 모습에 왕도 답답했다.

"요아스 왕이 대제사장 여호야다와 제사장들을 불러 이르되 너희가 어찌하여 성전의 파손한 데를 수리하지 아니하였느냐 이제부터는 너희가 아는 사람에게서 은을 받지 말고 그들이 성전의 파손한 데를 위하여 드리게 하라"(왕하 12:7).

왕이 대제사장들과 모든 제사장을 불러서 꾸짖었다. 역사를 보면 시대가 악할수록 자신의 의무를 다하지 않는 사람들이 존재했다. 특히 성직자들의 태만과 타락은 더욱 분명하게 나타났다. 재정을 지원해도 성전을 수리하지 않고 의무를 다하지 않아서 질타를 받는 성직자들의 모습은 현대 종교인들의 모습을 생각하게 한다.

그러던 중 요아스 왕은 순수한 믿음을 가진 전문가를 발탁했다. 이제 주도하는 사람이 바뀌었다. 성전 보수라는 거룩한 일을 제사장 중심이 아니라 목수와 건축자들 중심으로 하게 되었다. 이제 성전 보수 작업이 진척되기 시작했다. 이들에게는 두 가지 특징이 있다.

첫째, 이들은 전문가였다.

"…은을 일하는 자 곧 여호와의 성전을 맡은 자의 손에 넘기면 그들은 또 여호와의 성전을 수리하는 목수와 건축하는 자들에게 주고 또 미장이와 석수에게 주고…"(왕하 12:11-12).

목수와 건축가, 미장이, 석수가 중심이 되어 성전을 보수하자 주어진 재정 안에서 효율적으로 일이 진행되었다. 이렇게 하나님이 맡기신 일을 하기 위해서는 전문가가 필요하다. 우리는 주어진 직업에서 전문가가 되어야 한다. 그럴 때 하나님이 맡기신 일을 제대로 감당할 수 있다.

둘째, 이들의 신앙과 삶이 아주 성실했다.

> "또 그 은을 받아 일꾼에게 주는 사람들과 회계하지 아니하였으니 이는 그들이 성실히 일을 하였음이라"(왕하 12:15).

그들은 주어진 일에 전문가였으면서 신앙과 삶에서도 프로다웠다. 그들은 경건했다. 작업비에 회계와 감사가 필요 없을 정도로 사용내역이 정확하고 깨끗했다. 돈을 다루다 보면 여러모로 유혹이 생기고 문제가 발생할 수도 있다. 하지만 그들은 이런 문제에 깨끗했다. 일만 잘한 게 아니라 성실하기까지 했다. 바로 이런 점 때문에 그들은 귀하게 쓰였다.

23년이라도, 38년이라도

교파마다 교회마다 전통이 있다. 장로교는 경건한 장로 중심제이고, 순복음은 성령 중심의 뜨거운 사역이 특징이다. 감리교는 웨슬리의 영성을 중심으로 한다. 교회마다도 다르다.

오래되어서 굳어진 것을 전통이라고 부른다. 전통 중에는 좋은 것도 있고 나쁜 것도 있다. 나쁜 것은 구습이라고 부른다. 과거에는 좋았지만 현재도 그것이 좋다고 말하기 어려운 것들이 있다. 당시 성전의 재정 관리도 이런 점에서 구습에 속했던 것 같다.

요아스 왕이 성전 보수를 명령했지만 23년 동안이나 굳어진 구습 때문에 쉽사리 고쳐지지 않았다. 그 중 하나가 헌금문제였다. 드려진 헌금은 대부분 현상유지에만 쓰이느라 보수공사에 쓰이지 못했다. 그래서 요아스 왕이 과감히 바꾼다. 그는 좀 더 효율적이고 투명한 재정 사용의 길을 열었다.

본래 헌금은 제사장들이 관리했다.

"…성전에 거룩하게 하여 드리는 모든 은 곧 사람이 통용하는 은이나 각 사람의 몸값으로 드리는 은이나 자원하여 여호와의 성전에 드리는 모든 은을 제사장들이 각각 아는 자에게서 받아들여…"(왕하 12:4-5).

당시에는 세 종류의 헌금이 존재했다. 첫째는 '사람이 통용하는 은'이고 둘째는 '몸값으로 드리는 은'으로, 이것은 각 사람과 각 가정이 정기적으로 드리는 헌금을 말한다. 성전을 유지하기 위해서 정기적으로 일정 액수를 드리는 것이 의무였다. 셋째로 '자원하여 드리는 은'은 부정기적으로 감사헌금처럼 드리는 헌금을 뜻한다.

이렇게 다양한 헌금이 있었지만 제사장들은 이 헌금들을 제대로 관리하지 못했던 것 같다. 거기다가 제사장이 개인적으로 헌금을 받기도 했다. 이렇게 헌금이 제대로 관리되지 않고 있다 보니 성전 보수를 위한 예산 집행이 이뤄지지 못했다.

그래서 요아스 왕은 구습을 타파하고 효율적이고 투명하게 헌금을 관리하고자 제사장들에게 헌금 관리를 하지 말라고 명령하고 헌금 방법을 바꾸었다.

> "제사장 여호야다가 한 궤를 가져다가 그것의 뚜껑에 구멍을 뚫어 여호와의 전문 어귀 오른쪽 곧 제단 옆에 두매 여호와의 성전에 가져 오는 모든 은을 다 문을 지키는 제사장들이 그 궤에 넣더라"(왕하 12:9).

헌금을 사람이 직접 받는 게 아니라 성전 문 앞에 헌금상자를 마련해서 그것에 넣도록 한 것이다. 그리고 그 상자가 가득 차면 그대로 세어 보고 바로 성전 수리하는 사람들에게 다 주어서 필요한 자재와 지출에 사용하도록 했다. 요아스의 이 결정에서 우리는 세 가지 지혜를 찾을 수 있다.

첫째, 효율성이다. 여러 사람이나 위원회를 거치지 않고 헌금이 바로 실제 사용자들에게 전달됨으로써 헌금이 모두 목적에 맞게 사용되었다. 둘째, 투명성이다. 헌금이 상자에 모이고 직접 사용됨으로써 모두가 그 쓰임새를 알게 되었다. 셋째, 사람들의 관심을 끌어냈다. 모두가 볼 수 있는 곳에 헌금상자를 두어서 성전에 오는 사람들은 현재 성전 수리가 필요하고 수리 중임을 알았다. 그래서 사람들이 더 많은 관심을 보이고 참여하게 만들었다. 실제로도 많은 헌금이 모였다.

"모든 방백들과 백성들이 기뻐하여 마치기까지 돈을 가져다가 궤에 던지니라"(대하 24:10).

사람들은 헌금이 어디에 쓰이는지를 알자 기쁘게 드렸다. 그리고 바쳐진 헌금은 재정부를 거쳐 바로 집행됨으로써 투명성이 유지되었다. 방법을 바꾼 것뿐이지만 요아스 왕은 이 방법을 통해서 성전 보수라는 일을 이룰 수 있었다.

"하나님의 전을 이전 모양대로 견고하게 하니라"(대하 24:13).

하나님의 전이 다시 모양을 되찾았다. 이 말씀은 건물의 외형이 보수되었음을 의미할 뿐만 아니라, 내적으로 성전을 사랑하는 사람이 늘고 제도나 영성 모두 옛날처럼 든든하게 되었음을 뜻한다. 주의 성전이 내적으로, 외적으로 다시 견고하게 서기 위해서 필요한 것은 구습을 버리고 변화하는 것이다. 만일 23년간 성전을 수리하지 못하게 하는 제도와 방법을 그대로 두었다면 결코 성전은 보수되지 못했을 것이다. 우리는 항상 변화되어야 한다. 하나님의 뜻을 이루기 위해서 변화되고 달라져야 한다.

요한복음 5장에는 베데스다 연못가의 한 환자가 소개된다. 그는 자그마치 38년이나 질병으로 고생했다. 그 연못은 어쩌다 한 번 지하수가 끓어올랐는데 유대인들은 이 현상을 천사가 연못에 왔을 때 일어나는 신비한 일로 생각했고, 그때 물에 들어가면 병이 낫는다고 믿었다. 그래서 그 환자는 전설만 믿고 38년을 기다렸다. 하지만 그는 바뀌야 했다. 전설이나 미신이 아니라 예수님을 믿어야 했다. 계속 그곳에 머물기를 원했다면 그는 낫지 못했을 것이다. 예수님이 그에게 물으셨다.

"예수께서 그 누운 것을 보시고 병이 벌써 오래된 줄 아시고 이르시되 네가 낫고자 하느냐"(요 5:6).

예수님이 그의 삶을 변화시키셨다. 그러자 그의 병이 깨끗이 나았다.

구습이 있다면 떠나야 한다. 오래된 전통이라도 필요하면 바뀌야 한다. 그래야 성전이 수리된다. 우리 삶에서 23년간 고치지 않은 성전처럼, 38년 된 병자처럼 어리석게 과거에 매인 부분이 있다면 변화를 간구하라. 예수님이 오셔서 우리를 변화시키고 지혜를 주시기를 간구하라. 예수님이 우리를 치료하고 변화시키실 것이다.

10
종두득두(種豆得豆) 인생

"하나님의 사람이 노하여 이르되 왕이 대여섯 번을 칠 것이니이다 그리하였더면 왕이 아람을 진멸하기까지 쳤으리이다 그런즉 이제는 왕이 아람을 세 번만 치리이다 하니라"(왕하 13:19).

어린 소년이 있었다. 어느 날 친구와 싸운 소년은 화가 풀리지 않아 혼자 뒷산에 올라 친구를 향해 이렇게 외쳤다.

"나는 네가 진짜 미워! 나는 네가 싫어!"

그러자 소년이 했던 말이 메아리가 되어 돌아왔다. 깜짝 놀란다. 소년은 급히 아버지에게 가서 말했다.

"아빠, 저 언덕 너머에 나를 미워하는 사람이 있어요."

그 말을 들은 아버지가 소년에게 말했다.

"다시 언덕에 올라가면 이렇게 말해 봐. '나는 너를 믿어! 나는 너를 사랑해!'"

소년은 아버지가 일러 준 대로 외쳤다. 메아리를 들은 소년의 얼굴에는 함박웃음이 지어졌다.

우리 인생에서도 심은 것은 심은 대로 돌아온다. 이를 두고 명심보감에서는 종두득두(種豆得豆), 즉 콩 심은 데 콩 난다고 했다.

이 말은 원인에 따라 결과가 나온다는 뜻이다. 우리 인생도 마찬가지여서 모든 원인에는 결과가 있다. 우리는 믿음으로 살면 믿음을 거두고 의심으로 살면 근심과 괴로움을 거둔다.

회복의 기회를 잡아라

이번 이야기의 배경은 북이스라엘이다. 여호아하스 왕은 북이스라엘의 11대 왕이며 사마리아에서 17년간 통치했다. 동시대에 남유다에는 요아스 왕이 통치하면서 성전 보수를 시행했다.

여호아하스 왕의 삶을 요약하면 '좋을 뻔 했다가 망한 왕'이라고 할 수 있다. 본래 그는 악하게 살았다. 큰 고난을 겪으면서 하나님을 만날 수도 있었지만 악을 벗어나지 못한 안타까운 사람이다. 성경은 젊은 시절 그의 악한 삶을 이렇게 기록하고 있다.

"여호와 보시기에 악을 행하여 이스라엘에게 범죄하게 한 느밧의 아들 여로보암의 죄를 따라가고 거기서 떠나지 아니하였으므로"(왕하 13:2).

여로보암은 하나님의 말씀에 불순종하여 성전을 무시하고 우상을 세웠으며 절기를 자신의 편의대로 정했다. 그래서 하나님은 북이스라엘을 심판하셨다. 강대하고 야만적인 나라였던 아람의 지배를 받게 하신 것이다. 아람의 침략과 착취가 얼마나 심했던지 하나님을 모른 체하던 왕이 이제는 하나님을 향해서 기도하고 도움을 구한다.

> "아람 왕이 이스라엘을 학대하므로 여호아하스가 여호와께 간구하매 여호와께서 들으셨으니 이는 그들이 학대받음을 보셨음이라"
> (왕하 13:4).

이때까지 하나님을 두려워하지 않고 악행을 저지른 여호아하스는 그 죄악을 돌이킬 기회를 얻었다. 고난의 시대를 이겨내기 위해서 왕은 하나님께로 돌아와 하나님의 이름을 불렀다. 그리고 기도를 거절하지 않으시는 하나님은 여호아하스 왕의 기도에 응답하시고자 북이스라엘에 구원자를 보내셨다.

성서를 연구하는 사람들은 여기서 말하는 구원자가 앗시리아라고 추측한다. 앗시리아가 아람을 침략해서 아람이 앗시리아에 대항하는 사이 북이스라엘은 잠시 숨통이 트였다.

엄청난 착취에 괴로웠던 북이스라엘은 하나님의 도우심으로 구원을 얻었다. 이제 하나님께 의지하고 구한 그 믿음으로 살면 된다. 하지만 여호아하스는 고난의 시대에 배운 교훈을 금방 잊고 다시 과거로 돌아가서 우상을 숭배했다.

여호아하스가 하나님께 기도한 것은 위기를 모면하려던 얄팍한 수법에 지나지 않았다. 진정성이 없는 간구로는 근본적인 위기를 벗어날 수 없다.

2015년, 세계적으로 유명한 자동차 회사 폭스바겐은 큰 스캔들을 일으켰다. 배기가스 배출량을 조작한 것이다. 이 논란으로 폭스바겐은 국내시장뿐만 아니라 세계시장에서도 강력한 질타를 받았다.

폭스바겐은 사건이 터지기 전까지 '클린디젤'을 강조하며 친환경 기업으로 이미지를 쌓았다. 배기가스를 줄이면서도 엔진 자체의 성능을 높이는 기술력을 보유하고 있다고 선전했다. 하지만 이는 사실과 달랐다. 일부 차종에서는 기준치의 40배에 달하는 배기가스가 검출되면서 폭스바겐은 '더티 기업'이라는 불명예를 안았다.

최소 3년 전부터 미국 환경보호청 등 여러 기관은 실험 결과와 실제 도로 주행 시 배출되는 가스량에 큰 차이가 있다는 사실을 밝혀냈다. 하지만 폭스바겐은 자체 실험 결과, 배출 가스 저감장치에 경미한 오류가 발견됐으며, 리콜을 통해 금방 고칠 수 있다고 해명했다. 하지만 폭스바겐은 해명 이후에 어떤 실질적인 조치도 취하지 않았다가 전 세계적으로 기업의 이미지를 실추시키고 말았다. 잠깐의 위기를 모면하기 위한 얄팍한 해명은 오히려 파산 위기라는 엄청난 결과를 가져왔다.

진실하지 않은 말과 행동은 결국 더 심각한 결과를 가져올 뿐이다. 잠깐의 위기를 모면하기 위한 여호아하스의 얄팍한 간구는 엄청난 재앙으로 돌아왔다.

"아람 왕이 여호아하스의 백성을 멸절하여 타작마당의 티끌같이 되게 하고 마병 오십 명과 병거 열 대와 보병 만 명 외에는 여호아하스에게 남겨두지 아니하였더라"(왕하 13:7).

잠시 물러났던 아람이 이번에는 북이스라엘의 군사력을 초토화시켰다. 이것은 여전히 악행을 저지르며 정신을 차리지 못하던 북이스라엘에게 하나님이 내리신 엄중한 처벌이었다.

우리도 여호아하스 왕처럼 하나님께 얄팍한 간구를 할 때가 있다. 하나님도 여호아하스에게 그러셨던 것처럼 우리의 간구에 일부러 응답하신다. 하나님이 살아 계심을 보여 주시고 죄에서 돌이키도록 기회를 주시기 위함이다. 그러나 하나님은 우리를 지극히 사랑하시기 때문에 우리가 여전히 정신을 차리지 못하면 더 큰 고난으로 엄중히 처벌하신다.

우리는 기억해야 한다. 하나님이 우리에게 믿음의 기회를 주실 때, 구원의 기회를 주실 때 돌이켜야 한다. 그리고 믿음의 길만 걸어야 한다.

신앙의 명문(名門)이 되기를 구하라

여호아하스 왕의 통치 기간 중 초토화가 된 북이스라엘은 요아스 왕의 시대로 넘어간다. 요아스 왕은 남유다의 요아스 왕과는 동명이인이며, 재임 기간 중 일정 기간 동시대에 통치했다. 요아스 왕은 여호아스라고도 불렸으며 여호아하스의 아들이자 북이스라엘의 12대 왕으로, 16년간 나라를 다스린다.

요아스 왕은 믿음의 전통을 받지도 보지도 못했다. 그래서 당연하게도 우상을 숭배하는 악습을 이어갔다.

"여호와께서 보시기에 악을 행하여 이스라엘에게 범죄하게 한 느밧의 아들 여로보암의 모든 죄에서 떠나지 아니하고 그 가운데 행하였더라"
(왕하 13:11).

아버지 대에서 북이스라엘이 초토화가 된 것을 알았지만 요아스 왕은 모든 죄에서 떠나지 않았다. 아람의 요아스 왕은 성전을 수리하고 구습을 타파하는 업적을 남겼는데, 북이스라엘의 요아스 왕은 왜 이렇게 미련한 모습을 보였을까? 그가 여로보암의 죄를 떠나지 않았기 때문이다. 부모가 만든 죄밖에 본 게 없었기 때문이다. "부모는 자식의 거울이다"라는 말이 있다. 아이들은 18개월부터 거울에 비친 자신의 모습을 인식한다. 그리고 점차 성장하면서 자아와 정체성을 형성하는데, 이때 부모의 역할이 상당히 중요하다.

미국의 한 심리학자가 할로윈데이에 어린 아이들을 대상으로 한 실험이 있다. 대문 앞에 사탕바구니 두 개를 놓고 아이들에게 각 바구니에서 사탕을 딱 한 개씩만 가져가라고 했다. 그랬더니 거의 모든 아이들이 한 바구니에서는 여러 개의 사탕을 가져갔지만 다른 바구니에서는 한 개씩만 가져갔다. 그 차이는 거울에 있었다. 아이들이 사탕을 하나씩만 가져간 바구니의 뒤에는 거울이 설치되어 있었다. 아이들은 거울을 보면서 약속을 지키지 않는 자신의 행동을 깨닫고 곧바로 수정했다.

자녀가 만나는 가장 크고 중요한 거울은 부모이다. 아이들은 부모가 보여 주는 삶을 보고 배운다. 요아스 왕이 악습을 철폐하지 못한 이유는 바로 가장 가까이에 있는 아버지가 하나님께 불순종하는 모습만 보았기 때문이다. 아버지가 하나님의 말씀에 불순종했기에 그의 아들 역시 하나님의 말씀을 두려워할 줄 모르는 미련한 사람이 된 것이다.

우리가 자녀들에게 기도하고 찬양하는 바른 신앙인의 모습을 보여 준다면, 우리 자녀들도 그렇게 할 것이다. 우리가 아름답고 사랑이 넘치는 가정을 만들면, 우리 자녀들도 그런 가정을 만들 것이다. 우리는 자녀들에게 무엇을 물려줄까 고민하지 않아도 된다. 우리 삶을 통해 우리 가문이 하나님 한 분만을 바르게 섬기는 신앙의 명문가가 될 수 있다.

확신을 가지고 구하라

신앙인이 확신 있는 삶을 누리지 못한다는 것이 얼마나 큰일인지를 보여 주는 사건이 일어났다. 북이스라엘은 고난의 땅이었다. 여호아하스 왕의 치리 기간에 아람에 멸절당하고 타작마당의 티끌처럼 취급당하고 보물을 다 빼앗겼다.

이 나라를 그나마 지탱하게 한 것은 엘리사였다. 그런데 엘리사가 병들어 이제 하나님께 돌아갈 시간이 되었다. 이 순간이 요아스 왕에게는 너무나 힘든 순간이었던 것 같다. 요아스는 아버지 대에 모든 것을 빼앗겨서 다시 일어날 힘도 없고 군사력도 미미한 상황에서 의지하던 엘리사마저 죽으면 이 나라의 미래가 더 암담해질 것이라고 생각했다. 아람의 행패와 착취로 분하고 억울했지만 힘이 없었다. 이런 비극적인 상황에서 영적 지도자 엘리사마저 떠나보내야 한다니 천군만마를 잃는 충격이었다.

> "…이스라엘의 왕 요아스가 그에게로 내려와 자기의 얼굴에 눈물을 흘리며 이르되 내 아버지여 내 아버지여 이스라엘의 병거와 마병이여 하매"(왕하 13:14).

왕은 엘리사가 하나님께로 돌아가는 것이 너무나 안타까웠다. 그래서 "내 아버지여, 내 아버지여!" 하며 절규한다. 이렇게 자신 앞에서 눈물을 흘리는 요아스를 본 엘리사는 이스라엘을 불쌍히 여기며 마지막 축복을 한다. 그는 왕에게 활과 화살을 가져와서 왕의 손으로 그 활을 잡으라고 지시한다. 활을 잡고 있는 요아스의 손에 엘리사는 자신의 손을 얹었다. 그러한 행동은 바로 하나님의 능력이 엘리사를 통해서 요아스에게로 건네졌음을 의미한다. 위기에 놓인 요아스에게는 아주 중요한 계기가 되는 상징적인 행동이다. 여전히 죄에 머무는 북이스라엘에 하나님이 은혜를 베풀고 계셨다.

엘리사는 왕에게 이제 동쪽 창문을 열라고 두 번째 지시를 내린다.

> "이르되 동쪽 창을 여소서 하여 곧 열매 엘리사가 이르되 쏘소서 하는지라 곧 쏘매 엘리사가 이르되 이는 여호와를 위한 구원의 화살 곧 아람에 대한 구원의 화살이니 왕이 아람 사람을 멸절하도록 아벡에서 치리이다 하니라"(왕하 13:17).

요아스가 동쪽으로 쏜 화살은 아람 왕 하사엘의 무대였던 요단 동편 길르앗과 바산을 향했다. 그리고 아벡은 아람과 전투가 벌어질 곳이다. 하나님의 은혜로 곧 북이스라엘이 아람의 손에서 구원을 얻는다고 말하니 요아스가 무척이나 기뻤을 것이다. 자신의 힘은 미약하지만 하나님이 도우셔서 강대한 적을 물리치겠다고 하니 요아스는 두려움을 가질 이유가 없었다.

이제 다시 북이스라엘이 일어나서 다윗 왕 때의 영광을 되찾을 기회를 얻었다. 하지만 그 흥분은 곧 가라앉고 만다. 그가 가진 믿음이 너무 작고 확신이 없었기 때문이다. 그는 이제까지 하나님을 진정으로 체험하지 못했다. 줄곧 이방의 신들만 숭배했으니 살아계신 하나님을 만날 기회가 없었을 것이다.

이것이 요아스에게 얼마나 치명적인 약점이었는지 다음의 이어지는 행동을 통해서 나타난다. 엘리사는 요아스에게 화살을 집으라고 마지막 지시를 내린다.

"또 이르되 화살들을 집으소서 곧 집으매 엘리사가…땅을 치소서 하는지라 이에 세 번 치고 그친지라 하나님의 사람이 노하여 이르되 왕이 대여섯 번을 칠 것이니이다 그리하였더면 왕이 아람을 진멸하기까지 쳤으리이다…왕이 아람을 세 번만 치리이다 하니라"(왕하 13:18-19).

이 말씀에서 엘리사가 왜 화를 냈는지 의아하다. 혹자는 애초에 몇 번을 치라고 알려 주지 않은 엘리사가 너무하다고 따질 수도 있다. 그러나 요아스는 이미 엘리사를 통해서 북이스라엘을 아람의 손에서 구원할 하나님의 승리의 약속을 들었음을 기억해야 한다. 만약 요아스가 승리를 갈망하고 그들을 도우실 하나님을 온전히 의지했다면 엘리사가 그만 치라고 할 때까지 멈추지 않았을 것이다. 엘리사는 요아스의 불완전한 믿음과 확신 없는 간구에 화를 낸 것이다.

믿음과 확신은 매우 중요하다. 그 확신으로 인해서 일의 결과가 완전히 뒤집어지기도 한다.

알렉산더 대왕이 페르시아 군을 격파하고 동방원정을 떠났다가 극심한 열병에 걸렸다. 모든 원정 계획을 멈춰야 할 정도로 위독했고 의사들이 손을 쓸 수 없을 정도로 병세는 점점 나빠졌다. 의사들은 왕의 병을 고칠 수 있다고 나섰다가 실패할 것이 두려워 치료를 거부했다. 그때 그리스의 필리포스라는 의사만이 알렉산더 대왕을 치료하는 데 최선을 다했다. 필리포스는 병이 나으려면 최후의 수단으로 강력한 설사약을 써야 한다고 했다.

필리포스가 약을 조제하러 나간 사이, 왕은 파르메니오 장군으로부터 편지 한 통을 받았다. 그 편지에는 의사 필리포스는 페르시아 왕이 보낸 자객이고, 알렉산더 대왕을 죽이면 페르시아 공주와 결혼을 하기로 되어 있다는 내용이 적혀 있었다.

약을 지어 온 필리포스에게 왕은 파르메니오 장군의 편지를 건넸다. 그리고 필리포스가 편지를 읽는 동안 알렉산더 대왕은 약을 다 비워냈다. 약을 먹은 알렉산더 대왕은 며칠 간 죽는 듯이 앓았다가 이유를 알 수 없는 열병에서 깨끗이 나았다.

알렉산더 대왕이 파르메니오 장군의 편지를 읽고 필리포스를 그 자리에 죽였다면 역사는 다른 방향으로 흘러갔을지도 모른다. 그러나 알렉산더 대왕은 자신이 가장 위태로울 때 필리포스가 보여준 헌신을 보고 그의 진심을 알았다. 이렇게 필리포스에 대한 흔들리지 않는 확신이 있었기에 어떤 음모에도 휘둘리지 않을 수 있었다.

믿음은 중요하다. 요아스가 하나님에 대한 확신이 있었다면 아람에 큰 승리를 거두고 무너진 북이스라엘을 다시 세울 수 있었을 것이다. 하지만 요아스는 화살을 세 번 친 결과로 아람을 세 번만 무찌르고 빼앗긴 성읍들만 되찾았다. 우리는 하나님에 대한 확신을 가지고 무엇이든지 의심 없이 구해야 한다.

"믿음은 바라는 것들의 실상이요 보이지 않는 것들의 증거니 선진들이 이로써 증거를 얻었느니라"(히 11:1-2).

비록 눈에 보이지 않지만, 이뤄진다는 보장도 없지만 우리는 믿음으로 바라본다. 이것이 하나님이 내 삶에서 이루셨고 장차 이루실 계획을 소망하며 사는 진정한 그리스도인의 모습이다.

인생에는 결정적 기회가 있듯이 우리 삶에도 영적인 기회들이 있다. 죄악 된 과거를 버리고 새롭게 살아갈 기회들이 있다. 하지만 모두가 그 기회를 살리는 것은 아니다. 하나님이 우리를 부르실 때, 영적 회심의 기회를 주실 때 우리는 응답해야 한다. 그리고 과거로 돌아가서는 안 된다.

11
나의 기준, 하나님의 기준

"아마샤가 여호와 보시기에 정직히 행하였으나 그의 조상 다윗과는 같지 아니하였으며 그의 아버지 요아스가 행한 대로 다 행하였어도 오직 산당들을 제거하지 아니하였으므로 백성이 여전히 산당에서 제사를 드리며 분향하였더라"
(왕하 14:3-4).

인생에서 기준이라는 것은 참 중요하다. 캐논(canon)은 기준이라는 뜻이다. 자를 가지고 길이를 재듯 무언가를 판단하는 데 기준이 되고 중심이 된다는 의미이다. 캐논이라는 유명한 곡도 있다. 이 곡은 한 성부가 먼저 연주하면 다른 성부가 그것을 따라하고 또 다른 성부가 다시 따라하는 식의 곡이다. 하나의 기준을 계속 따라하는 것이다.

영어사전을 보면 캐논은 기준이라는 뜻 외에 정경이라는 뜻도 있다. 정경은 위경이나 잡글이 아니라 권위 있고 믿을 수 있는 경전이라는 뜻이다.

우리에게는 기준, 캐논이 있어야 한다. 무엇이 옳고 그른지 평가할 수 있는 기준이 있어야 한다. 오늘처럼 혼란스러운 시대에는 이 기준이 절실히 필요하다. 성경에 우리 시대를 잘 보여 주는 말씀이 있다.

> "그때에 이스라엘에 왕이 없으므로 사람이 각기 자기의 소견에 옳은 대로 행하였더라"(삿 21:25).

말씀 당시는 영적으로나 정치적으로 가장 어지럽고 엉망인 때였다. 왜 영적으로 혼탁하고 무질서했을까? 왜 그들은 하나님이 아니라 자기 소견대로 살았을까? 기준이 없었기 때문이다. 우리 시대에도 마찬가지다. 우리가 사는 이 혼탁하고 혼란스러운 시대에도 절대기준이 없다.

그렇다면 우리는 무엇을 기준으로 삼아야 할까?

말씀을 모든 것의 기준에 두라

남유다에 아마샤가 새로운 왕으로 등극했다. 아마샤는 남유다 요아스 왕의 아들로, 반란으로 암살당한 아버지의 뒤를 이어서 25세에 왕의 자리에 올랐다. 아마샤가 왕위에 올랐을 당시, 남유다는 매우 혼란스러웠다. 외적으로는 가나안 땅의 주도권을 잡기 위한 나라간의 경쟁이 시작되었고, 내적으로는 왕권이 많이 약화되었다. 그 와중에 아버지 요아스 왕은 부하들에게 살해되었다.

새로운 왕 아마샤는 먼저 과거를 정리해야 했다. 그는 먼저 내부의 혼란을 수습하기로 결심하고, 아버지를 죽인 반란자들을 처리하기 시작했다.

"나라가 그의 손에 굳게 서매 그의 부왕을 죽인 신복들을 죽였으나"
(왕하 14:5).

아마샤는 아버지를 죽인 반란자를 심판함으로써 과거를 청산하고 자신의 권력을 위협하던 요소를 처리했다. 그런데 이상한 점이 있다. 어느 나라나 권력의 근본을 위협하는 것은 용서하지 않고 단호하게 심판한다. 그러나 아마샤 왕은 그렇게 하지 않았다.

"왕을 죽인 자의 자녀들은 죽이지 아니하였으니…"(왕하 14:6).

아마샤는 아버지를 반역하고 살해한 자들을 심판하면서 그들의 가족은 살려 주었다. 그가 자비로워서라거나 정치적 계산이 있어서가 아니었다.

"…이는 모세의 율법책에 기록된 대로 함이라 곧 여호와께서 명령하여 이르시기를 자녀로 말미암아 아버지를 죽이지 말 것이요 아버지로 말미암아 자녀를 죽이지 말 것이라 오직 사람마다 자기의 죄로 말미암아 죽을 것이니라 하셨더라"(왕하 14:6).

바로 하나님이 주신 율법에서 연좌제를 금지했기 때문이었다. 실제로 "아버지는 그 자식들로 말미암아 죽임을 당하지 않을 것이요 자식들은 그 아버지로 말미암아 죽임을 당하지 않을 것이니 각 사람은 자기 죄로 말미암아 죽임을 당할 것이니라"(신 24:16)라는 규정이 있다.

아마샤는 감정보다 하나님의 말씀을 앞세웠다. 그에게는 하나님의 말씀에 순종하려는 마음이 있었다. 그의 삶의 기준은 하나님의 말씀이었다. 그런 모습을 보신 하나님이 그를 칭찬하셨다.

"아마샤가 여호와 보시기에 정직히 행하였으나…"(왕하 14:3).

우리도 하나님께 이런 칭찬을 들을 수 있을까? 우리 삶의 기준은 무엇인가? 우리에게 가장 중요한 것은 무엇인가? 어떤 사람들은 자기감정을 기준으로 삼는다. 어떤 사람들은 체면을 가장 중시한다. 하지만 우리 삶의 기준은 하나님의 말씀이 되어야 한다.

2006년에 대만에서 일어난 일이다. 두 남학생이 한 여학생을 짝사랑했고, 사랑을 쟁취하기 위해 대결을 하기로 했다. 대결 방식은 오토바이를 타고 서로를 향해 질주하다가 먼저 피하는 사람이 사랑을 포기하는 것이었다. 드디어 대결이 시작되었다. 그들은 끝까지 피하지 않았고 충돌했다. 그 사고로 두 남학생 모두 사망했다. 참고로 두 남학생이 짝사랑했던 여학생은 그 둘에게 전혀 관심이 없었다고 한다.

자신의 감정만 앞세우다가 삶을 망친 것이다. 감정과 욕구가 우리를 지배하려고 할 때, 우리는 이렇게 기도해야 한다. "하나님! 감정과 욕구에 지지 않고 말씀에 얽매이게 해주소서!"

그래서 예수님은 이렇게 말씀하셨다.

> "누구든지 나의 이 말을 듣고 행하는 자는 그 집을 반석 위에 지은 지혜로운 사람 같으리니 비가 내리고 창수가 나고 바람이 불어 그 집에 부딪치되 무너지지 아니하나니 이는 주추를 반석 위에 놓은 까닭이요."(마 7:24-25).

자신을 먼저 말씀 앞에 비추고 말씀에 따라 모든 일을 결정한다면 우리 삶은 반석 위에 세운 인생이 되어 인생의 파도를 능히 이겨낼 것이다.

철저하게 말씀을 따르라

열심히 하는 것으로는 부족하다. 99도 열기로는 물을 끓게 할 수 없다. 1도가 더해져서 100도가 되어야 한다. 1도의 냉기로는 물을 얼릴 수 없다. 1도가 낮아져 0도가 되어야 한다. 믿음도 마찬가지여서 단 1퍼센트의 부족함도 있어서는 안 된다.

아마샤는 하나님께 칭찬을 받은 좋은 왕이었다. 하지만 성경은 그에게 부족한 것이 있다고 이야기한다.

"아마샤가 여호와 보시기에 정직히 행하였으나 그의 조상 다윗과는 같지 아니하였으며"(왕하 14:3).

아마샤는 말씀을 지키긴 했다. 정직하기도 했다. 하지만 다윗처럼 온전히 지키고 말씀을 순종하지는 못했다.

"오직 산당들을 제거하지 아니하였으므로 백성이 여전히 산당에서 제사를 드리며 분향하였더라"(왕하 14:4).

아마샤는 성전이 아닌 산당에서 예배드리는 풍습을 깨지 못했다. 일전에 하나님은 모세를 통해서 아주 독특한 율법을 하나 명령하셨다.

"너희 하나님 여호와께서 너희에게 기업으로 주시는 땅에 거주하게 될 때…너는…아무 곳에서나 번제를 드리지 말고 오직 너희의 한 지파 중에 여호와께서 택하실 그곳에서 번제를 드리고"(신 12:10, 13-14).

하나님은 하나님이 선택하신 곳에서만 예배를 드리라고 명하셨다. 그곳은 바로 솔로몬이 지은 예루살렘 성전이었다. 그런데 이스라엘 사람들은 하나님의 말씀을 무시하고 곳곳에 제단을 만들었는데, 그것을 바로 '산당'이라고 부른다.

처음에 이스라엘은 하나님이 말씀하신대로 예배를 잘 드렸다.

하지만 이방의 종교문화를 받아들이면서 하나님께 예배하는지, 아니면 이방 신에게 예배하는지 알 수 없는 산당을 지어 곁에 두었다. 이처럼 사람들은 자기들이 편한 대로, 마음대로 산당에 모여 예배했고 그곳은 지역의 경제적, 정치적 중심지가 되었다. 하나님의 말씀에 의하면 왕은 지금이라도 산당을 제거해야 했다. 그러나 지역의 유지들과 좋은 관계를 맺으려면 산당을 놔두는 게 좋았다.

이 두 갈림길에서 아마샤는 산당을 선택했다. 아마샤는 산당을 지킴으로써 혼란스러운 정국을 안정시키는 데 성공했다. 하지만 그가 방치한 산당은 유다 백성의 신앙을 더욱 타락시켜서 훗날 남유다가 하나님께 심판받고 멸망하는 단초를 제공한다.

우리는 이익과 믿음의 갈림길에서 무엇을 선택해야 할까? 성경은 아마샤의 모습을 반추하면서 믿음을 선택하라고 말씀한다. 눈앞의 이익을 위해서 결정적인 순간에 말씀을 버린 아마샤처럼 되지 말고, 타협이 없는 신앙으로 말씀을 온전히 지키라고 한다.

항상 기도하라

아마샤는 온전히 말씀에 순종하지 못했다. 그래도 하나님은 한때 감정보다 말씀을 따랐던 아마샤를 도와주셨다. 아마샤는 가나안 땅의 주도권을 놓고 벌인 에돔과의 전쟁에서 대승했다. 가나안 남동쪽의 주도권을 차지한 그는 대단히 기뻤을 것이다.

그런데 이때부터 아마샤의 인생이 잘못되기 시작했다. 아마샤는 눈을 돌려 북쪽을 점령해야겠다고 결심했고, 급기야 곧바로 북이스라엘에 전쟁을 선포했다. 이때 북이스라엘의 왕이었던 요아스는 아마샤에게 '동족의 마음'으로 우리가 너희보다 전력이 우세하니 가만히 있으라고 경고한다.

> "…레바논 가시나무가 레바논 백향목에게 전갈을 보내어 이르기를 네 딸을 내 아들에게 주어 아내로 삼게 하라 하였더니 레바논 들짐승이 지나가다가 그 가시나무를 짓밟았느니라"(왕하 14:9).

이 말은 백향목처럼 크고 아름다운 나무에 시비를 거는 가시나무는 지나가던 짐승들한테 짓밟힐 것이라는 경고이다. 하지만 직전의 승전에 취해 기세등등한 아마샤는 기어이 전쟁을 벌였다. 그 결과로 그에게 돌아온 것은 패전과 수모였다.

> "유다가 이스라엘 앞에서 패하여 각기 장막으로 도망한지라 이스라엘 왕 요아스가…유다 왕 아마샤를 사로잡고 예루살렘에 이르러 예루살렘 성벽을 에브라임 문에서부터 성 모퉁이 문까지 사백 규빗을 헐고 또 여호와의 성전과 왕궁 곳간에 있는 금 은과 모든 기명을 탈취하고 또 사람을 볼모로 잡고서 사마리아로 돌아갔더라"(왕하 14:12-14).

남유다는 북이스라엘과의 전쟁에서 대패한 것도 모자라서, 예루살렘 성벽이 파괴되었고, 약탈까지 당했다. 게다가 아마샤는 포로로 잡혀서 사마리아로 끌려갔다. 포로생활을 마치고 돌아왔을 때 아마샤는 환영받지 못했고, 15년 간 허울뿐인 왕으로 지내다가 살해를 당하는 것으로 삶을 마감했다.

하나님께 칭찬을 받고 승승장구했던 아마샤의 인생이 왜 이렇게 되었을까? 과연 무엇이 문제였을까? 그는 기도하지 않았다. 유다 안팎의 상황을 볼 때 승산이 있다고 계산한 그는 하나님께 기도하지 않고 자기 마음대로 북이스라엘과의 전쟁을 결정했다. 아마샤는 어떤 일을 결정할 때 하나님의 뜻을 구하지 않았다. 기도가 없는 노력은 결국 물거품과 아픔밖에 남지 않는다. 아마샤는 첫 단추부터 잘못 끼운 것이다.

많은 그리스도인이 기도를 마지막 수단으로 사용한다. 정말 다급해졌을 때만 기도한다. 하지만 기도는 인생의 계획을 세울 때부터 해야 하는 것이다.

인생의 수많은 선택의 갈림길에서 우리는 무엇을 기준으로 삼는가? 경험이나 자료와 분석, 내 생각과 지식, 느낌이 기준이 되는가? 하지만 이런 것들은 불완전하다.

우리가 사는 이 세상은 이런 것들을 뛰어넘는 일이 부지기수이다. 3천 분의 1의 확률을 뚫고 번개에 맞는 사람이 있는가 하면 10만 분의 1의 확률을 뚫고 연속으로 쌍둥이를 낳는 사람이 있다. 아마추어 골퍼가 홀인원을 할 확률이 1만 2천 5백 분의 1인데 18홀을 돌면서 두 번이나 홀인원을 하는 사람이 있다. 이처럼 세상은 우리가 예측할 수 없는 일들로 가득하다.

우리가 믿고 의지할 완전한 분은 오직 하나님뿐이다. 우리는 지혜와 생각, 성공비결을 믿기 전에 먼저 하나님께 무릎을 꿇고 "하나님! 하늘의 지혜를 주시고 하나님의 뜻에 따라 나아가게 해 주십시오." 하고 기도해야 한다. 순탄하다고 느낄 때, 지금이 절호의 기회라는 생각이 들 때, 반대로 내 인생이 너무 힘들다고 느낄 때, 나에게는 기회가 없다고 느낄 때, 우리는 먼저 하나님께 겸손하게 나아가 기도해야 한다. 솔로몬은 이렇게 말했다.

"너의 행사를 여호와께 맡기라 그리하면 네가 경영하는 것이 이루어지리라"(잠 16:3).

우리는 지혜와 경험, 계산은 뒤로 하고 먼저 하나님께 기도함으로 그분이 인도하시는 길로 걸어야 한다.

3부

갈림길에 선 인생들에게

우리 신앙이 한결같지 못하면 삶이 무너진다. 우리 스스로 교만해져서 미래를 무너뜨리는 것이다. 우리는 처음이나 나중이나, 기도하기 전이나 기도한 후나, 기도의 응답을 받기 전이나 받은 후에나 변함없는 주의 자녀로 살아야 한다.

1
어디로 갈까? 어디서 구할까?

"아하스가 앗수르 왕 디글랏 빌레셀에게 사자를 보내 이르되 나는 왕의 신복이요 왕의 아들이라 이제 아람 왕과 이스라엘 왕이 나를 치니 청하건대 올라와 그 손에서 나를 구원하소서 하고"(왕하 16:7).

어느 날 한 청년이 교통사고를 당한 아버지를 모시고 급히 가까운 병원으로 가서 응급처치를 요청했다. 하지만 의사와 간호사는 빤히 쳐다보기만 할뿐 전혀 치료해 주지 않았다. 청년은 화가 나서 단호하게 말했다.

"빨리 치료해 주세요. 응급처치라도 해주세요."

그러나 의사는 치료를 거부했다. 청년은 다시 말했다.

"진료 거부입니까? 만약 거부라면 저는 인터넷에 이 사연을 올릴 겁니다. 방송국에도 알려서 당신이 의사생활을 못하도록 하겠습니다."

이 말에 당황한 의사가 말했다.

"그렇게 말씀하셔도 저는 진료를 할 수 없습니다."

청년은 화가 나서 물었다.

"왜 안 된다는 겁니까? 제가 돈이 없어 보입니까?"

의사가 말했다.

"왜냐하면 여기는 동물병원이기 때문입니다."

교통사고를 당했으면 119에 도움을 요청해야 한다. 사고로 다쳤다면 의사를 찾아가야 한다. 목이 마르면 우물가에 가야 한다. 너무나 당연한 이야기들이지만 이 당연한 일들이 제대로 이뤄지지 않고 있다.

사람들은 인생 문제의 답을 알고 싶을 때 엉뚱한 곳에 가서 엉뚱한 질문을 던진다. 무당을 찾아가 인생의 문제를 묻거나 술집을 전전한다. 과연 그곳에 답이 있는가? 우리가 문제를 들고 찾아가야 할 곳은 하나님 앞뿐이다.

누구에게 구원을 구할까

아하스 왕은 스스로 화를 불러들인 사람이다. 유다의 역대 왕들은 대부분 정직하고 다윗의 업적을 따랐다는 평가를 받았지만 그는 예외였다. 아하스 왕은 성경에서 이렇게 평가된다.

> "하나님 여호와께서 보시기에 정직히 행하지 아니하고…이방 사람의 가증한 일을 따라 자기 아들을 불 가운데로 지나가게 하며 또 산당들과 작은 산 위와 모든 푸른 나무 아래에서 제사를 드리며 분향하였더라"(왕하 16:2-4).

아하스 왕은 자기 자녀를 산 채로 제물로 드렸다. 아이들을 제물로 드리는 것은 이방 종교에서 종종 행해지는 의식이었다. 특히 몰렉이라는 우상을 숭배할 때 자연재해와 국가적 위기 상황을 극복하기 위해 자녀를 제물로 바쳤다.

하나님은 어린 아이를 제물로 바치는 것을 금하셨다. 이방 종교와 문화를 따르지 말라는 것은 이런 악한 것들까지도 모두 따르지 말라는 뜻이었다. 하지만 몰렉을 숭배하는 아하스 왕은 소중한 자녀의 목숨을 바쳐서 제사를 드렸다. 그는 우상에게 제사하기를 좋아했다. 이렇게 자녀를 죽이는 왕이 다스리는 국가와 가정이 온전하겠는가.

"…아람의 왕 르신과 이스라엘의 왕 르말랴의 아들 베가가 예루살렘에 올라와서 싸우려 하여 아하스를 에워쌌으나 능히 이기지 못하니라"(왕하 16:5).

아람과 북이스라엘이 연합하여 아하스 왕을 공격했다. 이러한 국가적 재난은 아하스 왕의 불의함과 우상숭배에서 비롯된 것이었다. 위기에 몰리고 고난을 당하면 사람들은 기도한다. 아하스 왕 역시 그러했다.

"…나를 구원하소서"(왕하 16:7).

하지만 아하스의 이 말은 하나님이 아니라 자기보다 강한 다른 나라 왕을 향한 것이었다.

"아하스가 앗수르 왕 디글랏 빌레셀에게 사자를 보내 이르되 나는 왕의 신복이요 왕의 아들이라 이제 아람 왕과 이스라엘 왕이 나를 치니 청하건대 올라와 그 손에서 나를 구원하소서 하고"(왕하 16:7).

참으로 답답한 일이다. 위기의 순간에도 그는 하나님을 찾지 않고 오히려 사람을 찾았다. 그는 당시 대국이었던 앗수르에 도움을 요청하면서 자신은 부하요 아들밖에 안 되는 존재라고 자신을 한없이 비하한다. 그는 고난이라는 심각한 상황에서도 여전히 하나님께 돌아서지 않는 불행한 사람이었다. C. S. 루이스는 『고통의 문제』(서울: 홍성사, 2002)에서 이렇게 말한다.

"양심 속에서 말씀하시며, 고통 속에서 소리치십니다. 고통은 귀먹은 세상을 불러 깨우는 하나님의 메가폰입니다."

하나님은 말씀으로 우리를 설득하고 돌아오게 하려고 하신다. 양심이라는 수단으로 깨닫게 하려고 하신다. 하지만 그래도 안 될 때는 고통이라는 수단을 통해서 크게 소리치신다. 마치 자동차를 운전하다가 위험에 처하면 경고의 뜻으로 경적을 크게 울리는 것과 같다.

제일 좋은 방법은 인생의 문제가 생기기 전에 돌이키는 것이다. 하지만 그게 안 될 때는 고통이라는 위기가 다가와서 우리를 깨닫게 한다. 그때 우리는 지금 내가 잘 서 있는 것인지, 문제는 없는지 돌아봐야 한다. 하지만 많은 사람은 어려움과 고통이 와도 깨닫지 못하고 돌이키지 않는다.

아하스 왕은 나라에 재난이 닥쳤는데도 이 사실을 알지 못하고 다른 나라에 도움을 구한다. 그가 불러들인 앗수르는 훗날 북이스라엘을 망하게 하고 유다도 초토화시킨다.

우리는 곤고함과 어려움에 둘러싸일 때 누구에게 구원을 바라는가? 구원은 오직 하나님에게만 있다.

누구를, 무엇을 따를까

백제, 고구려, 신라가 각축을 벌이던 삼국시대의 역사에는 걸사표(乞師表)라는 것이 있었다. 걸사표는 신라 때의 고승 원광이 진평왕의 명에 따라 고구려를 치기 위해 수나라의 군사를 구걸하는 외교문서로, 상당히 부끄러운 역사의 상징이다.

걸사표 이후 신라는 모든 면에서 당나라를 흉내 낸다. 역사가들은 이때 사대주의 문화가 시작되었다고 평가한다. 실제로 걸사표를 보낸 이후 신라는 수나라의 제도와 복장을 따르고 왕의 연호도 중국을 따라갔다. 좋은 것은 배워야 한다. 이런 것을 사대주의라고 하지는 않는다. 맹목적으로 좋아하고 극찬하는 것이 사대주의이다. 역사에서 이런 사대주의는 결코 좋은 결과를 만든 적이 없다.

아하스 왕도 마찬가지였다. 그의 못난 모습은 정치에만 국한되지 않는다. 그는 앗수르의 왕 디글랏 빌레셀에게 도움을 청하기 위해 앗수르의 수도를 방문했다가 그곳의 화려함과 멋진 우상의 제단에 매료되었다. 아하스는 본국에 우상을 숭배하는 제단의 설계도를 그려 보내면서 이와 동일하게 만들라고 명령한다.

> "…거기 있는 제단을 보고 아하스 왕이 그 제단의 모든 구조와 제도의 양식을 그려 제사장 우리야에게 보냈더니 아하스 왕이 다메섹에서 돌아오기 전에 제사장 우리야가 아하스 왕이 다메섹에서 보낸 대로 모두 행하여 제사장 우리야가 제단을 만든지라"(왕하 16:10-11).

하나님의 명령으로 만든 소박한 제단이 이미 있었다. 하나님의 율례와 법도를 따라서 만든 전통적인 제단이 이미 있었다. 하지만 아하스 왕은 화려함에 마음을 빼앗겨 믿음조차 내려놓고 우상의 제도와 문화를 흉내 내고 따르려고 했다.

우상을 섬기는 나라의 문화에 매력을 느끼고 심지어 따라하여 우상숭배의 제단까지 만들라고 하는 왕이나 그 추한 명령을 따르는 제사장 모두 안타깝다. 지도자인 왕이 타락했다. 또 이를 막아야 하는 영적 지도자, 제사장도 타락했다.

세상은 보기 좋은 것, 크고 매력적인 것을 따라간다. 자기를 망하게 하는 데도 좋아 보이면 쉽게 현혹된다. 그게 세상이다. 하지만 세상이 아무리 화려하고 좋아 보여도 그것들은 우리가 따라야 할 것들이 아니다. 교회는 교회다워야 하고 성도는 성도다워야 한다.

누구를, 무엇을 두려워할까

아하스 왕은 앗수르의 우상의 제단을 흉내 내더니 여호와의 제의 기구 일부분을 떼어낸다.

> "아하스 왕이 물두멍 받침의 옆판을 떼내고 물두멍을 그 자리에서 옮기고 또 놋바다를 놋소 위에서 내려다가 돌판 위에 그것을 두며" (왕하 16:17).

물두멍은 번제용 제물을 씻는 물을 담는 그릇이고 놋바다는 제사장과 레위인들의 몸을 씻는 물을 담는 그릇이다. 두 가지 다 정결 의식을 위한 장치들인데 아하스는 이것들을 훼손하고 다른 자리로 옮겼다. 왜 그랬는지 정확한 이유는 알 수 없으나 확실한 것은 아하스의 눈에는 이 기구들이 중요한 기구들로 보이지 않았다는 것이다. 앗수르의 문화를 사대주의적으로 따르고 우상숭배를 시작한 아하스는 오랫동안 써오던 제단기구들도 치우고 앗수르 식으로 크고 멋지게 지으려고 했다.

오랫동안 사용한 놋그릇을 자기만 쓰기로 한 것은 우상숭배의 종교 의식과 같은 방법으로 사용하기 위해서였다. 아하스는 낭실과 낭실을 드나드는 문도 폐쇄했다.

"또 안식일에 쓰기 위하여 성전에 건축한 낭실과 왕이 밖에서 들어가는 낭실을 앗수르 왕을 두려워하여 여호와의 성전에 옮겨 세웠더라"(왕하 16:18).

낭실은 성전의 성소 앞 현관이나 현관이 딸린 방이거나 성전 서쪽 뜰에 있는 건물로, 오로지 왕을 위한 공간이다. 안식일에 제사를 드리기 위해서 왕이 성전을 찾으면 머무르던 일종의 휴게실이었던 셈이다. 그런데 아하스 왕은 앗수르 왕이 두려워서 낭실을 포기했다. 앗수르를 향하여 자신들이 얼마나 복종하고 있는지를 보여 주는 행동이었다.

아하스 왕의 마음에 깔려 있는 것은 두려움이었다. 그는 심지어 전능하신 하나님을 뵈러 나오면서도 두려움이 가득하다. 그래서 자기가 이용해야 하는 통로와 공간까지 포기한다. 이것은 자신의 왕이라는 신분을 부인하는 셈이다.

더 안타까운 것은 그가 왕답지 못할 뿐만 아니라 가장 두려워해야 할 하나님 대신 사람을 두려워하고 있다는 것이다. 이 두려움 때문에 그는 앗수르에 조공을 보냈다. 조공이 부족해지자 성전의 금으로 만들어진 기구와 그릇들까지 모아서 바쳤다. 그러나 이 두려움은 결코 그의 문제를 해결해 주지 못했다. 그는 오히려 앗수르를 더욱 두려워하고 앗수르처럼 되려고 했다.

아하스는 예루살렘 곳곳에 아람의 신들을 위한 제단까지 만들었다. 유다의 성 곳곳에 우상을 섬길 산당도 세웠다. 그 결과는 결코 그의 뜻대로 되지 않았다. 앗수르는 북이스라엘을 멸망시키고 걸사표를 보냈던 남유다에도 치명적인 피해를 입힌다. 점점 타락한 아하스의 행적은 유다 왕들의 이야기가 적힌 역사책에는 남았을지라도 하나님의 책에는 기록되지 못했다.

그는 죽은 후에 조상들과 함께 다윗성에는 묻혔지만 왕들만 모시는 묘지에는 묻히지 못했다. 한 나라의 왕으로서 몹시 수치스러운 일이다. 아하스의 삶을 한 단어로 요약하면 '우상'이다. 그는 하나님을 섬기는 거룩한 대열에서 이탈해서 우상을 섬기는 타락의 길을 선택한 어리석은 사람이었다.

우리는 살면서 누구를 두려워해야 할까? 무엇을 두려워하면서 살아야 할까? 우리가 두려워할 것은 힘과 권력을 가진 사람이 아니다. 우리가 두려워해야 할 대상은 하나님이시다. 오히려 우리의 죄악으로 인해 하나님이 승리의 손을 거두실까 염려해야 한다.

헛된 곳에 에너지와 인생을 낭비하지 말고 생사화복을 주관하시는 하나님만을 붙들어야 한다. 그러면 하나님이 진노를 거두시고 축복을 내리실 것이다.

2
과거는 버리고 희망의 사람으로

"또 자기 자녀를 불 가운데로 지나가게 하며 복술과 사술을 행하고 스스로 팔려 여호와 보시기에 악을 행하여 그를 격노하게 하였으므로 여호와께서 이스라엘에게 심히 노하사 그들을 그의 앞에서 제거하시니 오직 유다 지파 외에는 남은 자가 없으니라"(왕하 17:17-18).

마크 트웨인이 한 출판사로부터 원고청탁을 받았다. 출판사의 요구사항은 이랬다.

"이틀 내에 두 쪽짜리 단편 필요."

이 전보에 대한 마크 트웨인의 답변은 이랬다.

"이틀 내에 두 쪽짜리는 불가, 30쪽 짜리는 가능, 두 쪽짜리는 30일 필요."

긴 소설보다 두 쪽짜리 소설에 더 많은 시간이 든다. 상식적으로 생각할 때는 소설의 내용이 길수록 시간도 오래 걸릴 것 같지만 사실은 짧은 소설일수록 무엇을 버려야 하고 무엇을 담아야 할지 결정하기가 더 어렵다.

새로운 계획을 세울 때도 무엇을 여전히 지키고 무엇을 버려야 할지 결정하기는 어렵다. 둘 다 가질 수는 없다. 떠나가는 배에 타려면 육지에서 발을 떼야 한다. 버려야 새롭게 시작할 수 있다.

미국의 공상과학 영화 시리즈 〈스타워즈〉의 감독 조지 루카스는 이렇게 말한 적이 있다.

"두 시간이라는 정해진 시간 내에 이야기를 넣기 위해서 가장 중요한 것은 필름을 미친 듯이 잘라내는 것이다."

좋은 영화가 만들어진 것은 잘 잘라냈기 때문이다. 우리의 인생도 마찬가지다. 잘라낼 것은 잘라내고 남겨야 할 것은 남겨야 한다.

하나님을 실망시키면 망한다

북이스라엘은 호세아 왕을 마지막으로 멸망했다. 북이스라엘은 무척 안타까운 나라이다. 하나님은 북이스라엘에 많은 기대를 거셨다. 원래 하나님은 이스라엘이 하나님의 뜻을 이행하는 나라가 되기를 원하고 복을 주셨다. 하지만 솔로몬이 그 복을 지키지 못했다. 그의 화려한 삶만큼 백성의 고통은 컸고 우상숭배 등의 문제는 많았다.

그래서 하나님은 타락하는 솔로몬 왕국의 대안으로 북이스라엘을 허락하셨다. 하지만 하나님의 기대를 가지고 출발한 북이스라엘은 결과적으로 남유다보다 더 우상을 숭배하는 나라가 되었다. 우상숭배가 얼마나 심했던지 거의 새로운 종교를 창시하는 지경에 이르렀다.

북이스라엘의 문제는 종교에만 있지 않았다. 쿠데타가 자주 일어나서 왕이 수시로 바뀌었다. 남유다의 경우는 처음부터 끝까지 다윗 왕조가 다스렸다. 하지만 북이스라엘은 단 7일간만 다스린 왕도 있었다. 국가 기강은 무너졌고 권력을 탐하는 사람들이 호시탐탐 왕권을 노렸으며, 백성은 제대로 된 지도자가 없는 힘든 시대를 살아야 했다.

이렇게 불안과 배신, 탐욕이 판치고 내부의 문제도 해결하지 못하다가 북이스라엘은 결국 멸망하게 된다.

중국 춘추 시대 말기의 모략가 한비는 그의 책, 『한비자』에서 나라가 망하는 10가지 징조에 대해서 이야기했다.

1. 법을 소홀히 하고 음모와 계략에 힘쓰며 국내 정치는 어지럽게 두면서 외세를 의지한다.
2. 선비들이 논쟁만 즐기고, 상인들은 나라 밖에 재물을 쌓아 두고, 정치인들은 개인 이권만 찾는다.
3. 군주가 대형 토목공사를 해서 국고를 탕진한다.
4. 군주가 벼슬의 높낮이에 따라 간언하는 자의 말을 듣고, 듣기 좋은 말만 하는 사람의 의견을 받아들인다.
5. 군주가 고집이 센 성격으로 간언은 듣지 않고 승부에 집착하여 제 멋대로 자신이 좋아하는 일만 한다.
6. 다른 나라와의 동맹만 믿고 이웃 나라를 핍박한다.
7. 나라 안의 인재는 쓰지 않고, 다른 나라 사람을 등용하여 오랫동안

봉사한 사람 위에 세운다.

8. 군주가 뉘우침이 없고 교만하여 나라 안 상황에 어두우면서 적국을 경계하지 않아 반역세력이 백성을 착취하는데도 처벌하지 못한다.
9. 세력가의 천거를 받은 사람이 등용되고, 나라에 공을 세운 지사는 쫓겨나며, 아는 사람만 등용된다.
10. 나라에 빚더미가 생기고 백성은 가난한데 권세자와 상공업에 종사하는 사람들의 창고만 가득 찬다.

이런 현상은 나라가 망할 때 항상 등장한다. 고려와 조선, 대한제국 말기, 심지어 로마 역사에서도 이런 현상이 나타났다. 특히 북이스라엘은 망하기 직전에 끝없이 외세에 의지했다. 강대국이었던 앗수르는 북이스라엘을 군사적으로 위협했다. 호세아 왕은 이 위협에 눌려 앗수르에 항복하고 조공을 바쳤다. 북이스라엘은 겉으로는 독립국가였지만 정치적, 군사적, 문화적으로는 앗수르의 속국이나 마찬가지였다.

이런 점이 마음에 안 들었던 북이스라엘 왕 호세아는 강대국이 되어 앗수르를 벗어나는 길을 택하는 대신 다른 나라의 속국이 되기를 자처한다. 당시 오랜 역사를 지닌 나라 애굽에 외교적, 군사적 요청을 한 것이다. 그는 당시 '소'라는 애굽의 왕에게 사절단을 보내 앗수르를 막아 준다면 애굽에 충성하겠다고 맹세한다. 호세아는 애굽의 약속을 믿고 앗수르에 등을 돌렸다.

하지만 결과는 그의 예상을 빗나갔다. 애굽은 앗수르 앞에서 너무 약했다. 애굽은 이미 여러 번 앗수르에 패배했다. 호세아 왕이 애굽을 과대평가한 것이다. 북이스라엘의 배신을 알게 된 앗수르는 호세아를 잡아서 감옥에 가둔다.

일반적으로는 패배국의 왕은 전쟁이 끝난 후에 잡히기 마련인데 호세아는 전쟁을 시작하기도 전에 포로가 되었다. 북이스라엘 왕은 앗수르가 언제든지 쉽게 붙잡을 수 있는 상대였다. 북이스라엘의 수도였던 사마리아를 3년간 포위한 앗수르는 항복을 받은 후에 2만 8천 명을 포로로 잡아갔다. 북이스라엘의 역사는 이렇게 끝났다.

이런 역사를 보면 정치적 판단과 지혜가 참 중요하다는 것을 알게 된다. 하지만 성경에서는 나라가 망하는 것이 정치적, 군사적 문제 때문이라고 보지 않는다. 그보다 더 중요한 이유, 영적 문제가 있다고 본다.

> "이 일은 이스라엘 자손이 자기를 애굽 땅에서 인도하여 내사 애굽의 왕 바로의 손에서 벗어나게 하신 그 하나님 여호와께 죄를 범하고 또 다른 신들을 경외하며 여호와께서 이스라엘 자손 앞에서 쫓아내신 이방 사람의 규례와 이스라엘 여러 왕이 세운 율례를 행하였음이라"(왕하 17:7-8).

북이스라엘은 하나님이 원치 않는 일만 골라서 행했다. 아세라 상과 바알 상을 만들어 숭배하고, 자녀를 제물로 바치기도 했다. 하나님의 법이 아닌 세상의 법을 따랐다. 이런 일들이 비일비재하게 행해지자 하나님이 분노하셨다. 한마디로 불의했다.

"이스라엘의 자손이 점차로 불의를 행하여 그 하나님 여호와를 배역하여…또 악을 행하여 여호와를 격노하게 하였으며"(왕하 17:9, 11).

하나님을 믿지 않는다는 것은 단순히 종교를 안 믿는다는 사실로 끝나지 않는다. 하나님을 따르지 않는 것은 불의한 일이다. 하나님을 떠나면 정의를 잊게 된다. 무엇을 해야 하고 무엇을 하지 않아야 하는지 알 수 없게 된다. 이게 인간의 모습이다.

잘 안 되는 사람에게는 이유가 있다. 그 사람에게 돈이 없거나 도움이 될 만한 좋은 사람이 없어서 그런 것일 수도 있다. 하지만 가장 큰 원인은 우리가 하나님을 떠날 때이다.

우리 자신을 잘 돌아보자. 우리에게는 돈도 중요하고 경제와 정치도 중요하다. 하지만 가장 중요한 것은 영적 문제이다. 북이스라엘이 망한 것은 정치적 문제 때문이 아니었다. 영적으로 타락했기 때문에 문화와 정치도 타락한 것이다. 영적으로 무너지면 모든 것이 무너진다. 우리는 죄악 된 세상에서 우리의 마음을 지켜야 한다. 불의가 가득한 세상에서 우리의 중심을 지켜야 한다.

겸손하라

하나님은 우리가 잘못을 저질러도 다시 기회를 주신다. 이게 하나님의 방법이다. 북이스라엘은 분명 하나님의 경고를 들었다. 회개하면 모든 고난에서 돌이킬 수 있는 기회를 받았다. 하지만 이 많은 고난에도 불구하고 북이스라엘은 끝까지 자신들의 죄를 깨닫지 못했다.

하나님은 먼저 사람을 보내서 경고하셨다.

"여호와께서 각 선지자와 각 선견자를 통하여 이스라엘과 유다에게 지정하여 이르시기를 너희는 돌이켜 너희 악한 길에서 떠나…너희에게 전한 모든 율법대로 행하라 하셨으나"(왕하 17:13).

하나님은 선지자 엘리야와 엘리사 등을 이스라엘에 보내셨다. 단번에 이스라엘 땅을 무너뜨리지 않으시고 오랜 인내로 자식들이 옳은 길로 돌아올 기회를 주셨다. 그럼에도 이스라엘 백성은 무례한 태도를 보였다. 이스라엘의 회개하지 않고 듣지 않는 모습을 성경은 이렇게 묘사한다.

"그들이 듣지 아니하고 그들의 목을 곧게 하기를 그들의 하나님 여호와를 믿지 아니하던 그들 조상들의 목 같이 하여"(왕하 17:14).

이 말씀에서 목이 곧은 사람은 바로 교만과 자만심이 가득한 사람을 가리킨다. 이런 사람은 듣지 않는다. 바꾸어야 하는데 바꾸지 않는다. 아무리 좋아도 받아들이지 않는다. 교만하기 때문이다. 웨슬리 목사는 이렇게 말했다.

"천국의 문은 가장 큰 죄인이라도 들어갈 수 있도록 넓지만, 교만은 절대 통과할 수 없도록 매우 낮다."

하나님나라는 누구에게나 열려 있지만 하나님의 말씀에 순종하도록 겸손하지 않으면 결코 그 문은 허락되지 않는다. 교만한 사람의 결과는 하나뿐이다.

"교만은 패망의 선봉이요 거만한 마음은 넘어짐의 앞잡이니라"
(잠 16:18).

교만은 모든 경고와 지혜를 무시한다. 포로로 끌려가도 깨닫지 못하고 듣지 않으며 회개하지 않는다. 이게 교만의 효과이다. 덕분에 이스라엘 백성은 그 땅에서 쫓겨났고 포로 귀환 시대 전까지 타향살이를 해야 했다.

진정한 성도는 하나님을 알수록 겸손하다. 평양 산정현교회를 담임했던 주기철 목사와 장로님으로 시무하던 조만식 장로가 좋은 본보기였다. 조만식 장로와 주기철 목사는 사제지간이었다. 어느 주일, 조만식 장로가 손님과 이야기하다가 그만 예배에 늦게 들어왔다. 주기철 목사는 설교를 하다가 그 모습을 보고 "조 장로님, 오늘은 의자에 앉지 마시오." 하고 호령을 했다. 이때 마음자세가 바르지 못한 장로 같았으면 기분이 상해서 그냥 나가든가 그냥 의자에 앉았을 것이다.

하지만 조만식 장로는 예배가 끝날 때까지 서 있었다. 주기철 목사는 서 있는 조만식 장로에게 기도를 하라고 했다. "하나님, 나의 죄를 용서하여 주옵소서. 거룩한 주일 날 하나님 만나는 것보다 사람 만나는 것을 더 중요시한 죄를 용서하옵소서. 그리고 주의 종의 마음을 상하게 함을 용서하여 주옵소서."

조만식 장로의 회개 기도에 그날 예배에 참석했던 교우들은 큰 감동을 받았다고 한다. 하나님의 뜻을 아는 사람의 겸손은 하나님뿐만 아니라 많은 사람의 마음을 움직인다. 오직 하나님의 말씀을 따르는 사람에게는 삶에서 평생 본이 되는 복이 있을 것이다.

북이스라엘은 절망의 땅이 되었다. 왕에게 기댈 수도 없었다. 땅은 피폐해지고 전통적인 신앙은 사라지고 우상숭배만 가득했다. 외국 군대가 쳐들어와 가족과 친족들을 포로로 잡아갔다.

이런 절망의 땅에서 하나님은 아직 희망이 있다고 말씀하신다.

"여호와께서 이스라엘에게 심히 노하사 그들을 그의 앞에서 제거하시니 오직 유다 지파 외에는 남은 자가 없으니라"(왕하 17:18).

모두가 불순종하고 우상을 숭배하는 불의한 시대에 유다 지파만은 하나님께 순종했다. 모든 게 다 사라졌지만 바로 유다 지파를 통해서 절망이 유보되었다.

우리도 남은 자가 되어야 한다. 희망이 사라진 것 같은 이 세상에서, 한국 땅은 희망이 없다고 할 때, 모두가 망할 때 남겨진 사람이 가정의 희망이 되고 나라의 희망이 될 수 있다.

3
건널 수 없는 골짜기가 가로막을 때

"히스기야가 그의 조상 다윗의 모든 행위와 같이 여호와께서 보시기에 정직하게 행하여 그가 여러 산당들을 제거하며 주상을 깨뜨리며 아세라 목상을 찍으며 모세가 만들었던 놋뱀을 이스라엘 자손이 이때까지 향하여 분향하므로 그것을 부수고 느후스단이라 일컬었더라"(왕하 18:3-4).

2015년 11월, 세계 야구랭킹 상위 12개국이 참가하는 〈2015 WBSC 프리미어 12〉가 열렸다. 이 대회에서 우리나라가 극적으로 우승을 차지했지만, 괴물 같은 활약으로 세계적인 스타가 된 선수는 따로 있다. 바로 일본의 오타니 쇼헤이라는 22세의 젊은 선수였다. 시속 160킬로미터의 강속구를 거침없이 던지며 타자들을 벌벌 떨게 했던 그는 우리나라 타자 39명을 아웃시키고 네 명에게만 1루를 허락했다.

오타니가 엄청난 활약을 보이자 많은 사람이 그의 비결을 찾기 시작했고, 한 네티즌이 오타니가 고등학교 1학년 때부터 최고의 선수를 꿈꾸며 80가지 목표를 적어 놓은 것을 찾아냈다. 오타니는 3년 동안 이 목표를 기억하며, 끊임없이 실력을 갈고 닦았고, 결국 그가 원하는 대로 훌륭한 선수가 되었다.

영광스러운 자리에 오른 사람들을 보면 그 자리에 오르기까지 자기 자신과, 또는 주변 환경과 끊임없이 투쟁한 것을 알 수 있다. 이러한 원리는 신앙생활에서도 마찬가지여서, 하나님께 칭찬받고 하나님의 자녀가 된 영광을 누리기 위해서는 그 믿음을 지키려는 노력과 끊임없는 투쟁이 필요하다.

하나님께 칭찬받고 하나님의 자녀가 된 영광을 누리기 위해서 우리가 끊임없이 해야 할 믿음의 투쟁은 무엇일까? 히스기야 왕의 이야기에서 그 답을 찾을 수 있다.

과거로부터 자유하라

히스기야는 '어떻게 하면 이스라엘의 영광을 회복할 수 있을까?'에 대해 평생을 고민하고 투쟁하며 자신의 모든 것을 바친 왕이다. 다행히도 그는 악한 왕으로 평가받고 우상을 숭배했던 아버지를 전혀 닮지 않았다.

히스기야는 청소년과 청년 시절에 앗수르에 굴복했던 아버지를 보면서 국력의 중요성을 깨닫고, 왕이 되자마자 제일 먼저 유다 왕국 내부를 정비하는 일에 힘썼다.

그 결과 히스기야는 아버지가 망친 경제를 어느 정도 회복시켰지만 거기에 만족하지 않았다. 이스라엘의 영광을 회복하려면 경제 회복 이상의 그 무엇이 있어야 함을 알았기 때문이다.

"히스기야가 그의 조상 다윗의 모든 행위와 같이 여호와께서 보시기에 정직하게 행하여 그가 여러 산당들을 제거하며 주상을 깨뜨리며 아세라 목상을 찍으며…"(왕하 18:3-4).

그것은 바로 신앙의 회복이다. 그래서 히스기야는 자신부터 하나님 앞에서 정직하게 살면서 산당과 우상을 제거하고 백성의 망가진 신앙을 회복하는 데 필요한 종교개혁을 단행했다. 역대 선한 왕들도 가장 어려워했던 부분이 산당 제거였다. 당시에는 민간신앙으로 근처 산에서 신앙생활을 하던 전통이 있었다. 그곳에서 하나님께 예배하는 이들도 있었지만 많은 사람이 우상을 숭배했다.

히스기야는 국가의 오랜 전통인 산당도 제거했다. 개혁이란 잘못된 과거를 부수는 것이다. 이스라엘에는 산당 외에 잘못된 과거가 하나 더 있었다. 그것은 놋뱀이었다.

"…모세가 만들었던 놋뱀을 이스라엘 자손이 이때까지 향하여 분향하므로 그것을 부수고 느후스단이라 일컬었더라"(왕하 18:4).

이 놋뱀은 이스라엘 백성에게 아주 상징적인 문화재였다. 이스라엘 백성이 출애굽해서 가나안에 들어가기 전 광야에서 하나님께 불평한 죄로 불뱀에 물려 하나둘씩 죽어 갔다. 그러자 이스라엘 백성이 하나님께 살려 달라고 외쳤는데, 그때 하나님이 그 기도를 들으시고 놋으로 만든 뱀을 깃발처럼 세워서 이것을 바라보면 낫게 해주셨다.

이스라엘 백성은 하나님을 기억하기 위해 놋뱀을 가나안에 가져왔고. 처음에 사람들은 놋뱀을 보면서 하나님을 기억했다. 하지만 시간이 흐르면서 사람들은 하나님이 아니라 놋뱀이 자신들을 치료했다고 착각하고 놋뱀에게 복을 빌었다. 놋뱀 자체가 우상이 되어버린 것이다.

많은 사람의 저항 때문에 놋뱀을 없애기는 쉽지 않았을 것이다. 하지만 히스기야는 아무리 찬란하고 아름다운 과거의 유산이라도, 그것이 우상이 된 이상 과감하고 철저하게 부수어야 한다고 생각했다. 히스기야는 찬란한 과거가 아닌 지금의 은혜를 구해야 이스라엘에 진정한 영광이 임한다는 것을 알았다.

과연 히스기야의 생각이 맞았을까? 하나님은 그의 행동에 이렇게 응답하셨다.

"여호와께서 그와 함께 하시매 그가 어디로 가든지 형통하였더라…"
(왕하 18:7).

우리에게도 히스기야처럼 하나님의 영광이 임하길 원한다면 반드시 기억하고 실행해야 할 것이 있다. 과거로부터 자유하는 것이다. 영광스러운 인생이 되려면 과거의 영광에 붙잡히지 말고, 지금 이 순간, 이 자리에서 하나님의 은혜를 구해야 한다.

아무리 찬란하고 아름다운 과거를 가진 놋뱀이라도 지금의 은혜를 위해서는 과감하게 깨뜨려야 했다. 우리 과거도 마찬가지다. 아무리 아름다웠던 과거라도 필요하면 깨뜨리고, 지금의 은혜를 구해야 한다.

얼마 전에 인터넷에서 인상적인 사진을 보았다. 성탄절에 이승엽 선수가 가족들을 뒤로 하고 개인 훈련을 하는 사진이었다. 기자가 이승엽 선수에게 물었다.

"지금까지 이룬 업적도 대단한데, 크리스마스 하루쯤은 훈련을 쉬어도 되지 않습니까?"

그러자 이승엽 선수는 이렇게 대답했다.

"제 나이가 40인데, 몸 관리를 제대로 해야 다음 시즌에 좋은 성적을 내죠."

이승엽 선수는 철저하게 다음 시즌을 바라보고 있었다. 이승엽 선수가 지금까지 존경받는 대선수가 된 것은 이처럼 찬란했던 과거에 얽매이기보다 미래를 바라보며 지금 이 순간에 최선을 다했기 때문이 아닐까?

신앙생활도 마찬가지다. 어떤 사람은 옛날에 받은 은혜를 자랑하며 다닌다. 또 어떤 사람은 옛날에 받은 직분을 거들먹거린다. 또 어떤 사람은 '내가 옛날에 신앙생활을 이만큼 했는데' 하고 자랑한다. 어떤 사람은 더 나아가 '옛날에는 이렇게 좋았는데, 지금은 이게 뭐야?' 하며, 교회를 향해, 누군가를 향해 불평불만을 늘어놓는다.

옛날에 아무리 방언을 하고 치유를 받고 성령을 체험하고 열심히 봉사했어도, 그것 때문에 지금은 불평불만만 많고 공동체에 분란을 일으킨다면 그 찬란했던 과거가 무슨 소용이 있겠는가. 찬란한 과거는 현재 감사하는 간증의 근거가 되고, 하나님이 그때처럼 지금도 인도하신다는 소망의 근거가 되어야 한다.

우리 안에 놋뱀이 있다면 과감하게 깨뜨려야 한다. 찬란한 과거에 얽매이지 말고 지금의 은혜를 구해야 한다. 그럴 때 하나님이 히스기야를 형통하게 하신 것처럼, 우리 인생을 작은 천국으로 만드시는 영광으로 임할 것이다.

하나님만 의지하라

우리 주변에는 힘들게 사는 사람이 참 많다. 이미 힘들고 어려운 일을 당했는데 그보다 더한 어려움이 덮친다. 중병에 걸렸는데 교통사고를 당하고, 남편 사업이 기울고 있는데 자녀가 학교에서 말썽을 일으킨다. 왜 어려운 이들에게 더한 어려움이 닥치는지 안타까움을 금할 수 없다. 그 인생은 마치 넘을 수 없는 골짜기를 앞에 둔 것 같고 건널 수 없는 홍해 앞에 서 있는 것 같다.

히스기야에게도 도저히 뛰어넘을 수 없을 것 같은 일들이 생겼다. 히스기야는 왕이 되고 나서 오랫동안 유다 왕국의 경제와 신앙을 회복시키는 일에 전력을 다했다. 그러는 사이에 시간은 흘렀고, 히스기야가 왕이 된 지 10여 년이 지났을 때, 그동안 중동 지역을 철권통치하던 앗수르의 사르곤 왕이 죽었다. 이 소식을 들은 히스기야는 이제 독립의 기회가 왔다고 판단하고, 곧바로 앗수르에 대한 반란을 준비했다.

지금까지 모은 국가예산으로 군사시설을 만들었고, 앗수르의 포위에 대비하여 많은 양의 식량을 비축했다. 예루살렘 성에는 소위 '히스기야 터널'이라는 수로를 만들어서 예루살렘이 포위를 당해도 가뭄에 시달리지 않도록 대비했다. 주변 나라들과 반(反) 앗수르 동맹을 맺고, 이에 반대하던 블레셋을 점령했다.

예전부터 히스기야의 동향을 주시하던 앗수르는 대놓고 반란을 일으키는 히스기야를 더는 두고 볼 수 없어서, 결국 주전 701년에 남유다를 침공했다.

풍전등화의 위기에 놓인 히스기야와 유다는 어떻게 되었는가? "하나님이 히스기야를 도우셔서 유다 왕국이 앗수르를 물리쳤다"고 말할 수 있었다면 얼마나 좋겠는가? 하지만 앗수르는 히스기야의 생각보다 훨씬 강했고, 히스기야가 심혈을 기울여 만든 군사 시설들은 우습게 짓밟히고 말았다. 유다 왕국 대부분이 순식간에 앗수르의 손에 함락되었고, 이제는 예루살렘까지도 앗수르에 포위되는 절체절명의 위기에 놓였다.

이스라엘은 사면초가 상태에 놓였다. 어디를 봐도 의지할 곳이 없다. 이렇게 철저하고 외롭게 버려진 이스라엘의 모습은 세 가지로 나타난다. 첫째, 이스라엘의 군사력이 약했다.

"네가 싸울 만한 계교와 용력이 있다고 한다마는 이는 입에 붙은 말 뿐이라…"(왕하 18:20).

랍사게라는 앗수르의 장군이 이스라엘을 협박했다. 그는 이스라엘에 지혜와 군사력이 부족함을 빈정대면서 말 2천 마리를 줄 테니 어디 한 번 싸워 보자고, 그 말을 타고 전쟁할 군사들이나 있냐고 비아냥댔다.

둘째, 의지할 외국 군인이 없었다.

"이제 네가 너를 위하여 저 상한 갈대 지팡이 애굽을 의뢰하도다 사람이 그것을 의지하면 그의 손에 찔려 들어갈지라"(왕하 18:21).

강대국 애굽에 도움을 구할 수도 있지만 애굽 역시 상한 갈대처럼 금방 부서지고 망가질 것이라고 랍사게가 말했다. 이스라엘은 자기 힘으로 싸울 수 없고 다른 나라의 능력을 얻어 올 수도 없었다.

셋째, 이스라엘은 하나님을 신뢰하지 않았다.

"내가 어찌 여호와의 뜻이 아니고야 이제 이곳을 멸하러 올라왔겠느냐 여호와께서 전에 내게 이르시기를 이 땅으로 올라와서 쳐서 멸하라 하셨느니라"(왕하 18:25).

랍사게는 또 앗수르 왕이 이스라엘을 공격하는 이유 중에는 하나님이 그럴 권리를 주신 것도 있다고 말했다. 이스라엘이 의지할 수 있는 유일한 존재인 하나님에 대한 신뢰마저 무너뜨리려 한 것이다. 이스라엘 사람들로서는 너무나 당황스러운 상황이었다. 사방으로 의지할 곳이 없고 군사력도 미비하다. 의지할 외세도 없다. 무엇보다 신앙마저 흔들렸다.

이런 상황에서 적장 랍사게의 입을 통해 하나님이 질문하신다.

"…네가 의뢰하는 이 의뢰가 무엇이냐"(왕하 18:19).

이 말씀은 랍사게 장군이 이스라엘을 겁주고 협박하기 위해서 꺼낸 말이다. 하지만 이 질문을 가만히 생각해 보면 하나님이 우리에게 하시는 질문임을 알 수 있다. 사방팔방으로 우리가 어쩔 수 없는 상황에 에워싸일 때 하나님마저 나를 돕는 것 같지 않을 때 우리는 어떻게 해야 하겠는가?

여호수아가 이스라엘의 불신과 의심, 배반에 지쳐서 외쳤다.

"너희가 섬길 자를 오늘 택하라 오직 나와 내 집은 여호와를 섬기겠노라 하니"(수 24:15).

이 말은 여호수아가 유언처럼 백성에게 외치는 마지막 연설이다. 여호수아의 이 말이 우리의 믿음이 되어야 한다. 의심과 불신에 휩싸여도 우리는 무조건 하나님을 믿고 의지해야 한다.

세상의 약속을 의지하지 말라

믿음은 하나님의 약속을 믿는 것이다. 어떤 상황에서도 하나님을 신뢰하는 것이다. 아브라함이 아들을 주시겠다는 하나님의 약속을 믿었고 하나님은 그 약속대로 아브라함의 자손들이 하늘의 별처럼, 강가의 모래처럼 번성하게 하셨다.

요셉은 하나님이 꿈에 보여 주신 약속을 믿고 감옥에서도, 노예생활 중에도 낙망하지 않고 이겨냈다. 초대 교회는 핍박이 극심한 상황에서도 다시 오실 예수님을 믿으며 고난을 이겨내고 오히려 더 부흥했다. 믿음은 하나님의 약속에 대한 신뢰이다. 하지만 세상은 우리 속에 하나님을 향한 의심과 불신, 세상의 약속을 넣어 주려고 한다.

"또한 히스기야가 너희에게 여호와를 의뢰하라 함을 듣지 말라 그가 이르기를 여호와께서 반드시 우리를 건지실지라 이 성읍이 앗수르 왕의 손에 함락되지 아니하게 하시리라 할지라도"(왕하 18:30).

랍사게 장군과 세상은 하나님과 믿음도 소용없다면서 이스라엘의 믿음을 흔든다. 그리고 이렇게 제안한다.

"너희는 내게 항복하고 내게로 나아오라…내가 장차 와서 너희를 한 지방으로 옮기리니 그곳은 너희 본토와 같은 지방 곧 곡식과 포도주가 있는 지방이요 떡과 포도원이 있는 지방이요 기름 나는 감람과 꿀이 있는 지방이라 너희가 살고 죽지 아니하리라"(왕하 18:31-32).

세상이 '내게로 와라, 그러면 너희에게 좋은 땅을 주고 기름지고 행복하게 살게 해주겠다'고 유혹한다. 세상이 말하는 대로 살면 정말 더 많은 돈을 벌고 더 잘살 것 같다. 하지만 정말 그럴까? 아니다. 세상의 유혹은 달콤하지만 세상은 달콤하지 않다.

랍사게의 회유책은 거짓이다. 당시 앗수르의 전후 정책은 원주민 대부분을 타지로 강제이주 시키는 것이었다. 이주한 곳에서 절대 풍요롭게 살 수 없다. 새로 이주한 곳에서의 목표는 생존이다.

근대사에서도 이런 역사가 반복되었다. 연해주에 살던 조선족이 시베리아로 강제 이주되었다. 새로운 경제 발전지역으로 떠오르던 연해주에서 아무도 살지 않는 버려진 땅 시베리아로 쫓겨난 것이다. 당시 조선인들은 민족의식이 높고 독립정신이 강한 단일민족이었다. 소련 정부는 이 점을 경계했다. 조선족의 시베리아 이주는 6천 킬로미터나 되는 대장정이었다. 이주 첫해에 조선족 7천 명이 죽고 그 다음 해에는 5천 명이 죽었다.

앗수르도 동일한 정책을 펼쳐서 패전국의 백성을 강제로 이주하게 하고 잔인하게 다루었다. 그들이 주는 땅은 거칠고 아무것도 이룰 수 없는 땅이었지만 앗수르는 달콤한 말로 이스라엘 백성을 유혹했다. 하지만 달콤한 그 약속의 끝은 죽음과 고난이었다.

우리는 어떤 약속을 믿고 살아가는가? 하나님의 약속인가, 세상의 약속인가? 믿음의 싸움을 하라.

4
들으소서, 보소서

"여호와여 귀를 기울여 들으소서 여호와여 눈을 떠서 보시옵소서 산헤립이 살아 계신 하나님을 비방하러 보낸 말을 들으시옵소서…우리 하나님 여호와여 원하건대 이제 우리를 그의 손에서 구원하옵소서 그리하시면 천하 만국이 주 여호와가 홀로 하나님이신 줄 알리이다 하니라"(왕하 19:16, 19).

19세기 이탈리아에 전설적인 바이올린 연주자가 있었다. 그는 누구도 흉내 낼 수 없는 뛰어난 테크닉과 즉흥 연주로 열광적인 인기를 얻었다. '악마에게 영혼을 팔아버린 대가로 얻은 실력'이라는 흉흉한 소문이 나돌 정도로 천재적이었다.

바로 니콜로 파가니니(Niccolo Paganini)이다. 파가니니의 연주를 들은 사람들은 그의 연주를 잊지 못했다고 한다. 나폴레옹의 여동생은 그의 연주만 들으면 까무러쳤다고 전해진다. 2014년에는 파가니니의 일생을 소재로 한 영화〈파가니니: 악마의 바이올리니스트〉도 개봉했다. 이 영화에 보면 파가니니의 명성은 유럽 대륙을 넘어 영국의 런던까지 알려졌다.

많은 사람이 모인 런던에서 파가니니는〈베니스의 카니발〉을 연주했다. 좌중을 압도하는 파가니니의 연주를 듣던 사람들은 갑자기 당황했다. 바이올린 현 하나가 끊어진 것이다. 그러나 파가니니는 아랑곳하지 않고 연주를 이어갔다. 그러나 다른 줄들도 끊어져서 결국 하나의 줄만 남았다. 그런 상황에서도 파가니니는 연주를 중단하지 않고 훌륭하게 마쳤다.

그 자리에 모인 사람들은 그의 명성답게 완벽한 연주를 듣고 돌아갔다. 파가니니에게 현이 다 끊어지고 단 하나만 남았다는 것은 큰 위기였다. 하지만 바로 그 위기에서 그의 실력과 담대함이 빛을 발했고 그는 음악사에 길이 남는 인물이 되었다.

우리에게도 파가니니의 끊어진 바이올린처럼 삶의 줄들이 끊어지는 위기가 온다. 바로 그 순간에 우리 믿음과 용기가 나타나 승리를 판가름할 것이다.

히스기야는 해결할 수 없는 위기와 협박을 당하고 있다. 마치 한 줄만 남은 파가니니의 바이올린처럼 그가 의지할 수 있는 줄들이 다 끊어졌다. 하지만 오히려 이 위기에서 그의 믿음이 나타난다. 그가 고난을 이겨내는 모습을 보면서 우리는 어떻게 인생의 위기를 이겨낼 수 있을지, 하나님은 어떤 사람을 도우시는지 알아보자.

낙담한 히스기야와 랍사게의 협박

히스기야는 열왕기하 18장에서부터 심각한 위협을 당했다. 강대국인 앗수르의 침략 위협을 받고 전쟁을 피하고자 국고에 있던 금을 주고, 그것도 모자라 솔로몬이 만든 성전의 벽과 기둥에 있던 금까지 긁어서 주었다. 하지만 약속과 달리 앗수르는 히스기야를 더 위협하고 수도 예루살렘을 포위했다. 앗수르는 약속을 어기고 온갖 말로 협박하고 위협했다.

"…성 위에 앉은 사람들도 너희와 함께 자기의 대변을 먹게 하고 자기의 소변을 마시게 하신 것이 아니냐"(왕하 18:27).

이렇게 수치스러운 상황에 처했지만 히스기야는 아무 말도 하지 못했다. 앗수르의 위협과 협박은 18장에 이어 19장에서도 계속된다.

산헤립 왕은 편지를 통해서도 협박했다. 그 편지의 주된 내용은 히스기야를 멸시하고 협박하는 것이었다.

"앗수르의 여러 왕이 여러 나라에 행한 바 진멸한 일을 네가 들었나니 네가 어찌 구원을 얻겠느냐"(왕하 19:11).

산헤립 왕은 지금까지 앗수르에 멸망당한 나라들을 보고서도 하나님이 예루살렘을 보호하실 것을 믿느냐고 비아냥거렸다. 히스기야는 이 모든 수치를 감내해야 했다. 다른 방법이 없었다. 과연 히스기야가 살아날 수 있을까?

히스기야가 맞닥뜨린 삶은 너무나 고통스럽고 무거운 고난이었다. 하지만 그에게는 방법이 있었다. 히스기야는 두 가지 방법으로 승리를 거머쥐었다.

성전에서 기도하다

히스기야는 앗수르의 왕 산헤립의 협박과 공갈 속에서도 하나님께 기도했다.

> "히스기야 왕이 듣고 그 옷을 찢고 굵은 베를 두르고 여호와의 전에 들어가서"(왕하 19:1).

원통한 상황 속에서 히스기야는 자신의 옷을 찢는다. 분에 못 이겨서 그런 것이 아니다. 당시 하나님 앞에서 회개하는 사람들은 옷을 찢는 전통이 있었다. 우리도 기도할 때 가슴을 친다든지 무릎을 꿇는 것처럼 이스라엘은 자신의 비싼 옷을 찢어서 회개를 표현했다.

히스기야는 왕의 비싼 옷을 찢었다. 신분과 계급을 모두 내려놓은 것이다. 그는 산헤립의 편지를 받고 그것을 가지고 하나님께로 갔다.

> "히스기야가 사자의 손에서 편지를 받아보고 여호와의 성전에 올라가서 히스기야가 그 편지를 여호와 앞에 펴 놓고"(왕하 19:14).

히스기야는 다시 한 번 압박해 오는 앗수르에 눌리지 않고 자리를 박차고 일어나 여호와의 성전으로 올라갔다. 아마도 그에게는 분노가 끓어올랐을 것이다. 아무것도 할 수 없는 상황에 좌절했을 것이다.

그런 상황에서 그가 간 곳은 성전이었다. 성전으로 올라간 히스기야 왕은 산헤립 왕이 보낸 편지를 펼쳤다. 그리고 무릎 꿇고 하늘을 향해 기도했다. 열왕기하 19장 15절에서 19절까지는 히스기야 왕의 기도 내용이다. 히스기야 왕은 기도 첫 머리에서 하나님만을 높였다.

"그 앞에서 히스기야가 기도하여 이르되 그룹들 위에 계신 이스라엘의 하나님 여호와여 주는 천하 만국에 홀로 하나님이시라 주께서 천지를 만드셨나이다"(왕하 19:15).

히스기야 왕은 성급하게 용건부터 꺼내지 않았다. 분명 닥쳐온 위기를 해결하기 위해서는 한시가 급했을 것이다. 그러나 히스기야는 하나님 앞에서 정직한 자로서, 먼저 하나님을 극진히 찬양하는 기도의 모본을 보였다. 먼저 하나님을 찬양한 후 히스기야는 모든 상황을 보시는 하나님께 자신의 요청을 들어주실 것을 간구한다.

"여호와여 귀를 기울여 들으소서 여호와여 눈을 떠서 보시옵소서 산헤립이 살아 계신 하나님을 비방하러 보낸 말을 들으시옵소서"(왕하 19:16).

히스기야 왕은 오직 하나님의 능력을 의지했다. 하나님이 다른 우상들처럼 조각상에 불과하다면 그 능력을 체험할 수 없다. 히스기야 왕은 그 사실을 분명히 알았다. 그래서 다른 신들은 죽어 있는 나무와 돌뿐이라고 말한다.

> "여호와여 앗수르 여러 왕이 과연 여러 민족과 그들의 땅을 황폐하게 하고 또 그들의 신들을 불에 던졌사오니 이는 그들이 신이 아니요 사람의 손으로 만든 것 곧 나무와 돌 뿐이므로 멸하였나이다"(왕하 19:17-18).

앞서 하나님을 믿지 말라는 산헤립 왕의 경고는 효력이 없었다. 앗수르가 물리친 나라들의 신들은 헛된 우상일 뿐 하나님과 같지 않았다. 그래서 앗수르의 손에 점령당했고 그들이 믿었던 신으로부터 어떠한 승리도 얻을 수 없었다. 그래서 히스기야는 산헤립 왕의 말에 오히려 담대했다. 이사야를 통해 히스기야 왕에게 예언하신 하나님의 말씀대로 앗수르는 능히 돌파할 수 있는 상대였다. 유다의 승리는 오직 하나님에게서만 나올 수 있었다. 앗수르에 물러서지 않고 가장 먼저 성전으로 올라가 하나님께 간구한 그의 행동은 당연하고 옳았다.

게다가 산헤립 왕의 거듭된 경고에도 하나님만을 의지하는 히스기야 왕의 믿음은 더욱 확고해졌다. 이처럼 고난은 신앙을 한 뼘 더 자라게 하는 성장통과 같다.

우리는 도저히 감당할 수 없는 고난이 닥쳐올 때 먼저 하나님을 찾아야 한다. 당면한 문제보다 뛰어나신 하나님 한 분만을 찬양하고 높이는 기도를 해야 한다. 그것이 바로 하나님 앞에서 정직한 신앙인의 대처 방법이다. 헛된 방법을 의지하지 않고 끝까지 하나님을 의지하면 된다. 승리의 손으로 붙드시는 하나님이 우리와 함께하신다. 담대한 믿음을 가지고 히스기야처럼 이렇게 간구하라.

"우리 하나님 여호와여 원하건대 이제 우리를 그의 손에서 구원하옵소서 그리하시면 천하 만국이 주 여호와가 홀로 하나님이신 줄 알리이다"
(왕하 19:19).

고난 중에도 희망의 마지막 보루인 기도를 중단해서는 안 된다. 끝까지 기도의 끈을 놓지 않으면 하나님이 이루시는 승리의 주인공이 될 수 있다. 고난과 절망을 안고 가장 먼저 예배의 자리로 나오라. 괴로울수록 끝까지 하나님만 붙들라!

믿음으로 승리하다

히스기야가 위기를 극복한 또 다른 방법은 믿음이다. 믿음이란 하나님을 신뢰하는 것이다. 하나님이 책임지고 보호하고 인도하실 것을 믿는 것이다.

히스기야는 아주 선명하게 하나님을 의지했다. 산헤립 왕이 시비를 걸면서 전쟁을 하려고 했을 때 히스기야는 그 전쟁에서 이길 수 있는 상황이 아니었다. 그러나 히스기야는 이 전쟁을 자신이 아닌 하나님이 하시면 반드시 이긴다는 확신이 있었다.

지금까지 산헤립 왕은 히스기야를 모욕했다.

"너희는 히스기야의 말을 듣지 말라…"(왕하 18:31).

산헤립 왕은 '히스기야는 약하고 백성을 속이는 자이다. 왕의 자격이 없다. 그러니 항복하라'는 식으로 국가를 분열하려 했다. 하나님에 대해서 말할 때도 하나님의 이름을 모욕하기보다 이용하려는 교묘한 수법을 썼다.

"내가 어찌 여호와의 뜻이 아니고야 이제 이곳을 멸하러 올라왔겠느냐" (왕하 18:25).

산헤립은 이스라엘을 공격하는 것이 하나님의 뜻이지 자신의 욕심 때문은 아니라고 말했다. 하지만 산헤립은 큰 실수를 저질렀다. 너무 교만해서 하나님을 모욕한 것이다.

"민족의 모든 신들 중에 누가 그의 땅을 내 손에서 건졌기에 여호와가 예루살렘을 내 손에서 건지겠느냐"(왕하 18:35).

하지만 이 말 때문에 히스기야는 한 가지 사실을 깨닫는다. 이제 전쟁은 산헤립과 자신의 전쟁이 아니라 산헤립과 하나님의 전쟁이 되었다는 것을 말이다. 히스기야는 이렇게 기도한다.

"여호와여 귀를 기울여 들으소서 여호와여 눈을 떠서 보시옵소서 산헤립이 살아 계신 하나님을 비방하러 보낸 말을 들으시옵소서"(왕하 19:16).

히스기야의 믿음이 여기에 있다. 전능하신 하나님이 그냥 구경만 하지 않으실 것이라는 확신과 믿음이 있었다. 히스기야는 고난보다 강하고 전능하신 하나님을 믿었다.

우리도 살면서 감당할 수 없는 어려움과 시험을 만난다. 하지만 그 순간에 필요한 것은 믿음이다. 전능하신 하나님이 우리를 지키고 인도하고 도우실 것을 믿고 신뢰하는 것이다. 히스기야처럼 하나님을 신뢰하라. 하나님이 도우신다.

왜 불신자가 더 잘되는가?

앗수르가 북이스라엘을 멸망시키고 남유다의 신실한 히스기야까지 위협하는 모습은 우리에게 한 가지 의문을 품게 한다. 하나님은 왜 우리를 고난 중에 처하게 내버려 두시고 오히려 불신자들이 더 잘되게 하시는 걸까? 하나님의 말씀에 순종하며 사는 사람들은 힘들게 살고 세속적으로 사는 사람들이 더 잘사는 것처럼 보인다. 성경에서도 하나님이 선택한 민족은 망하고 하나님을 모르는 이방민족은 거대한 국가가 된다. 왜 그럴까? 하나님을 믿어도 소용없는가? 세상이 더 잘되는 것은 아닐까?

아니다. 이 모든 것이 하나님의 계획이다. 앗수르가 이스라엘을 멸망시킬 만큼 강한 민족이었던 것은 사실이다. 하지만 그것은 그들이 강했기 때문이 아니다. 하나님이 약해서 이스라엘을 보호하지 못하신 것이 아니라 하나님이 앗수르라는 나라를 도구로 사용하신 것이다.

> "네가 듣지 못하였느냐 이 일은 내가 태초부터 행하였고 옛날부터 정한 바라 이제 내가 이루어 너로 견고한 성들을 멸하여 무너진 돌무더기가 되게 함이니라"(왕하 19:25).

하나님이 태초부터 이렇게 될 것들을 계획하셨다. 이스라엘이 심판받고 앗수르가 심판의 도구로 사용되는 것이 하나님의 계획 안에 있었다. 살다 보면 믿지 않는 사람들이 더 잘되는 것처럼 보인다. 예수님을 믿는 사람들은 아무리 노력해도 소용이 없는 것 처럼 보인다.

하지만 이런 상황은 하나님의 허락 하에 일어난 것이다. 앗수르는 자신들이 하나님의 도구로 쓰이기 위해 강국이 되고 이스라엘을 멸망까지 시킬 수 있었음을 알아야 했다. 그러나 이 사실을 모르고 교만해져서 자신을 사용하신 하나님에게까지 반란을 일으켰다. 바로 이 때문에 앗수르의 산헤립은 망하게 된다.

"이 밤에 여호와의 사자가 나와서 앗수르 진영에서 군사 십팔만 오천 명을 친지라 아침에 일찍이 일어나 보니 다 송장이 되었더라"(왕하 19:35).

하나님이 직접 나서서 앗수르의 군대를 멸절시키셨다. 그 이유는 간단하다. 전쟁은 이제 앗수르와 히스기야 사이의 문제가 아니라 앗수르와 하나님의 일이 되었기 때문이다. 역사에 의하면 앗수르 군대는 예루살렘을 포위하고 있다가 갑자기 패퇴했다. 심판은 거기서 그치지 않는다. 교만했던 산헤립에게도 심판이 내려진다.

산헤립은 군대가 몰살당하자 고국으로 돌아갔다. 그리고 어느 날 우상을 찾아가서 절하는 사이에 부하의 칼에 살해당한다. 강력한 나라를 만들고 하나님을 모욕하던 사람의 말로는 너무나 볼품없고 간단하다. 이러한 사건들로 인해서 앗수르는 다시는 남유다를 침공할 생각도 못하게 되었다.

하나님은 온 우주의 하나님이시다. 그래서 믿는 자와 불신자 모두를 사랑하고 사용하신다. 불의한 자가 잘 되는 것처럼 보인다면 그것도 하나님이 쓰시는 모습이다. 그러나 그들이 교만하고 자신들이 하나님보다 위대하다고 생각할 때 하나님은 그 도구도 심판하신다.

5
전과 후가 같은 삶

"여호와여 구하오니 내가 진실과 전심으로 주 앞에 행하며 주께서 보시기에 선하게 행한 것을 기억하옵소서 하고 히스기야가 심히 통곡하더라"(왕하 20:3).

어떤 사건을 전후로 태도가 달라지는 사람이 있다. 이런 사람들의 모습을 일컬어 "화장실 들어갈 때와 나올 때 마음이 다르다."고 말한다. 이 세상에 변하지 않는 사람은 없다. 그런 사람들의 모습을 보고 실망을 하기도 하지만 결국 그 모습이 내 모습이기도 하다. 우리는 쉽게 변질될 수 있는 연약한 존재들이다.

히스기야 왕의 모습도 별반 다르지 않다. 그는 유다의 다른 왕들에 비하면 하나님 앞에 정직한 사람이었다. 그러나 그 역시 연약한 사람일 뿐이었다.

하나님의 뜻마저 바꾸던 사람

히스기야 왕이 남유다를 통치한 지 14년이 되던 해, 그가 중병에 걸려서 생사를 넘나들었다. 병중에 있는 히스기야 왕에게 아모스의 아들 선지자 이사야가 찾아와서 이렇게 말했다.

"…이사야가 그에게 나아와서 그에게 이르되 여호와의 말씀이 너는 집을 정리하라 네가 죽고 살지 못하리라 하셨나이다"(왕하 20:1).

히스기야가 이제 겨우 서른아홉 살 때의 일이다. 히스기야 왕에게 자신의 죽음을 전하러 온 이사야는 저승사자나 다름이 없었을 것이다. 엄청난 두려움에 휩싸인 그가 병상에 누워서 죽음의 공포를 떨칠 수 있는 방법은 기도밖에 없었다.

"히스기야가 낯을 벽으로 향하고 여호와께 기도하여 이르되"(왕하 20:2).

히스기야 왕은 벽으로 몸을 돌렸다. 히스기야가 벽을 마주본 것은 몸을 움직이기 힘들어서 그랬을 수도 있지만 동시에 하나님 만나겠다는 의지의 표현이기도 했다. 그는 이 죽음이 하나님에게서 왔기 때문에 거두실 수 있는 분도 하나님이란 믿음이 있었다. 그래서 위급한 순간에도 그는 먼저 기도했다. 그리스도인들이 피할 수 없는 위기 앞에서 무엇을 해야 하는지 잘 보여 주는 모습이다.

2015년 12월 23일에 '공포의 19분'이라고 불리는 사건이 있었다. 김포공항을 출발해 제주공항으로 향하던 한 여객기의 압력 조절 장치가 고장났다. 여객기가 정상에 오르자 귀가 터질 듯이 아팠고 아이나 여자들은 거의 실신 상태였다. 죽음을 감지한 승객들은 무릎을 꿇고 기도했다고 한다. 정말 아무것도 생각나지 않는 급박한 순간에서 기도의 목소리가 들려온 것이다. 히스기야 왕의 기도도 죽음의 공포 가운데 급박했다.

"여호와여 구하오니 내가 진실과 전심으로 주 앞에 행하며 주께서 보시기에 선하게 행한 것을 기억하옵소서 하고 히스기야가 심히 통곡하더라"(왕하 20:3).

그런데 이 기도에 죄를 회개하는 내용이 없다. 앗수르의 협박에 구원을 요청하면서 먼저 하나님을 찬양했던 기도와는 좀 다르다. 이번에는 그저 자신이 진실하고 선한 사람인 것을 강조한다. '내가 이런 사람이니 살려 달라'는 기도이다. 그렇게 심히 통곡하며 드린 히스기야의 기도를 하나님이 들으셨다. 이사야가 왕을 만나고 돌아가는 길에 다시 하나님의 말씀을 받았다.

"내가 네 기도를 들었고 네 눈물을 보았노라 내가 너를 낫게 하리니 네가 삼 일 만에 여호와의 성전에 올라가겠고 내가 네 날에 십오 년을 더 할 것이며…앗수르 왕의 손에서 구원하고…내가 나를 위하고 또 내 종 다윗을 위하므로 이 성을 보호하리라 하셨다 하라 하셨더라"(열왕기하 20:5-6).

하나님이 뜻을 바꾸셔서 히스기야에게 다시 한 번 기회를 주셨다. 히스기야를 사울이나 다윗에게 칭하던 '주권자'라고 부르시면서 그에 대한 애정을 드러내셨다. 그리고 아주 짧은 시일 내에 모든 병이 싹 나아서 제의적으로 정결한 왕으로 복귀하게 하셨다. 뿐만 아니라 히스기야가 병중에 있을 때는 앗수르가 유다를 1차로 침입하기 직전에 있었는데, 하나님이 유다 땅도 보호하겠다고 약속하셨다.

우리는 삶을 주관하시는 하나님 앞에 무릎 꿇고 기도로 나아가기만 하면 된다. 모든 것은 하나님만이 해결하실 수 있다. 위대하신 하나님을 알면 우리는 기도로 능히 이겨낼 수 있다. 우리의 기도는 하나님의 마음을 감동시킬 수 있다. 하나님은 늘 우리의 기도에 귀를 기울이고 계신다. 죄 많고 연약한 우리를 잘 아시기에 끝까지 인자와 자비하심으로 도우신다.

이 사실을 기억한다면 아무것도 생각나지 않을 만큼 막막한 상황 속에서도 우리는 기도할 수 있다. 그저 주저앉아 있기보다 언제라도 우리를 살리시기로 작정하신 하나님을 향하여 기도하라. 우리가 기도할 때 하나님이 일하신다. 아무것도 할 수 없다고 여길 때가 기도로 모든 것을 바꿀 수 있는 가장 탁월한 타이밍이다.

하나님의 뜻을 저버린 사람

히스기야가 하나님께 기도해서 병을 치유 받고 15년의 시간을 더 얻었다. 하지만 그의 신앙은 오히려 퇴보하기 시작했다. 문제가 해결되니 신앙과 삶이 변질되기 시작했다.

우선 믿음이 변했다. 지금껏 자신의 삶과 인생이 하나님께 달려 있음을 믿었던 그는 이제 자기의 능력과 업적을 생각했다. 바벨론에서 사자들이 병문안을 왔다. 그들은 워낙 먼 거리를 왔기에 그들이 도착했을 때는 히스기야의 병이 다 나은 후였다. 그들은 병문안을 계기로 바벨론과 이스라엘이 상호 방위 조약을 맺고 좋은 관계를 유지하자며 편지와 예물을 전달했다. 히스기야는 기분이 좋았다. 강대국 바벨론이 먼 거리를 마다하지 않고 찾아와서 선물을 주니 이스라엘이 국격이 올라가고 자신도 이름 꽤나 떨치고 있는 것 같은 생각이 들었다. 그는 교만해졌다.

하지만 히스기야는 원래 겸손한 사람이었다. 앗수르가 자신을 모욕할 때도 침묵했고 오히려 그 편지를 하나님께 펼쳐놓고 하나님의 처분을 기다리던 사람이었다. 몸이 아플 때도 제일 먼저 기도할 정도였다. 그런데 이제 바뀌었다. 이제 그는 자기를 자랑한다. 하지만 그 교만함이 큰 잘못을 저지른다.

"히스기야가 사자들의 말을 듣고 자기 보물고의 금은과 향품과 보배로운 기름과 그의 군기고와 창고의 모든 것을 다 사자들에게 보였는데 왕궁과 그의 나라 안에 있는 모든 것 중에서 히스기야가 그에게 보이지 아니한 것이 없더라"(왕하 20:13).

히스기야가 너무 교만해져서 자신의 업적과 부를 과시했다.

"히스기야가 부와 영광이 지극한지라 이에 은금과 보석과 향품과 방패와 온갖 보배로운 그릇들을 위하여 창고를 세우며 곡식과 새 포도주와 기름의 산물을 위하여 창고를 세우며"(대하 32:27-28).

하나님은 앗수르의 침략에 믿음으로 대항하고 고난을 극복한 히스기야에게 재물이라는 복을 주셨다. 그리고 그 많은 재물들을 둘 창고들을 세우게 하셨다. 하지만 이 모든 재물은 하나님이 주신 것이다. 성경은 분명히 이렇게 말한다.

"…이는 하나님이 그에게 재산을 심히 많이 주셨음이며"(대하 32:29).

하나님이 이 모든 것을 주셨다. 수고하고 애쓴 믿음의 사람에게 은혜로 주셨다. 하지만 히스기야는 다르게 생각했다. 하나님의 은혜라는 말은 사라지고 자신의 업적만 남았다. 바로 이 교만 때문에 그는 변했다. 그리고 이 교만은 재앙이 되었다. 이런 히스기야를 이사야가 꾸짖었다.

"여호와의 말씀이 날이 이르리니 왕궁의 모든 것과 왕의 조상들이 오늘까지 쌓아 두었던 것이 바벨론으로 옮긴 바 되고 하나도 남지 아니할 것이요 또 왕의 몸에서 날 아들 중에서 사로잡혀 바벨론 왕궁의 환관이 되리라 하셨나이다"(왕하 20:17-18).

겨우 지켜낸 국가가 바벨론에 멸망당하고 자기 후손들은 환관이 된다니 교만의 대가는 상상을 초월한 것이었다. 하지만 더 당황스러운 것은 히스기야의 반응이다.

"히스기야가 이사야에게 이르되 당신이 전한 바 여호와의 말씀이 선하니이다 하고 또 이르되 만일 내가 사는 날에 태평과 진실이 있을진대 어찌 선하지 아니하리요 하니라"(왕하 20:19).

히스기야는 자신이 살아있을 때 받을 벌이 아니기 때문에 괜찮다고 했다. 나라를 위해 울던 히스기야는 어디로 가고 이렇게 나약하고 이기적인 히스기야만 남았을까? 참으로 비극이다. 히스기야 개인적으로나 국가적으로 다 비극이다.

기도로 생명을 15년이나 연장했지만 차라리 그 15년이 연장되지 않았으면 나았겠다는 생각이 들 정도이다. 15년 전 히스기야의 신앙은 하나님의 뜻을 바꿀 정도였으나 이제는 그의 교만 때문에 오히려 하나님의 분노를 사고 나라를 망하게 하고 있다.

이 영향은 히스기야 아들에게도 미친다. 그의 아들 므낫세는 유다의 왕들 중 가장 악한 왕으로 꼽힌다. 히스기야의 한결같지 못한 신앙과 삶은 그의 가문과 국가에 상당한 영향을 끼쳤다.

신앙생활을 하는 사람들 중에는 히스기야 같은 사람들이 종종 있다. 병이 들거나 집안이 망하는 등 어려운 일이 닥치면 하나님을 찾다가 문제가 해결되면 하나님을 믿지 않는 것이다. 그들의 믿음은 낮은 데 목적을 두고 있었다. 그들의 믿음은 하나님이 아니라 세상에 목적을 두고 있었다.

우리 신앙이 한결같지 못하면 삶이 무너진다. 우리 스스로 교만해져서 미래를 무너뜨리는 것이다. 우리는 처음이나 나중이나, 기도하기 전이나 기도한 후나, 기도의 응답을 받기 전이나 받은 후에나 변함없는 주의 자녀로 살아야 한다.

6
어느 길을 가려는가?

"므낫세가 유다에게 범죄하게 하여 여호와께서 보시기에 악을 행한 것 외에도 또 무죄한 자의 피를 심히 많이 흘려 예루살렘 이 끝에서 저 끝까지 가득하게 하였더라"(왕하 21:16).

1999년 4월 20일, 콜로라도 덴버에 있는 콜롬바인 고등학교에서 충격적인 사건이 일어났다. 그 학교에 다니는 에릭과 딜런이라는 두 학생이 총기를 난사하여 열두 명의 학생과 한 명의 교사가 사망했다. 미국 최악의 총기난사 사건 가운데 하나로 기록된 사건이다.

그러나 이 비극적인 사건 속에서 미국은 물론 모든 그리스도인에게 감동과 교훈을 준 이야기가 있다. 바로 캐시 버널(Cassie Bernall)이라는 여학생의 이야기이다. 에릭과 대런이 학생들에게 총을 들이대고 하나님을 믿는지 물었다. 캐시는 총구 앞에서 "하나님은 살아계신다"고 담대하게 외쳤고 그렇게 세상을 떠났다.

그 후 캐시 버널의 삶과 죽음은 당시 주변에 떨고 있던 많은 학생들은 물론, 미국 전역에 엄청난 신앙적 충격과 대대적인 각성 운동을 일으켰다. "우리도 캐시 버넬의 길을 따르자!"라는 운동이 벌어졌고 미국의 그리스도인 십대들 사이에서 "Yes, I believe in God."이라고 적힌 티셔츠를 입고 다니는 운동이 일어났다. 플로리다 주의 한 도시에서는 2천 5백 명의 십대들이 모여 감동적인 신앙고백 집회를 열었다. 이 집회의 이름 역시 "Yes, I believe in God."이었다. 우리나라에는 캐시의 일생과 죽음을 다룬 책, 『20세기 마지막 순교자 캐시 버넬』(미스티 버넬, 서울: 상상북스, 2002)가 출간되었다.

캐시는 자기 인생을 결정하는 중요한 갈림길에서 대담하게 믿음을 고백하는 길을 선택했다. 비록 죽음으로 끝났지만 지금도 많은 사람에게 감동과 도전을 주고 있다.

우리 역시 항상 결정과 선택의 순간들에 선다. 그럴 때 어떤 이는 믿음을, 어떤 이는 자신의 욕심을, 어떤 이는 넓은 길을, 어떤 이는 좁은 길을 선택한다.

므낫세 왕은 우상숭배의 길을 선택해서 결정적으로 나라를 망하게 하는 왕이 된다.

아버지의 길을 가라

어른들은 젊은이들에게 "뜻과 의지만 있으면 뭐든지 할 수 있다."고 말한다. 맞는 말이다. 끝까지 포기하지 않으면 많은 일을 이룰 수 있다. 하지만 마음대로 되지 않는 일도 있다. 불가능해 보이는 일이 더 많다.

그 중에서 가장 뜻대로 안 되는 일이 자녀 문제일 것이다. 자녀교육은 부모 마음대로 되지 않는다. 왕이었던 히스기야 역시 자녀 문제는 마음대로 하지 못한 것 같다. 히스기야는 선하고 신실한 왕이었다. 그의 부인은 헵시바였는데, 그 이름은 '나의 기쁨이 너에게 있다.'는 뜻이다.

아름다운 신부에게 헵시바라고 이름을 붙이는데 히스기야가 자기 부인을 이렇게 부른 것을 보면 부부 금실이 좋았던 것 같다. 이렇게 사이좋은 부모요, 믿음의 아버지 아래에서 성장했지만 그 아들은 부모의 길을 하나도 따르지 않았다. 그 아들은 후일 남유다 역사상 가장 악하고 결국 남유다의 파멸을 불러오는 왕으로 등장한다. 그의 이름이 므낫세이다.

므낫세는 열두 지파의 이름 중 하나이다. 북이스라엘이 망하면서 히스기야는 이스라엘의 회복을 바라며 그의 아들을 므낫세라고 이름 지은 것 같다. 아버지 히스기야의 좋은 믿음과 아름다운 어머니, 그리고 므낫세라는 좋은 이름을 가진 그는 삶으로 그런 배경을 배신했다. 성경은 그의 삶을 이렇게 요약한다.

"므낫세가 여호와 보시기에 악을 행하여…"(왕하 21:2).

므낫세 앞에는 두 가지 길이 있었다. 신실하고 훌륭한 아버지의 길과 인기 있는 왕의 길이었다. 그는 아버지의 길을 따르지 않고 인기 있는 왕의 길, 아합의 길을 택했다. 그 결과, 그는 남유다의 가장 악한 왕으로 등극한다.

"…이스라엘의 왕 아합의 행위를 따라…"(왕하 21:3).

아합은 북이스라엘에서 가장 악한 왕으로 평가받는 왕이다. 사실 아합처럼 우상을 숭배하는 것은 인기를 얻는 길이다. 백성은 우상숭배를 원했다. 우상이 물질의 풍요와 기쁨을 약속했기 때문이다. 부자가 되고자 하는 탐욕스런 인간의 본성을 자극해서 많은 백성이 우상숭배를 즐거워했다. 모세 때에도 모세가 없는 틈을 타서 아론은 우상을 만들었다. 그때도 백성이 원했다. 아론은 백성이 자발적으로 가져온 금으로 금송아지를 만들었다.

백성들은 믿음의 길을 힘들어했다. 이스라엘 역사에서도 조금만 평안해지만 백성은 우상을 숭배했다. 므낫세는 백성의 뜻을 잘 따른 셈이다. 지도자의 임무는 백성의 뜻을 잘 따르는 것이다. 하지만 아무리 다수가 원해도 하지 말아야 할 것이 있다. 그 대표적인 것이 우상숭배다. 므낫세는 다수의 나쁜 의견을 따르면서 악한 왕이 되었다.

우리도 예외가 아니다. 므낫세만 우상을 만든 것이 아니다. 우리도 우상을 만든다. 욕망과 탐욕을 좇아서 우상을 만든다. 우리도 히스기야가 걸어간 의로운 길이 아니라 므낫세가 걸어간 편안한 길을 가고 싶어 한다. 우리에게도 항상 두 가지의 길이 주어진다. 믿음의 길과 탐욕의 길이다. 히스기야처럼 믿음으로 사는 길과 아합처럼 사람들이 원하는 부요와 탐욕을 좇는 길이다. 우리는 어느 길을 가야 할까?

죄에서 돌아서라

므낫세가 저지른 악을 보면, 악은 점점 성장하고 자라난다는 것을 알 수 있다. 그의 죄는 유다의 악한 왕들의 죄를 다 모아 놓은 것처럼 다양하고 방대했다. 먼저, 므낫세는 아버지 히스기야가 하나님의 말씀에 따라 부순 산당을 다시 쌓아 올렸다.

> "그의 아버지 히스기야가 헐어 버린 산당들을 다시 세우며…"(왕하 21:3).

산당은 이스라엘의 민간신앙이 자라고 지역의 미신이나 우상이 존재했던 곳이다. 예루살렘까지 가서 예배드리기 싫었던 사람들은 가까운 산당에서 하나님께 예배한다는 핑계로 민간신앙을 섬기고 우상을 만들었다. 히스기야 왕은 종교개혁을 단행하며 산당을 없앴다. 그런데 이것을 뒤집고 므낫세가 다시 산당들을 만들었다. 더 나아가 그는 우상도 제작했다.

> "이스라엘의 왕 아합의 행위를 따라 바알을 위하여 제단을 쌓으며 아세라 목상을 만들며 하늘의 일월 성신을 경배하여 섬기며"(왕하 21:3).

므낫세는 온갖 신을 다 만들었다. 바알과 아세라 목상을 만들고 하늘의 해와 달, 별의 신도 만들었다. 우상숭배는 그의 믿음이 병들었음을 보여 준다.

바알과 아세라 우상은 농업과 관계가 있었다. 농사에 필요한 비와 풍요를 주는 신이 바알과 아세라였다. 천지자연을 짓고 먹이시는 분이 하나님인데 므낫세와 백성은 하나님이 아닌 다른 신이 비와 풍요를 준다고 믿었다. 하나님의 다스리심을 믿지 못했다.

그들은 하나님이 아주 싫어하시는 일을 하나 더 했는데 바로 이방종교들이 행하던 인신제사였다. 므낫세는 자신의 아들을 불에 태우는 인신제사를 행했다. 므낫세는 또 무당을 불러들여 점을 쳤다.

하나님은 므낫세를 왕이 되게 하셨고 권력과 부귀를 주셨지만 그는 이것들로 하나님을 섬기지 않고 오히려 우상숭배를 하는데 온 힘을 쏟았다. 이렇게 종교적 죄악들이 넘치는 곳은 반드시 사회적으로도 죄악이 넘치게 된다.

"…무죄한 자의 피를 심히 많이 흘려 예루살렘 이 끝에서 저 끝까지 가득하게 하였더라"(왕하 21:16).

이스라엘의 수도에서 억울함이 가득했다. 부정부패가 만연해서 무전유죄 유전무죄의 일이 빈번했을 것이다. 하나님이 너무나 싫어하시는 일들이 곳곳에서 벌어졌다. 죄에는 가속도가 있어서 처음이 어렵지 일단 한번 저지르면 계속 저지르게 된다. 므낫세가 일단 산당제사를 허락하자 우상숭배와 이방종교의 잘못된 문화가 속속 들어왔다. 사회적, 정치적으로도 불의한 일들이 연이어 벌어졌다.

므낫세 왕이 보여 준 죄의 길을 따라가다 보면 멈출 수 없는 지경에까지 이르는 것을 보게 된다.

하나님이 원하시지 않는 길을 들어섰다면 단호하게 잘라내고 돌아설 수 있는 결단이 필요하다. 죄는 지을수록 커지고 많아진다. 작은 죄가 있다면 처음부터 싹을 잘라야 한다.

죄의 결과를 기억하라

므낫세가 하나님 앞에 저지른 죄악은 참으로 컸다. 그 중에서 압도적인 것은 이전 악한 왕들이 하지 않던 일들까지 행했다는 것이다. 우상숭배를 하던 사람은 우상을 자기 집에 두었지만 므낫세는 자신이 만든 아세라 상과 바알 상을 성전에 두고 제사까지 지냈다.

"또 자기가 만든 아로새긴 아세라 목상을 성전에 세웠더라"(왕하 21:7).

므낫세는 하나님께 예배하기 위해 만든 성전에서 우상을 숭배했다. 그에게는 하나님을 믿는 신앙이 존재하지 않았다. 그는 하나님을 두려워하지도 하나님을 아예 염두에 두지도 않았다.

"…말씀하여 이르시되 유다 왕 므낫세가 이 가증한 일과 악을 행함이 그 전에 있던 아모리 사람들의 행위보다 더욱 심하였고 또 그들의 우상으로 유다를 범죄하게 하였도다"(왕하 21:10-11).

아모리 사람들은 가나안 7대 민족의 대표 민족이다. 따라서 므낫세가 저지른 죄악은 가나안 사람 전체가 저지른 죄악보다 더 심했다. 그의 죄가 너무나 크고 무거웠다. 이런 가운데 하나님은 죄를 진 므낫세 왕과 유다 땅에 재앙을 내리겠다고 선포하셨다.

"그러므로 이스라엘의 하나님 여호와가 말하노니 내가 이제 예루살렘과 유다에 재앙을 내리리니 듣는 자마다 두 귀가 울리리라"(왕하 21:12).

하나님의 진노가 얼마나 큰지 짐작할 수 있다.

"내가 사마리아를 잰 줄과 아합의 집을 다림 보던 추를 예루살렘에 베풀고 또 사람이 그릇을 씻어 엎음 같이 예루살렘을 씻어 버릴지라"(왕하 21:13).

이 말씀에서 사마리아와 아합의 왕궁은 북이스라엘을 가리킨다. 줄과 추는 건축할 때 기준을 정하는 도구이다. 이 말은 하나님이 아합의 행동과 북이스라엘의 배교, 우상 숭배 행위에 지쳐서 심판을 내리실 것인데, 그 심판의 기준을 북이스라엘을 멸망하게 했던 그 엄격한 기준에 두겠다는 것이다. 하나님의 기준에서 측정한 므낫세의 악한 행실은 아합의 죄의 무게와 같다. 그래서 심판의 모습도 심각하다.

오늘날 우리는 므낫세 왕을 '북이스라엘의 멸망을 통해서도 자신의 죄악과 처참한 최후를 깨닫지 못한 어리석은 왕'으로 평가한다. 선지자들이 그에게 경고했다. 아버지 히스기야도 설명했을 것이다. 하지만 므낫세는 그러한 역사의 교훈을 듣지 않았다. 그리고 결국 이스라엘의 멸망을 불러온다. 하나님은 다윗과 솔로몬에게 하셨던 약속을 버리기로 결심하신다.

구약학에 '이름신학'이라는 것이 있다. 열왕기하의 밑바탕에 있는 신학 중 하나이다. 이 이론은 하나님의 이름을 단지 호칭이 아니라 하나님의 존재로 보는 것이다. 하나님의 이름이 있는 곳에는 하나님이 임재하신다. 하나님이 약속하시길, 성전에 그분의 이름을 두심으로써 그곳에 하나님의 임재가 있게 하겠다고 하셨다. 그러니 우리 안에도 하나님이 계셔야 한다. 우리 삶과 직장, 학교, 가정에 하나님이 계셔야 한다.

그런데 이 거룩한 약속을 므낫세가 우상숭배로 깨뜨렸다. 그 결과, 그는 남유다가 멸망하는 결정적 이유를 만들었다. 이후에 종교개혁을 하며 다시 회복하려는 운동이 있었지만 실패했다.

재판에서 사형선고를 받으면 당장은 아니어도 언젠가 사형을 하는 것과 마찬가지로 므낫세 왕의 온갖 죄악 때문에 이스라엘은 사형선고를 받았다. 하나님이 이스라엘을 다른 나라에 넘기시기로 한 것이다. 그리고 이 심판은 지금 당장은 아니어도 언젠가 일어날 일이다. 왕과 백성이 온갖 우상을 숭배하고 악행을 저지른 결과이다. 이 심판은 후에 이뤄져서 므낫세 왕은 바벨론에 포로로 잡혀간다.

신앙생활을 하는데도 므낫세 왕같이 어리석은 사람들이 있다. 그들은 다른 사람의 죄악과 그에 따른 결과를 보면서도, 이스라엘이 어떻게 멸망했는지를 알면서도, 선지자들을 통해서 경고의 말씀을 들었으면서도, 회개하지 못하고 남의 일처럼 여긴다. 오히려 죄를 조장한다.

그리스도인들은 죄에 민감해야 한다. 상대방의 죄악 된 모습과 어리석은 모습을 보면 반면교사로 삼고 심각하게 고민해야 한다. 므낫세 왕의 죄와 어리석음은 이루 말할 수 없다. 하지만 이것을 남의 이야기로만 여겨서는 안 된다. 므낫세 왕과는 다르게 성숙한 신앙인으로서 자신을 점검해야 한다.

우리 안에 작은 죄가 하나 생기면 주 안에서 두려워하라. 정결하기를 소망하라. 특별히 이 악한 시대에 믿음과 삶의 중심을 지켜나가도록 기도하라.

7
진정한 개혁

"또 서기관 사반이 왕에게 말하여 이르되 제사장 힐기야가 내게 책을 주더이다 하고 사반이 왕의 앞에서 읽으매 왕이 율법책의 말을 듣자 곧 그의 옷을 찢으니라"
(왕하 22:10-11).

2016년 4월에 치러질 총선을 두 달 반가량 앞둔 2월 초, 한 방송사에서 성인남녀 천여 명에게 설문조사를 실시했다. "당신은 현역 의원을 다시 지지하겠습니까?"라는 질문에 '그렇다'는 응답은 29.6퍼센트뿐이었고, 오히려 '지지하지 않겠다'는 응답이 41.7퍼센트로 훨씬 많았다. 더 놀라운 것은, 이번 총선을 통해서 정권이든 국회든 정당이든, 정치권을 심판하는 계기로 삼아야 한다고 응답한 사람들이 64.3퍼센트였다.

정치를 개혁하여 불안한 세상을 극복하기 원하는 국민의 마음을 고스란히 볼 수 있는 설문조사였다.

이처럼 사람들은 예나 지금이나 삶이 불안할수록 개혁을 갈망한다. 그래서 때로는 조선 건국을 배경으로 한 TV 드라마 〈육룡이 나르샤〉처럼 왕을 바꾸어서 시대의 불안을 극복해 보려는 사람의 개혁도 있었고, 때로는 왕정제도 대신 민주주의를 도입하는 등 제도를 개혁하는 시도도 있었다. 심지어는 이건희 회장의 "마누라 빼고 다 바꿔라."라는 말처럼, 철학이나 목표, 가치관도 수없이 바꾸어 봤다.

이처럼 수많은 개혁을 통해서 우리 삶과 사회는 과연 나아졌을까? 우리는 과연 행복해졌는가?

인간의 제도나 철학을 통한 개혁은 우리를 진정으로 행복하게 만들지 못한다. 그것을 넘어선 진정한 개혁이 우리 사회와 인생에 필요하다. 그렇다면 우리를 변화시키는 진정한 개혁은 과연 무엇일까?

열왕기하 22-23장에 나오는 요시야 왕은 누구도 이루지 못한 개혁을 이끌어 다윗 이후에 전무후무한 왕으로 평가되고 있다. 요시야가 어떤 개혁을 어떻게 했는지 살펴보면, 우리가 해야 할 진정한 개혁이 무엇인지 알 수 있다.

은혜를 다시 기억하라

요시야는 므낫세의 손자로, 2년 만에 죽은 아버지의 뒤를 이어 여덟 살의 나이에 왕이 되었다.

요시야가 왕위에 오른 시기는 국제적으로 매우 중요한 시기로 백여 년 동안 중동지역을 철권 통치하던 앗수르의 국력이 쇠퇴하면서 앗수르의 국제적인 영향력이 급격하게 약화된 때이다.

이러한 국제정세를 간파한 요시야는 제위 12년, 스무살의 나

이에 앗수르로부터 독립을 선언하고, 나라를 본격적으로 개혁
했다.

> "제십이년에 유다와 예루살렘을 비로소 정결하게 하여 그 산당들과 아
> 세라 목상들과 아로새긴 우상들과 부어 만든 우상들을 제거하여 버리
> 매"(대하 34:3).

요시야는 할아버지와 아버지가 세웠던, 그리고 백성이 곳곳에 세운 우상과 산당을 모두 부수었다. 그렇게 6년 여간 유다와 예루살렘의 곳곳을 다니며 우상과 산당을 부수는 일에 집중했는데 어느 날, 그의 눈에 성전이 들어왔다. 할아버지 므낫세가 성전에 세운 우상은 그전에 치웠지만, 명색이 '하나님의 집'을 제대로 돌아본 적은 없었다. 자세히 보니 너무나 부끄러웠다. 성전은 할아버지 때부터 수십 년째 방치되어 녹슬고 망가져 있었다.

요시야는 성전을 관리하던 대제사장 힐기야에게 성전에 들어오는 헌금으로 성전을 고칠 것을 명령했다. 힐기야는 왕의 명령을 충실히 이행했고, 성전 수리는 잘 진행되었다. 그 과정에서 두루마리 하나가 발견되었다. 그것은 모세가 썼다고 말로만 전해지던 신명기 일부의 필사본이었다. 깜짝 놀란 힐기야는 그 두루마리 율법책을 갖고 가서 왕에게 보고했다.

왕은 서기관에게 그 율법책을 읽어 보라고 지시했다. 처음에는 그 내용을 차분히 듣던 요시야의 표정이 점점 심각해지더니

눈물을 흘렸고, 나중에는 옷을 찢고 통곡했다. 왜 그랬을까?

> "우리 조상들이 이 책의 말씀을 듣지 아니하며 이 책에 우리를 위하여 기록된 모든 것을 행하지 아니하였으므로 여호와께서 우리에게 내리신 진노가 크도다"(왕하 22:13).

이스라엘 민족의 잘못을 깨달았기 때문이다. 요시야는 지금까지 열심히 개혁한다고 했지만, 정말 중요한 하나님의 은혜와 말씀을 잊고 있었음을 깨닫고 옷을 찢고 대성통곡하며 하나님 앞에 간절하게 기도했다.

우상을 부수고 산당을 철폐한 지금까지의 개혁도 의미가 있지만, 다윗 이후에 전무후무한 왕이라는 평가를 받게 하는 진정한 개혁은 이처럼 잊었던 은혜를 기억하고 잊었던 말씀을 기억하면서 시작되었다.

많은 사람이 더 나은 삶을 위해서 자신의 삶에 변화를 추구한다. 어떤 이는 자신이 추구했던 목표나 진로를 바꿔 보고, 또 어떤 이는 매너리즘에서 탈출하려고 시간표를 바꿔 본다. 또 어떤 이는 책상을 정리하거나 거처를 옮기는 등 환경을 바꿔 보고, 어떤 이는 머리를 자르는 등 겉모습을 바꿔 본다.

이처럼 역경을 이겨내기 위해서, 좀 더 발전하기 위해서 발버둥치는 인생이 '될 대로 되라'는 식으로 사는 인생보다는 훨씬 의미 있는 인생이다. 하지만 진짜로 인생을 바꾸어 보고 싶다면 환경이나 외양의 변화보다 더 중요한 것이 있다. '잊었던 은혜를 회복하고 잊었던 말씀을 회복하는 것'이다.

그래야 세상의 염려나 불안에 걸려 넘어지지 않고 하나님께 소망을 둘 수 있다. 하나님의 은혜와 말씀을 기억할 때 좌충우돌하지 않고 올바른 비전을 바라보며 나아갈 수 있다.

인생의 변화를 원하는가? 이루고 싶은 꿈, 이루고 싶은 목표를 세우기 전에 먼저 우리에게 주신 하나님의 은혜, 우리에게 주신 하나님의 말씀을 기억하고 회복해야 한다. 그럴 때 우리 인생에 진정한 개혁이 일어난다.

말씀에 귀 기울이라

성전을 수리하다가 율법책을 만난 요시야는 장로들과 모든 유다 백성을 모이게 하고 율법을 읽어 주었다.

> "이에 왕이 여호와의 성전에 올라가매 유다 모든 사람과 예루살렘 주민과 제사장들과 선지자들과 모든 백성이 노소를 막론하고 다 왕과 함께 한지라 왕이 여호와의 성전 안에서 발견한 언약책의 모든 말씀을 읽어 무리의 귀에 들리고"(왕하 23:2).

모든 것은 들음에서 시작한다. 하나님의 말씀은 우리에게 어지러운 세상 속에서 가야 할 길을 밝히 보여 주신다. 그러니 길을 잃고 혼란스러워하는 사람이 있다면 하나님의 말씀을 들어야 한다.

어느 나라에 아주 지혜로운 스승이 있었다. 그 스승은 항상 "진리는 길가의 돌처럼 흔한 것이다"라고 말했다. 그러자 제자가 물었다.

"선생님, 진리가 그렇게 흔하다면 왜 사람들은 진리를 못 듣습니까?"

그러자 스승이 말했다.

"그거야 사람들이 허리를 굽혀 줍지 않기 때문이지. 허리를 굽히기 싫어하면 진리를 주울 수가 없네."

우리 시대에도 말씀과 설교가 곳곳에 있다. 하지만 겸손하지 않으면 들을 수 없고 잡을 수 없다.

요시야 왕에게 말씀을 들을 기회가 오자 그는 허리를 굽혔다. 그리고 모든 유다 백성과 함께 '하나님은 오직 여호와, 우리는 그분의 백성'이라는 관계를 다시 확인하고 전적으로 하나님을 섬기자고 하나님 앞에서 약속했다.

이때부터 요시야의 개혁은 더 근본적으로 진행되었다. 먼저 유다 백성이 세웠던 우상과 산당뿐만 아니라, 솔로몬이나 할아버지 므낫세 등이 외교적인 관계를 유지하기 위해서 예루살렘에 세웠던 우상과 산당까지 모두 다 부수었다. 또한 성경에 나온 대로 모든 예배를 오직 예루살렘에서만 드리게 하고, 우상을 섬기느라 오랫동안 잊고 있었던 유월절을 국가적으로 지켰다.

요시야는 자신의 개혁을 통해서 남과 북이 모두 변화되면, 이스라엘의 영광이 다시 회복될 것이라고 굳게 믿었다. 성경은 요시야의 개혁의지를 칭찬했다.

"요시야와 같이 마음을 다하며 뜻을 다하며 힘을 다하여 모세의 모든 율법을 따라 여호와께로 돌이킨 왕은 요시야 전에도 없었고 후에도 그와 같은 자가 없었더라"(왕하 23:25).

그의 믿음과 삶은 하나님 앞에서 극찬을 받았다. 우리도 하나님께 칭찬받는 성도가 되길 바란다. 우리 삶은 사람의 칭찬을 받지 못할지도 모른다. 사람들이 보기에는 아무것도 아닐지도 모른다. 하지만 하나님 보시기에 아름다운 사람이 되는 것이 중요하다.

요시야 왕은 그의 결단으로 인해서 큰 칭찬을 받았지만 안타깝게도, 역사는 달라지지 못했다. 당시 중동의 정세는 하루하루 급박하게 돌아갔다. 요시야가 율법책을 발견하고 개혁을 실시하는 사이에 지난 100년간 앗수르가 차지했던 메소포타미아는 바벨론에 넘어갔다. 국력이 급격히 쇠한 앗수르는 끝까지 저항했지만, 몇 년 뒤 수도까지 빼앗기고 마지막 투쟁을 위해 북쪽으로 올라갔다.

바로 그때 바벨론이 너무 커지는 것을 두려워한 애굽이 앗수르를 돕기 위해서 북쪽으로 올라갔다. 하나의 강력한 나라가 있기보다 비슷한 수준의 두 나라가 같이 있는 것이 유리하다고 판단했기 때문이다.

그런데 앗수르가 회복되는 것이 싫었던 요시야가 애굽이 길을 막았다. 그리하여 두 나라는 므깃도에서 전쟁을 치렀다. 이 전쟁은 어떻게 되었을까? 하나님을 믿는 요시야라면, 다윗 이후에 전무후무한 왕이라면, 하나님이 도와주실 테니 당연히 요시야가 이기지 않았을까?

하지만 이 전쟁의 결과는 참담했다.

> "므깃도 골짜기에 이르러 싸울 때에 활 쏘는 자가 요시야 왕을 쏜지라…그 부하들이 그를 병거에서 내리게 하고 그의 버금 병거에 태워 예루살렘에 이른 후에 그가 죽으니 그의 조상들의 묘실에 장사되니라"(대하 35:22-24).

요시야 왕은 서른아홉 꽃다운 나이에 전쟁터에서 죽는다. 요시야의 죽음은 유다 왕국에 큰 타격을 주었다. 앗수르를 도우러 갔지만 앗수르가 망하면서 목적을 달성하지 못한 애굽은 귀환하는 길에 유다 왕국에 들어와서 분풀이를 했다. 애굽은 요시야의 아들인 여호아하스를 왕으로 세웠다가 석 달 만에 갈아치우는 등 유다 왕국을 꼭두각시 국가로 만들었다.

그렇게 유다 왕국은 애굽과 바벨론이라는 외세에 휘둘리다가 요시야가 죽은 지 20년 뒤에 멸망했다. 요시야는 선하고 칭찬받는 왕이었는데 왜 그 나라는 망하게 되었을까? 요시야의 종교개혁은 아무런 소용이 없었던 것일까?

유다가 망한 것은 요시야 때문이 아니다. 그의 선조 때문이다.

> "그러나 여호와께서 유다를 향하여 내리신 그 크게 타오르는 진노를 돌이키지 아니하셨으니 이는 므낫세가 여호와를 격노하게 한 그 모든 격노 때문이라"(왕하 23:26).

요시야 왕의 선한 노력에도 이미 유다의 장래는 심판 아래 있었다. 그 이유는 그의 선조인 므낫세 왕의 패악 때문이었다. 유다의 장래는 므낫세 왕 때 이미 사형판결을 받았다. 악인이 저지른 잘못과 고난은 그냥 끝나지 않는다. 이후에도 남아서 수많은 사람에게 아픔과 고난을 준다. 과거는 그냥 사라지지 않는다. 반드시 돌아와 현재에 영향을 끼친다.

그러니 우리는 항상 말씀에 귀를 기울여야 한다. 그래야 어디로 가야 하는지 알 수 있다.

과연 진정한 개혁이 무엇일까? 지금 우리가 잘 살기 위한 개혁도 중요하지만, 우리 자녀가 걸어갈 바른 길을 제시하는 개혁이 진정한 개혁이다. 진정 들어야 할 말씀을 듣는 것이 개혁이다.

8
하나님 보시기에

"그가 여호와의 성전의 모든 보물과 왕궁 보물을 집어내고 또 이스라엘의 왕 솔로몬이 만든 것 곧 여호와의 성전의 금 그릇을 다 파괴하였으니 여호와의 말씀과 같이 되었더라 그가 또 예루살렘의 모든 백성과 모든 지도자와 모든 용사 만 명과 모든 장인과 대장장이를 사로잡아 가매 비천한 자 외에는 그 땅에 남은 자가 없었더라"(왕하 24:13-14).

로열티라는 게 있다. 원소유자나 저작자의 권리를 인정해서 그들의 저작물을 사용할 때마다 일정액을 그들에게 지불하는 것이다. 영화나 책을 보거나 구입할 때 우리는 자동적으로 로열티를 지불한다. 그런데 씨앗에도 로열티가 있다고 한다.

버섯과 고추, 시금치, 토마토 등에도 모두 로열티가 있다. 심지어 우리가 잘 먹는 청양고추의 씨앗도 로열티가 있다. 한해 우리가 씨앗에 대해서 내는 로열티만 800억 원이 넘는다고 한다. 그런데 문제는 안타깝게도 그 소유권이 외국 회사에 있다. 외국계 종자회사가 우리나라 자생종에까지도 권리를 가지고 있고, 우리는 그 회사에 로열티를 지불한다. 이렇게 많은 액수를 지불하게 된 계기는 IMF이다. 한국 경제에서 가장 어두운 시기였던 IMF때 많은 외국회사들이 한국의 종자 회사들을 사들였다. 그때 우리가 가지고 있던 종자에 대한 권리도 같이 팔렸다.

우리는 역사를 통해서 배운다. IMF라는 어려운 시대를 통과하면서 우리는 기업이 정직하지 못하면, 정치가 당리당략으로 흐르면 어떤 일이 생긴다는 것을 배웠다. 그래서 국가경쟁력을 갖춘 경제구조를 갖추기 위해서 노력했다. 하지만 그 교훈은 잠시 동안만 유효했던 것 같다. 사회 곳곳에서 과거와 같은 부정부패가 다시 자리하고 있는 것을 보면 우리는 역사에서 제대로 배우지 못한 것 같아서 아쉽다. 우리는 역사를 통해서 배워야 한다.

열왕기는 사울 왕부터 다윗 왕을 거쳐서 힘차게 출발했던 이스라엘의 역사에 대한 것이다. 역사 속에서 하나님은 우리에게 무엇을 바라시고 또 인간들은 어떤 실수와 죄를 범하는지 보았다. 마지막 남은 이스라엘인 유다도 패망했다. 이 모습을 보면서 우리는 역사 속에서 말씀하시는 하나님의 메시지를 발견할 수 있다.

이스라엘의 멸망

이스라엘의 역사는 사무엘상에서 역대하까지 상세하게 기술되어 있다. 그 기록에서 우리는 성도를 축복하고 부흥케 하시는 하나님을 발견한다. 하지만 동시에 심판하시는 하나님도 만나게 된다. 처음 이스라엘은 하나님의 크나 큰 약속과 함께 출발했다. 사무엘하에서 다윗 왕에게 하나님은 이렇게 약속하셨다.

"네 집과 네 나라가 내 앞에서 영원히 보전되고 네 왕위가 영원히 견고 하리라"(삼하 7:16).

하나님은 다윗의 나라와 가문이 영원할 것이라고 하셨다. 이렇게 큰 복의 약속이 왜 깨졌는가? 하나님이 약속을 어기신 건가? 아니다. 하나님과 다윗 가문과의 약속을 깨뜨린 것은 다윗의 가문이었다. 사람이 먼저 약속을 어기고 하나님에게서 등을 돌리고 우상숭배를 자행했다. 결국 언약의 약속은 깨지고 이스라엘은 패망했다.

열왕기하 24장과 25장 걸쳐서 세 명의 마지막 왕이 등장한다. 여호야김과 여호야긴, 시드기야이다. 이들이 행한 가장 큰 죄는 우상숭배였다. 우상숭배는 자신들의 욕망과 생각을 따르는 것이다. 자기의 욕심을 채우기 위해 신을 이용하는 것이다. 내 욕망과 욕심이 최우선이며 그것을 갖기 위해 애쓴다면 그것이 우상이다. 이들은 바알과 아세라 상을 가져와 믿었다. 백성에게도 이 신들을 믿으라고 강요했다. 백성도 덩달아 좋아했다. 그들은 산당에서 마음에 드는 신들을 골라서 섬기기도 했다. 그리고 그 신들을 기쁘게 하기 위해서 자기 자식을 불에 태워 바치기도 했다. 왕도 이에 동참했다.

이런 우상숭배의 결과는 사회적 타락이다. 억울한 피가 곳곳에 흘렀다. 정의가 없었다. 이러한 악에 대해서 성경이 말하는 수학공식 같은 표현이 있다. "그의 아버지(조상)의 모든 행위를 따라서 악을 행하였더라"라는 것이다. 왕은 악행을 선대 왕들에게서 배웠다. 왕들이 쌓아둔 악은 점점 커지고 발전해서 패망에 이르렀다.

하나님 보시기에 악했던 왕들은 우상숭배를 하고 하나님 말씀에 귀 기울이지 않았다. 여호야김 왕의 경우, 예레미야 선지자와 사사건건 충돌했다. 예레미야가 온 백성에게 금식을 선포하고 하나님의 말씀을 읽어 주며 회개를 외쳤을 때에 여호야김 왕은 말씀을 적은 문서를 페이지마다 칼로 잘라서 불태웠다. 그는 몹시 교만해서 하나님의 말씀을 전혀 듣지 않고 경멸했다. 여호야김 왕은 자신에게 경고하는 선지자 우리야를 죽이기까지 했다. 결국 이런 교만함과 악한 모습의 말로는 다음과 같다.

"바벨론 왕 느부갓네살이 올라와서 그를 치고 그를 쇠사슬로 결박하여 바벨론으로 잡아가고"(대하 36:6).

그는 결국 포로가 되어 끌려갔다. 하나님의 계획으로 세워진 이스라엘은 하나님의 말씀을 거역하면서 철저하게 망했다. 느부갓네살 왕은 유다의 백성을 포로로 끌고 갔다.

"그가 또 예루살렘의 모든 백성과 모든 지도자와 모든 용사 만 명과 모든 장인과 대장장이를 사로잡아 가매 비천한 자 외에는 그 땅에 남은 자가 없었더라"(왕하 24:14).

기술과 능력이 있는 사람은 다 포로로 끌려갔다. 성경에 의하면 다니엘과 세 친구 또한 이때 포로로 끌려갔다. 백성뿐만 아니라 왕들도 포로로 끌려갔다. 유다의 마지막 왕이었던 시드기야 왕은 포로로 잡히고 자신의 눈앞에서 아들들이 사형 당했다. 본인도 두 눈이 빠져서 쇠사슬에 묶여 바벨론으로 끌려가 죽는다.

이스라엘은 왜 이런 비참한 최후를 맞았을까? 우상숭배와 죄 때문이다. 지도자와 종교인들도 우상숭배를 했다. 성전은 더러워졌고 정결하지 못했다. 사회 역시 불의해서 악이 창궐했다. 바로 이런 모습 때문에 결국 하나님이 다윗과 맺었던 언약은 지켜질 수 없었다.

하나님은 우리에게 영원한 나라를 주시고 복 주시기를 원하신다. 하지만 우리는 그런 복을 누리기보다는 어려움과 고난을 더 많이 당한다. 왜 그런가? 우리 삶이 이스라엘과 같기 때문인지도 모른다.

우리 모습이 정결한지, 하나님 보시기에 선한지, 악한지 보아야 한다. 그래야 이스라엘의 패망의 전철을 밟지 않을 수 있다.

구원은 권력으로도 무력으로도 안 된다

열왕기는 수많은 왕의 이야기이다. 용감한 왕, 다윗이 등장하고 지혜로운 왕, 솔로몬도 등장한다. 그 외에도 많은 왕이 등장한다. 왜 이렇게 많은 왕의 이야기가 등장하는가? 왜 우리는 이스라엘의 역사를 봐야 하는가? 하나님은 이스라엘의 역사를 통해서 무엇을 말씀하고 싶으신 것인가? 열왕기의 주제는 분명하다. "사람은 사람을 구원하지 못한다."

열왕기에는 등장하는 많은 왕들은 자신의 권력으로 가장 이상적인 나라를 만들려고 했다. 다윗과 솔로몬 때처럼 황금시대를 열고 싶었고 물질적으로도 풍부한 나라를 만들고자 했다.

애굽과 같은 나라와 외교관계를 맺으려고 했고 필요하면 돈을 주어서라도 군사를 빌려오려고 했다. 또 앞서가는 나라의 문화를 들여오려고 했다. 하지만 이런 노력의 종착지는 우상숭배였다. 군사력이 강한 나라는 강한 신이 있어서라고 생각했고 농산물이 풍요한 나라는 그들의 신이 풍요해서라고 생각했다.

우상숭배가 이스라엘을 패망으로 이끌었다. 열왕기에 나타난 왕들은 점점 타락했다. 군사적으로 크고자 할수록, 사대부에 젖어 외국 흉내를 낼수록 점점 더 망해 갔고 결국 멸망했다.

열왕기는 분명히 말씀한다. 어떤 위대한 왕도 구원을 가져올 수는 없다는 것을 말이다. 권력과 무력이라는 전능한 힘이 있어도 인간을 구원할 수 없다. 정치가 사람에게 구원을 가져올 수 없다. 오히려 그런 것들에 매달릴수록 더 수렁에 빠지듯이 망국에 가까워지고 비극만 커진다.

우리는 우리가 무언가를 할 수 있다고 생각할 때가 많다. 잘되면 내가 잘해서라고 생각하고 무슨 일이 생기면 하나님이 나를 버리셨다고 생각한다. 영광의 나의 것이요 실패는 하나님의 것이다. 과연 그런가? 아니다. 인간의 구원과 성공은 우리에게 있지 않다.

북이스라엘과 남유다의 정치와 권력의 실패를 보면서 우리는 예수님에게 나아갈 수밖에 없다. 우리 문제의 구원자는 예수님 뿐이시다. 사도행전에서 한 군인이 바울에게 이렇게 묻는다.

"내가 어떻게 하여야 구원을 얻으리이까"(행 16:30).

바울은 이렇게 말한다.

"주 예수를 믿으라 그리하면 너와 네 집이 구원을 받으리라"(행 16:31).

인생의 문제들 속에서, 인간 역사의 실패 속에서 우리는 묻는다. "내가 어떻게 해야 구원을 얻겠습니까?" 권력이나 돈, 지혜와 학식으로 구원을 얻을 수 없다. 열왕기가 무력과 권력으로 실패한 것처럼 우리 시대도 마찬가지다. 우리의 구원은 세상에 있지 않다. 오직 하나님에게만 있다.

절망 속의 소망

이스라엘의 역사는 비극으로 끝난다. 이스라엘은 이제 소망이 완전히 사라진 것 같다. 하지만 그곳에 새로운 하나님의 은총이 기다리고 있었다. 열왕기하는 절망과 비극으로 책을 끝내지 않는다.

"유다의 왕 여호야긴을 옥에서 내놓아 그 머리를 들게 하고 그에게 좋게 말하고 그의 지위를 바벨론에 그와 함께 있는 모든 왕의 지위보다 높이고"(왕하 25:27, 28).

바벨론의 왕이 이스라엘이 패망한지 37년이 지난 어느 날 감옥에 가두었던 여호야긴 왕을 사면하고 환대했다. 이 이야기는 바벨론 왕이 큰 은혜를 베풀었다는 이야기로 보이지만 그렇지 않다. 이 마지막 구절을 보면 바벨론에 포로로 끌려온 사람들이 어떻게 느꼈을지 알 수 있다.

포로로 끌려와 삶에 기약이 없던 사람들은 자신들의 왕이 풀려나 높은 지위에 올랐다는 소식을 들으면서 어떤 생각을 했을까? 지도자도 없고 의지할 사람도 없는 상황에서 왕이 사면되었다는 소식은 그들에게 다시 고국으로 돌아갈 수 있고 자신들의 지위도 상승될 수 있다는 소망을 주었을 것이다. 포로와 노예로 살던 삶에 소망이 생겨났다.

이러한 희미한 소망은 역대하에서도 등장한다. 역대하도 이스라엘의 역사에 대한 책이고 유다의 패망으로 책이 끝난다. 하지만 그 결말은 이스라엘의 멸망을 다르게 해석한다.

"이에 토지가 황폐하여 땅이 안식년을 누림 같이 안식하여 칠십 년을 지냈으니 여호와께서 예레미야의 입으로 하신 말씀이 이루어졌더라"(대하 36:21).

역대하의 마지막 장은 멸망을 안식에 비유한다. 바벨론에 포로로 끌려간 이스라엘이 돌아오기 시작한 것은 이스라엘이 멸망한 지 70년이 지나면서부터이다. 역대하는 예레미야의 예언처럼 이스라엘이 70년 만에 귀환하는데, 이 70년은 그냥 70년이 아니라 안식의 시간이라고 표현한다.

70년이라는 안식의 시간은 죄악으로 황폐하게 된 이스라엘의 땅이 정화되고 제자리로 돌아올 수 있는 시간이었다. 다시 말하면 고난의 70년이라는 시간은 죄로 물들어 망했던 이스라엘이 회복될 수 있는 안식의 시간이었다.

우리에게도 이런 안식의 은혜가 필요하다. 인생을 다시 회복하고 고치는 안식이 우리에게도 필요하다.

삶에 모든 희망의 불꽃이 꺼지고 다시는 켜지지 않을 것 같다면 하나님을 바라보라. 죄악이 넘쳤던 이스라엘을 포기하지 않으신 하나님이 우리 삶의 안식기를 끝내시고 다시 기쁨과 희망이 넘치게 하실 것이다.

에/필/로/그

다윗의 죽음에서부터 예루살렘 멸망까지, 400년의 길고 긴 대하 드라마가 끝났다. 지금까지 다룬 시간이 길었던 만큼, 그동안 만난 사람도 셀 수 없이 많았다. 다윗 이후의 왕위를 놓고 다투었던 아도니야와 솔로몬, 그 뒤를 이은 르호보암과 반란을 일으킨 여로보암, 그들을 이은 남쪽과 북쪽의 수많은 왕들과 선지자, 그리고 유다 왕국의 마지막 왕이었던 시드기야까지, 우리는 수없이 많은 사람들을 만났다.

그러나 우리가 아무리 수많은 사람들을 만났다고 해도, 그들이 400년 역사의 전부는 아니다. 또한 우리가 아무리 수많은 사건들을 보았다고 해도, 그 사건들이 400년 역사의 전부는 아니다. 그래서 책을 쓰는 내내, 필자는 계속해서 스스로에게 이렇게 물었다. "400년의 역사를 이렇게 책 한 권으로 보여 주는 것이 맞는 것일까?"

그 옛날 조선왕조 500년의 역사를 대하드라마로 보여 주는데 실질적인 기간만 6년 반이나 걸렸다. 그런데, 아무리 그것보다 100년이 적다고 해도, 수백 년의 시간을 책 한 권에 다 담는다는 것은 어쩌면 무리일 수 있다.

그러나 수없는 고민 끝에, 필자가 내린 결론은 '이 400년의 역사를, 한 권 안에 다 담아내자'는 것이었다. 그래야만 많은 분들이 부담을 갖지 않고 이 왕들의 이야기를 접할 수 있다고 생각하기 때문이었다. 그러다 보니 모든 사건을 다루기보다는, 중요한 사건을 골라야 했다. 또한 어떤 사건을 볼 때도, 그 사건과 관련된 모든 정황들을 다루기보다는, 중요한 정황만을 골라야 했다. 그렇기 때문에 어쩌면 이 시대에 대한 더 깊고 자세한 이야기를 보지 못하는 것에 대한 아쉬움을 느끼는 독자도 있으리라고 생각한다.

그러한 아쉬움이 있을 것을 모르는 바 아니었지만, 필자가 이 400년의 이야기를 더 쉽고 간단하게 정리하고 싶었던 이유는 이 책의 목적이 역사를 잘 보여주는 것에 그치지 않았기 때문이다. 이 책의 진짜 목적은 이스라엘의 열왕기 시대를 잘 설명하기 위한 것이 아니라, 그 400년의 역사를 통해서 하나님이 주시고자 하는 메시지를 함께 나누기 위한 것이다. 그렇기 때문에 이 책을 보는 독자들이 이 책을 통해서 하나님의 메시지를 볼 수 있다면, 필자는 그것으로 감사할 것이다.

그렇다면 하나님은 이 400년의 역사를 통해서, 우리에게 무엇을 말씀하려고 하신 것일까? 열왕들의 이야기를 끝맺는 이 시점에서, 필자는 크게 세 가지를 이야기하고 싶다.

첫째, 아무리 훌륭한 사람이라도 완벽, 완전할 수는 없다는 것이다. 하나님께 일천번제를 드려서 지혜라는 선물을 받았던 솔로몬은 더 큰 이익이 눈앞에 보이자 서슴없이 배교(背敎)했다. 언제나 하나님의 뜻을 구하려고 노력했던 여호사밧은 아합의 가문이 잘못된 길을 가는 것을 알면서도, 더 큰 이익이 보이자 그에 협조했다.

또한 열왕기에서 전무후무한 왕으로 칭송을 받던 히스기야도 포위를 당하고 죽음이 눈앞에 다가오자, 살아남기 위해서 성전의 금에 손을 댔다. 이들은 다른 왕들보다 상대적으로 더 훌륭한 왕이었지만, 하나님 앞에서는 너무나 연약한 존재였다. 그들만 그런가? 아니다. 우리도 마찬가지이다.

둘째, 그렇기 때문에 우리는 그 어떤 기준에 집착하지 말고 오직 하나님을 높이는데 최우선의 가치를 두어야 한다. 열왕기는 마지막에 나오는 솔로몬 성전의 전소(全燒)와 붕괴를 유다 왕국에 대한 하나님의 심판으로 이야기한다. 우리는 지금까지 이것을 당연하게 읽고 무심코 넘어갔다.

그런데 한번 생각해 보라. 세상의 어느 신(神)이 자신의 집에 불을 지르고 완전히 부순 적이 있던가? 어디에도 없었다. 그러나 그러한 사람들의 생각이, 하나님께는 전혀 중요하지 않았다. 성전이 하나님을 예배하는 곳으로서의 기능을 잃었을 때, 하나님은 주저하지 않고 '집'을 무너뜨리셨다. 이것을 통해서 하나님은 우리가 종종 중요하게 생각하는 어떤 기준이나 고정관념보다도, 하나님을 높이는 그 자체가 더욱 중요하다는 것을 보여주신다.

셋째, 하나님은 자신의 자녀를 수없이 용서하신다는 것이다.

앞에서 본 것처럼 하나님은 한번 결정하신 심판에 대해서는 주저하지 않고 과감하게 실행하셨다.

그러나 그 심판을 실행하시기까지 수없이 기다리신다. 여로보암에게도 선지자 아히야를 먼저 보내셔서 경고하셨고, 심지어 아합에게도 엘리야를 보내셔서 경고하셨다. 상식적으로 보면 이들은 바로 심판을 받아야 했지만, 하나님이 이들에게 경고만 하신 이유는 회개하고 돌아올 기회를 주기 위한 것이었다.

여로보암도, 아합도, 북왕국도, 남왕국도 멸망한 패턴은 동일했다. 선지자를 통해서 경고하고 또 경고하고, 그렇게 기다리고 기다리시다가, 오랜 시간이 흐른 뒤에야 심판이 임한 것이었다. 그들에게만 그렇게 하시는가? 아니다. 우리도 마찬가지이다.

오늘날 우리가 살아가는 세상은 어찌 보면 지금까지 살펴본 열왕들의 시대와 참 비슷하다. 그 옛날 이스라엘이 이집트, 앗수르, 바벨론과 같은 강대국의 힘겨루기에 휩쓸렸듯이, 우리도 우리를 둘러싼 강대국들의 힘겨루기에 의해 운명이 정해지고 있다. 또한 이스라엘이 가나안 땅의 주도권을 놓고 모압, 암몬 등 주변의 이웃 나라들과 싸워야 했던 것처럼, 우리도 일상에서 이웃들과 대립하고 갈등하며 살고 있다.

이런 세상에서 어떻게 살아야 하는가? 열왕기는 우리에게 말한다. "세상에서 이기려고 집착하지 말고, 하늘의 눈으로 세상을 바라보라. 세상은 결국 하나님에 의해서 움직이기 때문이다." 이 고백으로 늘 승리하는 우리 모두가 되기를 소망하며 축복한다.

선택의 영성

지은이 　김학중

2017년 1월 25일 1판 1쇄 펴냄

펴낸곳 　도서출판 예수전도단
출판 등록 　1989년 2월 24일(제2-761호)
주소 　경기도 고양시 일산동구 호수로 340-11, 301호(백석동)
전화 　031-908-9987 · **팩스** 031-908-9986
전자우편 　publ@ywam.co.kr
홈페이지 　www.ywampubl.com

ISBN 978-89-5536-533-7 (03230)

책값은 뒤표지에 있습니다.
잘못된 책은 바꾸어 드립니다.